COLLECTION DE LA *REVUE DU MONDE M...*

ÉTUDES

SUR

L'ISLAM AU SÉNÉGAL

PAR

PAUL MARTY

TOME I

LES PERSONNES

PARIS
ERNEST LEROUX, ÉDITEUR
28, RUE BONAPARTE (VIe)

1917

Un jeune ménage musulman sénégalais.

ÉTUDES

SUR

L'ISLAM AU SÉNÉGAL

PAR

PAUL MARTY

TOME I

LES PERSONNES

PARIS
ERNEST LEROUX, ÉDITEUR
28, RUE BONAPARTE (VIe)
1917

CHAPITRE PREMIER

DE L'INFLUENCE RELIGIEUSE DES CHEIKHS MAURES AU SÉNÉGAL

CHAPITRE PREMIER

DE L'INFLUENCE RELIGIEUSE DES CHEIKHS MAURES AU SÉNÉGAL

Les noirs islamisés du Sénégal se classent, d'eux-mêmes et sans exception, sous la bannière religieuse des marabouts et ne comprennent l'Islam que sous la forme de l'affiliation à une voie mystique, ou plus exactement sous la forme de l'obéissance à un « Serigne » ou à un « Tierno ». Leur grand titre de gloire et leur profession de foi sont d'appartenir à un marabout. A toutes les questions, ils répondent invariablement et d'un seul jet : « Je suis Musulman, et mon marabout est un tel. »

L'un ne va pas sans l'autre. Être Musulman, c'est obéir aux ordres de son marabout et mériter par ses dons et son dévouement de participer aux mérites du saint homme.

L'étude du monde islamisé est donc à peu près uniquement ici une étude de personnalités maraboutiques.

*
* *

Ces marabouts du Bas-Sénégal sont tous affiliés aux Voies qadrïa et tidianïa.

Les uns sont indépendants, s'étant au cours des ans détachés peu à peu du cheikh qui leur conféra l'ouerd, ou bien s'étant, de par leur génie propre, taillé un domaine personnel; ils ont fondé de véritables confréries nouvelles, filiales qadrïa et tidianïa, à l'usage des noirs. Ils conservent d'ailleurs en général des relations épistolaires avec les cheikhs maures qui les ont formés et consacrés, et leur envoient de temps en temps des cadeaux; à moins que ces cheikhs, pressés par le besoin, ne prennent les devants et ne viennent chercher eux-mêmes en tournées pastorales, les dons de ces fils spirituels, indépendants mais toujours généreux.

Les trois marabouts qui entrent plus spécialement dans cette catégorie, mais avec des variantes considérables, sont dans le Cayor : Al-Hâdj Malik (Tidiani) et Abou Kounta (Qadri). Dans le Baol : Amadou Bamba (Qadri). A eux trois, ces marabouts groupent les trois quarts des islamisés noirs du Bas-Sénégal, soit environ 200.000 personnes.

Le Fouta, ainsi que les nombreuses colonies que la diaspora toucouleure ou le colportage sarakollé ont essaimées dans les bassins du Saloum et de la Gambie, dérivent, par le canal des obédiences locales les plus diverses, du Tidianisme du grand conquérant et souverain pontife, commandeur des croyants, Al-Hâdj Ọmar.

Restent enfin un certain nombre d'islamisés placés plus immédiatement sous l'autorité des cheikhs mauritaniens. Ils relèvent sur place des personnalités qui ne se sont pas imposées, comme les cheikhs des confréries précitées, par leur prestige familial ou personnel, mais qui, moyennant finances ou services, ont été consacrés marabouts, (on dirait moqaddem dans l'Afrique Mineure), c'est-à-dire prieurs de l'ordre et représentants des chefs religieux de Mauritanie. Une parcelle d'autorité religieuse sur leurs congénères leur est dévolue.

On peut donc poser comme axiome que, — sauf pour le

Fouta tidiani d'Al-Hâdj Omar, — le Sénégal a été converti à la religion d'Allah par les cheikhs maures et par leurs disciples et élèves, et qu'il se trouve aujourd'hui, soit directement, soit indirectement sous l'obéissance religieuse de ces cheikhs. On verra d'ailleurs en son temps que, pour le Fouta lui-même, l'exception n'est pas absolue.

∴

C'est à ce prosélytisme des cheikhs zoaouïa et à la descente progressive et continue de toute la société maure vers le Sénégal, commencée il y a deux siècles, et renforcée aujourd'hui, qu'est due cette seconde islamisation du monde noir.

Déjà vers les quinzième ou seizième siècles, si l'on en croit les chroniqueurs portugais, une grande partie des peuples sénégalais avaient embrassé, au moins partiellement, l'Islamisme. C'était par les prédications mandingues et par l'Est que se faisait cet apostolat. Mais de cette islamisation superficielle rien ne devait subsister, et l'on voit au contraire les éléments maures immigrants se fondre dans la masse noire et perdre leur foi islamique.

La tradition maure consignée par Walid ben Mostafa dans son *Livre des origines* rapporte que Sid Eliâs, le célèbre Chérif de Tombouctou, quittant sa ville natale, s'était installé à Ouadane.

De ces deux fils, l'un fit souche sur place ; l'autre passa le fleuve et s'établit chez le siratik des Toucouleurs à Waladé. Il y épousa une femme infidèle du pays et en eut des enfants, qui furent païens comme leur mère. Six ou sept générations plus tard, ils émigrèrent dans le Cayor, s'y fixèrent et fondèrent le village d'In Daguel, près de N'Gaye Mékhé. C'était Abdoulaye Dieng, c'est-à-dire Abdallah le savant, qui était à ce moment le chef de la famille.

Schéma généalogique.

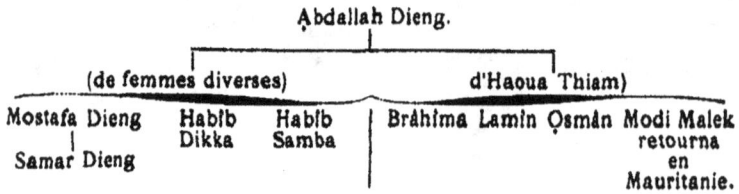

Ạbdallah Dieng.

(de femmes diverses) | d'Haoua Thiam)

Mostafa Dieng — Samar Dieng
Habîb Dikka
Habîb Samba
Brâhîma
Lamîn
Ọsmân
Modi Malek retourna en Mauritanie.

De ces sept fils, six restèrent sur place et continuèrent à faire souche de Ouolofs. On retrouve leur descendance aujourd'hui à In Daguel et environs, et cette tradition de leurs origines maures y est demeurée vivace.

Le septième, Modi Malek, s'étant installé comme maître d'école chez les Oulad Diman (Trarza) y fit souche. Ses descendants sont comptés aujourd'hui parmi les Oulâd Diman (début du dix-septième siècle). Les marabouts maures qui, au dix-septième siècle, utilisent en pays ouolof les succès de leurs prédications religieuses pour tenter de se substituer aux chefs locaux, n'ont qu'une vogue éphémère (1).

Au dix-huitième siècle, les deux peuples jadis touchés par l'Islam : les Toucouleurs et les Ouolofs, sont redevenus fétichistes ; mais c'est précisément à cette époque que les bandes des guerriers hassanes et les missions des marabouts zoaouïa de Mauritanie atteignent le fleuve, le traversent et entrent en contact, d'amont en aval, avec les populations sarakollées, toucouleures et ouolofes. De ce jour, les dynasties traditionnelles et fétichistes des pays sénégalais apprirent à leurs dépens la valeur d'accaparement politique de l'Islam. Les siratiks toucouleurs sont renversés vers 1775 par la révolution religieuse du marabout Ạbd-oul-Qâder et le Fouta passe sous le régime semi-oligar-

(1) Cf., en annexe (n° 1) le récit par le Père Labat de cette aventure maraboutique.

chique, semi-théocratique des almamys. Les braks du Oualo s'islamisent rapidement. Au commencement du dix-neuvième siècle, « le pays du Bourb-Iolofs renferme encore plus de païens que de mahométans », mais la proportion s'accroît, et le bourba doit suivre ses sujets tombés sous la férule de ces marabouts ; les damels du Cayor et leurs lieutenants, les tègnes du Baol, résistent plus longtemps pourtant, constate Mollien (1), en 1818.

Le mahométisme fait chaque jour des progrès et deviendra bientôt la seule religion du pays. La cour seule reste attachée au paganisme, plus favorable aux passions. La circoncision pratiquée par les Iolofs, chez les païens eux-mêmes, les écoles publiques tenues par les marabouts et fréquentées par tous les enfants, l'inviolabilité qui rend la personne des prêtres mahométans sacrée chez les princes païens, comme chez les sectateurs du Coran, sont trois causes qui concourent puissamment à étendre l'islamisme chez ces peuples. Les prêtres mahométans jouissent d'une autorité presque sans bornes.

Ici, encore, autant pour conserver leurs sujets badolos, acquis aux marabouts, que pour pouvoir soutenir la lutte contre les Français, damels et tègnes se jettent dans les bras de l'Islam. Les « bours » du Rip enfin sont détrônés par des marabouts qui prennent leur place avec le nom d'almamys. Les « bours » du Sine et du Saloum s'en débarrassent à grand'peine et grâce à une guerre impitoyable contre tous les Sérignes ambulants, prédicants et quêtants.

Or ces conversions religieuses et transformations politiques et sociales des noirs sont dues aux missions des cheikhs maures et même, jusqu'à un certain point, aux agressions des bandes de leurs contribules hassanes.

Le nom même de Sénégal sous lequel nous désignons depuis plusieurs siècles le pays compris entre les fleuves Sénégal et Gambie et que les noirs eux-mêmes, les intéres-

(1) MOLLIEN, *Voyage dans l'intérieur de l'Afrique*. Paris, 1820.

sés, nous ont emprunté, le Sénégany du portulan médicéen de 1351, le Seneghana d'Al-Bakrî (onzième siècle), nous a été imposé par les Maures.

Seneghane (ou Seneghal) est le terme arabe hassanîa par lequel les Maures désignent le Cayor-Diolof (appellations des Ouolofs) ancien centre politique et nœud géographique du Sénégal. C'est évidemment de ce terme que les Européens de Saint-Louis, en contact avec les Maures de cette ville et des escales maritimes et fluviales, ont fait Sénégal. Le Sénégal primitif de nos cartes concordait exactement avec le Seneghane. Ce n'est que de nos jours que la colonie administrative embrasse la Gambie et la Casamance.

A l'aide des relations de voyage et de traite que nous ont laissées les commerçants français et des documents écrits ou traditions orales des Maures, on constate une descente générale de la Mauritanie vers le monde noir, dès le début du dix-huitième siècle.

L'ère des luttes intestines sahariennes entre Arabes et Berbères est close à cette heure. Les Berbères ont mis bas les armes et pris le chapelet et le kalam. Les émirs et les bandes hassanes tournent alors leurs armes vers les Mélaniens. Ils soumettent d'abord les populations noires du Chemama et du Raag de la rive droite. L'émir Ạli Kourî du Trarza est même tué (1786) dans un combat contre l'almamy toucouleur Ạbdoul-Qâder. Puis ils dépassent le fleuve et sèment la terreur partout.. Mollien, René Caillé qui avaient cru prudent de revêtir des habits maures pour traverser les pays ouolofs et toucouleurs, sont l'objet de brimades et d'agressions de toute sorte jusqu'au jour où ils s'en débarrassent, et reconquièrent au même instant les sympathies des noirs.

A partir de 1830, l'émir du Trarza, Mohammed Al-Habîb, substitue la diplomatie à la force. Il épouse la princesse Diombot, héritière des Braks du Oualo, et assure ainsi à leur fils Alî la souveraineté pacifique de ce pays noir. Il n'y aura pas trop des efforts des Gouverneurs de Saint-Louis, appuyés sur les résistances locales des Ouolofs, pour empêcher cette transformation politique si contraire aux intérêts des noirs.

Les marabouts (*zoaouïa*) se glissent à la faveur des succès des Hassanes ou sous le couvert de leur baraka religieuse, devant laquelle le noir, même fétichiste, s'incline toujours. Ils font du commerce, installent de petites écoles coraniques dans tous les villages de quelque importance et vendent l'amulette suprême, le « gri-gri écrit ». Golberry (1), qui était au Sénégal de 1785 à 1787, disait : « Les Maures parcourent l'Afrique avec des troupeaux de 400 bœufs à la fois, et ils vont les vendre à plus de mille lieues de leurs déserts. Ils exécutent ces voyages sous la protection des princes nègres dont ils traversent les États, et surtout à la faveur des gris-gris que distribuent leurs marabouts. » Il les voyait passer leurs bœufs à Aloréda, d'une rive à l'autre de la Gambie. Comme ces marabouts représentent la science, l'instruction, l'autorité du livre et de l'écriture, ils sont toujours assurés du succès : la planchette fait passer le Coran, et l'écriture, la prière islamique.

Par sa politique militaire et diplomatique, Faidherbe avait assuré, dans une certaine mesure, dès 1860, la pacification de la Basse-Mauritanie et du Fouta. C'est dans ces deux régions, les plus islamisées de notre empire ouest-africain, c'est dans ces peuples intelligents et batailleurs que lui et ses successeurs immédiats puiseront longtemps leur personnel d'administration et de diplomatie de l'expansion sénégalaise. La conquête de la colonie est partie de Saint-Louis, ville très islamisée, débouché des Musulmans maures de la rive droite et toucouleurs de la rive gauche et c'est ce qui a trompé longtemps le commandement

(1) GOLBERRY, *Fragment d'un voyage en Afrique;* Paris, 1802.

supérieur sur l'état religieux de l'intérieur. On a cru son degré d'islamisation l'égal de celui de la capitale; on a abondamment usé d'auxiliaires maures, et surtout de leurs élèves et disciples toucouleurs et ouolofs; on a conduit une politique outrancière d'islamophilie. Hier encore n'usait-on pas en Casamance des services des Mandingues musulmans pour administrer et assouplir les anarchiques et fétichistes Diolas ! Par ces méthodes : par l'organisation d'une justice plus que musulmane, une justice arabe et maure; par les constructions de mosquées, par l'effet de la théorie que, pour amener les indigènes fétichistes à la civilisation française il faut le stade de l'évolution islamique, les Français de la génération précédente ont fortement contribué à faire progresser au Sénégal la religion du Prophète.

A partir de 1900, l'active politique de Coppolani et de ses successeurs amène la pacification effective de la Mauritanie. La conquête de l'Adrar la clôt en 1909. Depuis cette date, plus que jamais, toutes les classes de la société maure : traitants, maîtres de langue, artisans, haratines, marabouts maîtres d'école, marchands de bœufs ou missionnaires, guerriers sans emploi même; toutes les tribus de la Mauritanie : tribus du Trarza, du Braka et des Ida Ou Aïch, fractions du Tagant et de l'Adrar, Kounta, Regueïbat et jusqu'aux Tekna d'Oued Noun, tous sont représentés dans les migrations qui descendent vers le Sénégal, s'infiltrent dans le Fouta toucouleur, s'établissent à Saint-Louis, Rufisque, Dakar et dans les escales des deux voies ferrées, envahissent les carrés des chefs de province tant musulmans que fétichistes, s'accrochent aux distributions de vivres des grands marabouts noirs (on en compte jusqu'à 60 chez Amadou Bamba) qu'ils méprisent pourtant intellectuellement; et enfin s'embarquent à Dakar pour descendre à Bathurst et Mac Carthy, de Gambie; à Ziguinchor et Sédhiou de Casamance, à Farim, sur le Rio Géba (Guinée portugaise). Le mouvement dépasse même le Sénégal, puisqu'ils arrivent à Conakry et utilisent la voie ferrée pour monter dans le Fouta Diallon et jusqu'aux sources du Niger.

Tous ces Maures, même quand ils ne sont pas spécialement missionnaires, sont néanmoins et par leur seule présence, par l'égrènement de leur chapelet, par l'ostentation de leur salam et par leurs chants religieux, des agents de prosélytisme. Quand on connaît d'autre part le profond besoin religieux qui étreint l'âme du noir, l'inquiétude qui l'agite devant l'inconnu, et le scepticisme qui commence à l'envahir à l'égard de ses croyances fétichistes, si vides de tout sens, on ne s'étonne plus de constater les succès d'apostolat des Maures et les conversions à l'Islam.

A côté de cette infiltration individuelle tantôt religieuse, tantôt économique, des Maures au Sénégal, on peut signaler le mouvement non moins pacifique qui amène des fractions entières de Maures sur la rive gauche. Chaque année s'accentue plus ou moins un exode que les efforts de l'administration ne suffisent pas à enrayer, et l'on trouve maintenant dans le Oualo et le Fouta de petits groupements maures Trarza, Brakna et Ida Ou Aïch. Pour ne citer que les campements trarza, on trouve sur la rive gauche des campements Koumleïlen, Ida Ou Al-Hadj, Medlouda, Tachedbit, et Rekakna. Il est vrai que, selon toute apparence ils s'y fondront comme se sont déjà fondus dans les siècles qui ont précédé et selon les traditions des Maures et des noirs, des individualités ou campements qui étaient venus s'installer au Sénégal, notamment dans le Fouta toucouleur. Mais c'est un échange : ils perdent leur sang maure, et donnent l'Islam.

Il serait hors de propos de rechercher longuement quelles sont les causes qui amènent ces migrations des Maures vers les pays noirs. Il suffit de les signaler en passant, en écartant celles qui ont été données dans un cas semblable : pour l'Arabie, à savoir l'ensablement et le dessèchement progressif du pays, qui n'étant pas du tout prouvés, sont vivement combattus là-bas comme ici. La véritable cause est le faible coefficient de vie économique du Sahara. Les steppes arides, les pâturages peu nombreux et peu fournis, l'eau assez rare, concentrée la plupart du temps dans des puits profonds, ce qui exige un énorme travail de forage initial, d'entretien et de puisage journaliers ; ou dans des oglats plus ou moins salés et qui sont rapidement à sec, toutes ces raisons impliquent une restriction du cheptel camelin, et une restriction conséquente de la population, qui vit presque uniquement du lait et de la viande des chameaux.

Quand le chiffre de la population a dépassé son maximum, l'excédent doit émigrer. Le pays ne se dépeuple pas, mais il ne peut pas s'accroître. Les chiffres restent identiques à eux-mêmes, le trop-plein s'en allant. Au onzième siècle quand les Maures nomadisaient encore au nord de l'Adrar, ces migrations se firent vers le nord plus proche et plus attirant, et ce fut l'origine des invasions almoravides de l'Afrique du nord. Dans les siècles qui suivirent, ces excédents faisaient la course chez les noirs et y restaient souvent, ou disparaissaient dans les luttes intestines. Aujourd'hui que les Maures ont atteint le fleuve et qu'il n'est plus permis de s'entretuer, ces migrations se font surtout par individualités, vers les pays noirs, voisins. Pacifiés par le maître commun, le Français, ces pays sont sillonnés de voies de communication, et surtout riches et généreux. Les Maures n'avouent pas toujours cet aphorisme de leur littérature populaire ; mais ils s'entendent parfaitement à le mettre en pratique : « Le noir a la couleur et les vertus du goudron. Il guérit de la misère, comme le goudron guérit le chameau de la gale. » A André Brue qui voulait établir un comptoir commercial dans une île du haut fleuve, les Sarakollés faisaient remarquer, vers 1700, qu'eux-mêmes « n'osaient s'y établir, ni même y mettre leurs bestiaux en pâture, parce que les Maures rôdaient sans cesse de ce côté-là et enlevaient tout ce qu'ils rencontraient ». Mollien disait sur place en 1818 pour le Bas-Sénégal : « Cette nation (les Maures) traite les nègres comme de vils troupeaux. Elle les laisse pour ainsi dire parquer dans le Ouallo, et les pays habités par les Iolofs, et lorsqu'elle a besoin d'esclaves elle va les enlever dans ces contrées. » Autrefois, c'était par la traite des esclaves que le « misérable » Maure guérissait sa gale pécuniaire ; aujourd'hui c'est par les quêtes, les ziaras, l'enseignement coranique, la confection des amulettes ; et aussi par la traite de la gomme, le trafic de ses troupeaux, l'art de ses « maallem », forgerons, cordonniers ou bijoutiers et le trafic de sa petite boutique que l'on trouve à peu près partout.

∴

Les petits marabouts maures, qu'on trouve comme maîtres d'écoles coraniques et fabricants d'amulettes gris-gris au Sénégal, puisent leurs origines dans la plupart des tribus maraboutiques du Nord du fleuve. Il faut remarquer pourtant que ce sont les tribus Oulad Diman, Tenḍra et Oulad Biri qui en fournissent le plus grand nombre.

A côté de ces individualités qui exercent pour leur compte une action minime et toute locale, les grands cheikhs maures étendent leur influence d'une envergure considérable, sur tout ou partie du Sénégal. Cette influence s'exerce en leur nom propre et par l'intermédiaire de petits représentants locaux. Un de ces cheikhs seulement, Mahfoûḍ, a jugé plus opportun de venir s'établir au Sénégal même (Casamance).

Ces puissants marabouts qui vont être étudiés en détail sont :

1° Cheikh Sidïa, de Boutilimit (Trarza) chef d'un puissant rameau qadri, dérivé des Kounta ;

2° Cheikh Saad Bouh de Khroufa (Trarza), chef des Fadelïa de la Basse-Mauritanie ;

3° Cheikh Maḥfouḍ, neveu de Saad Bouh, et qui s'est installé en Casamance même, à Bonako, dans le Balanta Kounda (Cercle de Sédhiou) ;

4° Les Ida Ou Ạlî du Trarza, groupement de Chorfa tidianïa ;

5° Les Ida Ou Al-Hâdj.

I. — CHEIKH SIDÏA (1)

Sur la rive droite du Sénégal, dans le Chamama mauritanien, peuplé de noirs, ouolofs et toucouleurs, l'autorité spirituelle et matérielle de Cheikh Sidïa est assise depuis fort longtemps. Il est le suzerain de plusieurs villages noirs (Adabaï) dans la résidence de Boghé (cercle du Brakna) dont les haratines, télamides et captifs cultivent les terrains environnants périodiquement inondés par le Sénégal. Le chef de ces Adabaï à Mbagnik est le toucouleur Drîs ould Mamadou, né à Dionto (Bosséa) vers 1875, originaire du clan des Kanhanbès, qui a fait ses études à la zaouïa du cheikh ; chef intelligent et dévoué. Cette charge est héréditaire dans sa famille, et il y succéda à son oncle Ọumâra Kébîr. Les redevances constituent pour Cheikh Sidïa la portion, sinon la plus importante, du moins la mieux assurée de ses revenus.

Sur le fleuve, de Kaye, à Saint-Louis, Cheikh Sidïa Al-Kebîr fut un temps (vers 1840) le véritable suzerain spirituel de la région. Le Fouta notamment était son domaine de prédilection. Mais les Toucouleurs passèrent en masse, entre 1854 et 1864, au Tidianisme d'Al-Hâdj Ọmar qui les menait à la conquête du monde noir, et ils sont restés rattachés à cette doctrine. On y trouve pourtant encore des groupements qadrïa relevant de l'obédience de Cheikh Sidïa, à savoir :

A Kayes (Haut-Sénégal-Niger), le groupement de Fodié

(1) Pour plus de détails sur Cheikh Sidïa et sa Voie, cf. *L'Islam maure. — Les confréries religieuses de la Mauritanie*, par PAUL MARTY, in *Collection de la « Revue du Monde Musulman »*.

Abd Er-Rahmân, décédé, il y a quelques années, à Dramané. Les prédications de ce marabout lui ont amené à son tour des disciples dans le Kasso et le Guidimaka. Le plus important de ses adeptes est le Sarakollé maître d'école et imam, Fodié Arouna Cissé, 72 ans, à Boully (Guidimaka-Sélibaby), dont le père était cadi en pays Gangari et qui a pris part aux combats de Bakel, Bado Laké et Guémou (1886) ; son influence s'étend sur les groupements ethniques des Biranés et des Diawaras.

Dans le cercle de Matam, province de Guénar : Tierno Ioro Bal, Toucouleur, à Nguiguilone, moqaddem pour la région. C'est un marabout influent et le maître d'une école d'où sont sortis plusieurs maîtres locaux. Quoique personnellement qadri, il distribue aussi l'ouerd tidiani.

Province du Dagma : à partir de Kounguel plusieurs personnalités du groupement de l'ancien marabout toucouleur, Tierno Ibrâhîm qui fut l'élève du Cheikh Sidïa Al-Kebîr et dont il sera question plus loin. Tierno Ibrâhîm se posait en prophète tidiani vers 1865. Il réunit une forte bande, et prêcha la guerre sainte. Attaqué par l'almamy du Bosséa, Abdoul-Boubakar, et par Boubakar Saada chef du Boundou, il est défait vers 1866 à Moundéré près du Marigot de Guéri et ses gens se dispersent. Les plus aventureux s'en vont à Nioro ; les autres se fixent avec lui près de Kounguel. Tierno Ibrahîm devait être tué en 1868 par Abdoul-Boûbakar, mais ses gens sont restés fidèles à son enseignement et quoique Tidianïa, constituent un petit groupement sympathique à Cheikh Sidïa.

Dans le cercle de Saldé, province du Bosséa, au village de Diankta, Saïdou Abdoulaye, neveu maternel de Sidi Omar, qui était le moqaddem Sidïa de tout le Chamama. Saïdou a fait ses études coraniques et juridiques à la zaouïa du cheikh.

Dans le cercle de Podor, — le groupement de Tierno Aoudii († 1910) qui compte de nombreux carrés ; et la famille des almamys du Lao, clan des Wan Aanbé. Cette famille était restée, même au plus fort de la puissance d'Al-Hâdj Omar, et par opposition à l'intrigant marabout qui les dépossédait, fidèlement attachée à la Voie qadri de cheikh Sidïa Al-Kebîr. C'est ainsi qu'on voit l'almamy Biram, puis son fils, l'almamy Mamadou († 1866), puis son fils Ibra Almany, talibés du cheikh de Tin Douja. Le représentant actuel de la famille, Amadou Moktâr, fils du précédent, chef du Toro occidental et Président du tribunal du Toro, a abandonné, à la suite de difficultés personnelles, l'obédience de Cheikh Sidïa et s'est affilié au cheikh Mohammed Fal, petit-fils du grand marabout Mohammed Mamhoûd ould Cheikh Al-Qâdî, des Id Eïlik, et actuellement chef dans le Brakna d'un puissant rameau qadri, dérivé aussi des Kounta.

Ce tableau de l'influence religieuse de Cheikh Sidïa dans le Fouta serait incomplet, si on ne signalait pas le grand nombre de petits maîtres d'école maures, d'origine biri (1) qui, sur les rives du fleuve et fort avant dans l'intérieur, enseignent le Coran aux enfants noirs. Ce sont de puissants agents d'islamisation d'abord, mais surtout de tenaces propagateurs de la Voie Sidïa. Depuis plusieurs années déjà, ces modestes mais ardents missionnaires s'acheminent également le long de la voie ferrée de Saint-Louis à Dakar. Ils ont bifurqué à Thiès avec la nouvelle voie et s'enfoncent dans le Baol et le Saloum vers Kayes. On en trouve, outre ceux des escales du fleuve — à Louga, à Ngaye, à Mekhé, à Kébemer, à Tivaouane, à Thiès, à Rufisque, à Dakar, — puis à Khombole, à Bambay, à Diourbel où ils sont encore une demi-douzaine au moins, à Gossas, à Malème, à Ambidèdi, à Kayes.

On en trouve sur la petite côte à Nianing, Mbour et Joal.

(1) Les Oulad Biri sont la tribu-lige de Cheikh Sidïa.

Ici comme en Guinée, en Côte d'Ivoire, au Dahomey et au Soudan, la paix française et les principaux avantages qu'elle apporte : établissement des voies nouvelles et rapides et facilités des communications, sont immédiatement utilisés par les marabouts maures pour monter à l'assaut pacifique du monde noir et à sa conquête religieuse.

Dans les provinces du Bas-Sénégal, Cheikh Sidïa compte de nombreuses colonies de disciples. Il suffira de nommer les principaux personnages, moqaddem, chefs de groupements.

Sur la ligne de Saint-Louis à Dakar.

A Saint-Louis, les deux imams de la grande mosquée : l'imam du vendredi, Mamadou, fils du cadi N'Diaye, Ouolof, et l'imam des jours autres que le vendredi, Mostafa Diop, Ouolof. Celui-ci dirige en outre, dans l'île, une école coranique qui compte 38 élèves ;

Al-Hâdjî Kamara Mamadou, dont le père Al-Hâdjî Kamara était déjà le moqaddem des Ouolofs Sidïa de 1880 à 1900. Il a plusieurs fils, maîtres d'écoles coraniques, à Guet N'Dar ;

Malamine Sek († 1912) dont le fils Mamadou partage son temps entre Saint-Louis et Diourbel (Amadou Bamba) ;

Ousmân Diop, Guibril Diop et Cheikh Amadou Sar, à N'Dar Toute, tous trois maîtres d'écoles coraniques florissantes, groupant de 20 à 110 élèves ;

Ahmed Haïdara et Hadjî Malik Sow, à Saint-Louis-ville ;

Yamar Guèye et Samba Diare N'Guèye, à Guet Ndar ;

Chek Ballo, à Sor ;

Et enfin la famille des Bou El-Mogdad, dont les membres sont depuis longtemps les disciples spirituels de Cheikh Sidïa. Les personnages les plus connus de cette famille. qui depuis Faidherbe a rendu des services si distingués à la France, sont à l'heure actuelle : Doudou Sek, dit Bou El-Mogdad, interprète principal à Saint-Louis-Mauritanie, officier de la Légion d'honneur ; Soulimân Sek († 1913) cadi de Saint-Louis; Aïnina Sek, Président du Tribunal musulman de Saint-Louis. C'est leur maison qui hospitalise les fils et gendres du cheikh, et le cheikh lui-même quand ils sont de passage à Saint-Louis.

A Mpal, Ngaye Diour.

A Louga, Masamba Siga Diop, Ouolof du Cayor, commerçant,

A Kebémer, Mamadou Diop, Ouolof, cultivateur et commerçant.

A Kelle, Massemba Diop, né vers 1840, cultivateur et marabout. Il a fait ses études dans le Trarza auprès de Cheikh Sidïa Al-Kebîr. Marra Guèye, commerçant et notable Ouolof de Saint-Louis. Il est représentant de la maison Maurel et Prom depuis trente ans. C'est un disciple du précédent, mais il s'est confirmé l'ouerd lors du voyage de Cheikh Sidïa au Sénégal en 1908.

A Ngaye-Mékhé, Mourâd Ndaw, Ouolof de Saint-Louis, commerçant; Qassem Fefna, Sarakollé, commerçant;

A Pire, Mamadou An, Toucouleur, demeurant à Dakar, commerçant à Pire.

A Tivaouane, Bakari, Toucouleur, chef de la police indigène; il passe pour être un excellent serviteur du cheikh, et Mamadou Dekenie, traitant;

A Satté (Cayor — Province de Mboul), Abdoulaye Ba, Ouolof, qui a étudié dans le Fouta toucouleur et tient aujourd'hui une école coranique fréquentée par une quinzaine d'élèves.

A Thiès, Cheikh Tidi Mouflin, ainsi nommé en l'honneur du campement du Cheikh qui était installé à Bir Tidi Mouellin (Trarza) quand le talibé précité y fît ses études. Cet individu, cultivateur de profession, a lui-même de nombreux disciples dans la région de Thiès:

Tafsir Mellaï, cultivateur, commerçant; Souliman Diou Ouolof;

Cheik Kounta, Sidi Traollè et Moumar Faye, maître

d'école, anciens élèves de la Zaouïa de Boutilimit; Momar Faye, né vers 1865 à Diender, réside ordinairement au village de Keur Moussé; Al-Hâdjî Gassama, né en Sierra-Léone vers 1868, d'origine soninkée; il a fait le pèlerinage en 1903. C'est un grand commerçant de colas connu sur toute la Côte, et un polyglotte émérite.

A Rufisque, Houssin Cissé, Lebbou, maître d'école; Manel Tiow, cuisinier; Mamadou Penda Tiam, forgeron-bijoutier.

A Dakar, le feqih Mohammed Baji, d'origine socé, dans le quartier de Hock, fabricant d'amulettes et « instructeur des secrets », suivant son expression. Ce sorcier islamisé est le moqaddem des Socé Sidïa de la ville. — Mhaka Sar, Ouolof, propriétaire d'immeubles et de barques de pêche. Ces deux indigènes sont, au dire du Cheikh, de médiocres représentants de sa Voie. Ils cherchent surtout à exploiter la situation à leur profit personnel et se contentent de lui envoyer de modestes cadeaux. — El-Hâdjî Ba Bakar Si, Socé, commerçant dans le quartier de Ngoui Myriam. — Mamadou Dième, maître d'école et imam de la mosquée des Qadrïa Sidïa, avenue Gambetta, quartier de Hock. Cette mosquée, entourée de ficus et de baobabs, est tout à fait gracieuse avec sa petite tour-minaret, ses peintures murales et sa décoration intérieure. Elle a été bâtie en 1910 par le père de Mamadou Diène, Mendiama Diène, et par ses disciples. Ce Mendiama se convertit à l'Islam vers 1860 par le prosélytisme des missionnaires, le Cheikh Sidïa Al-Kebîr : il fut avec ses proches le premier noyau des musulmans de Dakar. Il a été jusqu'à sa mort le représentant officiel de Cheikh Sidïa à Dakar. — Jupiter Guèye, Lebbou, commerçant et propriétaire d'immeubles. — Niakhane Paï, Lebbou, qui tient, au n° 19 de la rue Thiong, une petite école coranique. Il fut inféodé à la Voie Sidïa par son ancien maître : Samba Ka, Toucouleur, qui était disciple de Cheikh Sidïa Al-Kebîr. Niakhane Paï relève aujourd'hui directement de Sidïa Baba, — et enfin le cadi de Dakar Sid Alioun Diagne, président du Tribunal musulman, Ouolof de Saint-Louis, dont le père, Habidou Diagne, avait déjà reçu l'ouerd de Cheikh Sidïa Al-Kebîr.

A Dakar et à Gorée, Sang Tiang, bijoutier et maître d'école, qui possède des immeubles dans les deux villes. C'est à lui qu'échoit le coûteux honneur d'héberger les fils, gendres et disciples du cheikh, en tournée de quêtes dans la région.

Sur la ligne de Thiès à Kayes :

A Khombole, Al-Hâdj. Mamadou Sar, Ouolof du Cayor, commerçant notable. — Souliman Ndiouf, commerçant. — Alioun Diop, petit commerçant. — Ousman, cultivateur.

A Bambey, Mostafa ould Sidi El-Jedd, des Oulad Biri. — Moussa, commerçant.

A Diourbel, Maguèye Guèye, Lebbou, commerçant, domicilié à Dakar, où il est propriétaire dans le quartier européen.

A Kaolak, Saïar Guèye, Ouolof de Saint-Louis, commerçant.

A Fatik, (Sine) Moussa Silla, cultivateur âgé qui dirige un petit groupe de talibés. — Omarî Cissé, Socé-Mandingue né vers 1865, cultivateur, a reçu l'ouerd de Cheikh Sidïa lui-même, au cours d'un voyage à Boutilimit, vers 1892; il compte quelques talibés.

Massaw Sek, Ouolof, né en 1875, se rattache au cheikh par Alî Guèye de Sakoki Gadiaga.

Amadou Touré, Socé, chef religieux des Mandingues de la région; ses disciples sont dispersés, dans plusieurs villages. Il a reçu l'ouerd à Boutilimit de Mohammed le Khalifa, père de Cheikh Sidïa.

Madiouf Diouf, Ouolof, chef du village de Fatik, qui a reçu l'ouerd de Madiéne Diéne, de Dakar.

A Foundiougne — Mombaye Samba, Ouolof, né vers 1880, chef du village. Il a reçu l'ouerd de son père Yaga Samba qui le tenait de Cheikh Sidïa.

Abdoulaye Sania, Socé, originaire du Rip, cultivateur, disciple de son frère Alfa Lamine, qui avait lui-même reçu l'ouerd du Cheikh à N'tourja en Mauritanie.

A Baye, dans le canton de Djilor, Chekou Kamara, cultivateur, disciple du Cheikh lui-même qui lui a donné l'ouerd à Boutilimit, et son talibé Mamadou Cissé, Socé, né vers 1850, cultivateur et maître d'école.

Cheikh Sidïa jouit dans tout le bas-Saloum d'une grande réputation de sainteté. Ses missionnaires visitent régulièrement la province.

Le Bour du Sine, chef des Sérères fétichistes Coumba Ndofen, est actuellement l'objet d'un ardent prosélytisme de la part de Cheikh Sidïa. Celui-ci lui envoie chaque année par son gendre Cheikhouna et ses fils de nombreux cadeaux avec des protestations d'amitié et des invitations à entrer, sous ses auspices, dans la « Voie droite » de l'Islam. Le Bour répond à ces politesses par d'autres politesses et a résisté jusqu'à présent, mais entouré de marabouts et de mourides il finira par passer à l'Islam avec tout son peuple: ce dont nécessité ne se fait pas sentir. Cheikhouna se flatte déjà de le compter au nombre de ses néophytes.

Sur la petite Côte :

A Joal, Macodou Sek, Lebbou, commerçant. — Mafata Mbeye, commerçant. Il a aussi une boutique à Ngazobil.

A Mbour — Ahmed Zerrouk, commerçant, d'origine maure biri, plus connu sous le nom de Amadou Diakhaté, Diakhaté étant le nom patronymique donné par les Ouolofs aux Oulad Biri.

Comme on le voit, à part quelques commerçants et pêcheurs lebbous de Dakar et de Rufisque, c'est surtout dans le monde des traitants ouolofs que Cheikh Sidïa recrute ses partisans. Ces traitants, citadins frottés d'instruction et électeurs politiques, constituent une petite élite dans la société noire et répandent avec habileté son nom et sa Voie dans toutes les escales fluviales, maritimes ou de la voie ferrée du Sénégal. Les autres talibés sont des noirs locaux, gagnés à sa cause par les prédications de ses missionnaires, par l'enseignement des Maures maîtres d'école ou par l'exemple des traitants ouolofs précités.

L'influence de Cheikh Sidïa est stationnaire dans le bas-Sénégal. Elle ne paraît pas toutefois avoir souffert du développement qu'a pris ces temps derniers la voie de Saạd Bouh. Elle ne semble pas s'accroître du fait des bonnes relations qu'il entretient avec Cheikh Bou Kounta de Tivaouane. Par contre, elle bénéficie de la magnifique efflorescence qu'a prise depuis un quart de siècle le mouvement mouride d'Amadou Bamba, ex-chapelain des damels du Cayor. Amadou Bamba avait été initié à la Voie qadrïa vers 1889 par El-Hâdjî-Kamara, moqaddem des Sidïa à Saint-Louis. Jugeant insuffisante cette consécration, il alla requérir, à Tin Douja, celle du cheikh lui-même et en profita pour y compléter pendant quelques mois ses études. Celui-ci lui a conféré une autorisation écrite d'enseigner sa doctrine. Par suite, les aventures politiques de Sérigne Bamba ne furent pas sans causer du souci au cheikh qui craignait d'être compromis par ce trop ambitieux disciple. A maintes reprises, il lui fit tenir des conseils de sagesse. Le Sérigne se déclarait d'ailleurs toujours humblement soumis à Cheikh Sidïa dans le domaine spirituel. Celui-ci put intervenir en 1902 pour le faire revenir du Gabon, puis le recueillit en 1903 à Souet el-Ma, où on venait de l'interner à nouveau, et enfin contribua à le faire revenir au Sénégal en 1907. Ces deux marabouts entretiennent aujourd'hui les meilleures relations. Cheikh Sidïa est plein d'estime pour le Sérigne, sinon pour ses frères, et le Sérigne manifeste un respectueux attachement pour son ancien maître. Chaque année, très régulièrement Cheikh Sidïa envoie officiellement un de ses fils ou son gendre Cheikhouna à Diourbel recueillir les fortes aumônes que le Sérigne a prélevées sur son casuel. Au printemps 1914, Ahmed, fils du Cheikh Cheikhouna et le professeur Mokhtâr ould Dadda ont passé plus d'un mois à Diourbel dans l'entourage d'Amadou Bamba. De plus, celui-ci confie au cheikh l'instruction supérieure de ses enfants ou des meilleurs d'entre ses talibés. Un échange perpétuel de missionnaires, de messagers et de correspondance a lieu entre Boutilimit et Diourbel, par caravanes à travers le Cayor et Podor.

Le cheikh compte un certain nombre de talibés dans la Gambie anglaise. Les principaux sont : à Bathurst : Mapaté Kanïa, bijoutier-orfèvre, et Adam, syndic des maîtres d'écoles coraniques de la ville indigène. A Mac Carthy : Mohammed Ạbd Er-Rahman, Maure, bijoutier-orfèvre, très achalandé. — Sariam Kandé Diakhanké, élève du Cheikh de Touba, maître d'école et traitant.

En Casamance, et dans le bassin de la Haute-Gambie, l'influence que Cheikh Sidïa Al-Kebir, grand-père du Cheikh Sidïa actuel, a exercée il y a un demi-siècle sur les populations mandingues, a été considérable. Un grand nombre des marabouts actuels sont ses disciples, soit immédiats, ayant été les élèves de ses missionnaires, soit plus lointains, ayant fait leurs études auprès de Karamoko Koutoubo ou Karam Ba, le grand marabout de Touba (Fouta Diallon). Ce dernier cheikh, ainsi que son père Tissilima, et son grand-père Mamadou Lamine installés depuis un siècle à Touba, ont été les agents les plus actifs de l'Islam dans le Fouta Guinéen. Chefs d'un rameau qadri, ils ont contribué à faire de Touba la métropole renommée des études islamiques du Fouta et de toute la Guinée. Leur influence a débordé vers le nord et vers l'ouest dans le pays sénégalais.

Cheikh Sidïa Baba a conservé de ce double fait une certaine influence chez les Mandingues de Casamance.

Les principaux marabouts y relevant de son obédience sont, en dehors du principal d'entre eux, Fodé Kadiali, disciple de Karamoko Koutoubo, et qui fait l'objet d'une notice spéciale :

A Santiaba, quartier du village indigène de Ziguinchor (Basse-Casamance), Famara Seydi, Mandingue, originaire de Ndiama (Pakao), maître d'école.

A Soumboudou (Moyenne-Casamance), Fodé Senoussi Souaré, Diakhanké, né vers 1867 à Touba, cultivateur et maître d'une école florissante de 30 élèves. Il a épousé une fille de Chérif Younous de Banghère. Son influence s'exerce sur les Mandingues du Pakao. Après avoir enseigné, conféré l'ouerd qadri et quêté au seul nom de Cheikh Sidïa, Fodé Senoussi a ajouté une corde à son arc en se faisant nommer moqaddem tidiani par son beau-père Younous, et il délivre aussi aujourd'hui l'ouerd tidiani.

A Sakar (Moyenne-Casamance), Kounkali, Dabo Mandingue, né vers 1860, maître d'école.

A Maradan (Moyenne-Casamance), Fodé Lamine Kounta, Mandingue, né vers 1865, maître d'école.

Ces trois marabouts sont les élèves et disciples de Karam Koutoubo.

A Kara Ntaba (Moyenne-Casamance), Fodé-Héri, Mandingue, maître d'école influent.

A Sédhiou même, Sidïa, interprète de la Résidence, et son frère Ma Guet Sar, traitant à Diaroumé.

A Damentan (Haute-Casamance), Alimou Niabali, Mandingue, relevant de Karan Koutoubo, maître d'école.

A Diadoubou Kounda (Haute-Casamance), Fodé Baraki, Mandingue, maître d'école, se rattachant par Fodé Madi à un missionnaire de Cheikh Sidïa.

Dans le Niani, à Colibentan, Fodé Madou Kane, Mandingue, né vers 1873, qui par Fodé Lamine Cissé et Fodé Anthoumané se rattache à Karam Ba.

A Maka, Fodé Malik, Mandingue, né vers 1865, imam de la mosquée de la ville indigène, disciple direct de Cheikh Sidïa qui lui a conféré l'ouerd à Bou Trifia (Mauritanie). — Amadou Guèye et Ndiaye Sek, tous deux Ouolofs et commerçants.

A Sila Kourou, Arfan Mamadou Lamine, Mandingue, né vers 1865, maître d'école, imam de la mosquée du village. Il se rattache par son marabout Chekou Al-Kali, Diakhanké, à Cheikh Sidïa Al-Kebîr.

A Silamé, Ibrahima Tierno, Diawando, Toucouleur, né vers 1879, cultivateur. Il se rattache par ses maîtres Mamadou Tierno, Macinanké, décédé dans le Pakeba, et Tierno Mohammed Fal, Maure, à Cheikh Sidïa Al-Kebîr.

A Saw, Fodé Kémo, Mandingue, cultivateur, imam de la mosquée du village. Il se rattache par son marabout Fodé Sérif, de Séré Dabo (Niani) et Karamoko Koutoubo, à Cheikh Sidïa Al-Kébir.

A Cissé Kounda, Fodé Yaya, cultivateur et imam de la mosquée du village. Il se rattache par son marabout Chekou Al-Kali, Diakhanké, de Ouli Soutouko (Ouli) à Cheikh Sidïa Al-Kebîr.

II. — Cheikh Saạd Bouh (1).

Cheikh Saạd Bouh, trentième fils de Mohammed Fâdel, et frère de Mâ El-Ạïnin, nomadise dans les parages de Khroufa à Nouakchot. Émigré du Hodh, berceau de sa famille, vers 1870, il passa quelques jours à Saint-Louis, puis il alla s'installer à Ziré, chez les Ntaba noirs, dans le triangle Océan-fleuve-marigot des Maringouins. C'est de là qu'il commença à exercer son prosélytisme sur les rives du fleuve. Il est à remarquer en effet que son influence, assez faible en pays maure, s'exerce surtout dans les pays sénégalais; et atteint même la Guinée. Elle s'appuie moins sur sa science et sa piété que sur sa réputation de thaumaturge.

Héritier des enseignements et traditions de son père, Mohammed Fâdel, Saạd Bouh distribue les affiliations à toutes les voies religieuses de l'Islam, c'est-à-dire qu'il confère les ouerd tidiani, qadri, et beaucoup plus rarement chadeli, qui sont les seuls demandés au Sénégal. C'est à cette innovation de génie, qu'il doit son succès chez les noirs, car ceux-ci sont très friands de participation aux barakas les plus diverses. Les prétentions chérifiennes des Fadelïa et les pratiques extérieures de mysticisme, qui leur sont chères, ont aussi fortement contribué à développer l'influence du Cheikh au Sénégal.

Sur la rive droite du fleuve, dans le Chamama du Trarza maure, Saạd Bouh range, sous sa bannière tidianïa,

(1) Pour plus de détails sur Cheikh Saạd Bouh et sa Voie, cf. *L'Islam maure. — Les confréries religieuses de la Mauritanie*, par Paul Marty, in *Collection de la « Revue du Monde Musulman »*.

un bon nombre de Toucouleurs du canton de Thiékane (Résidence de Méderdra). Chékou Mamadou Kane, né vers 1877, beau-père du chef de canton, Ndiaye Kane, est son représentant attitré, il tient une petite école coranique.

Au Sénégal, Saạd Bouh compte plusieurs milliers de disciples dans chacune des provinces du Fouta, du Diolof, du Cayor, du Baol, de la Gambie et de la Casamance.

Déjà, à Kayes, sur le haut fleuve, il possède plusieurs talibés d'importance. Le plus remarquable d'entre eux est Cheikh Bakari Kamara à Kénioukouta, né vers 1864, qui a fait ses études dans le Sahel et enseigne le Coran à une douzaine d'élèves (Résidence de Médine).

Dans le Guidimaka, Saạd Bouh est représenté par Tierno Yaya Haïdara, Toucouleur originaire du Fouta Diallon, né vers 1872 et qui, à l'exemple de son maître, a pris du Chérif. Il est tidiani, installé comme petit maître d'école à Noulizimo. Il est assez lettré, ayant passé plusieurs années à étudier dans les campements maures du Sahel.

Jadis qadri sous l'obédience du Cheikh Sidïa Al-Kebîr, le Fouta toucouleur passa au Tidianisme avec Al-Hâdj Ọmar, et son attachement à cette voie religieuse semble être devenu un caractère national. Saạd Bouh porte dans ce sens avec méthode et ténacité ses efforts d'apostolat. Il tend à glisser son tidianisme dans la région, en prenant la place laissée vide par les fils successeurs d'Al-Hâdj Ọmar.

Ses principaux représentants y sont :

Dans le cercle de Bakel : Chékou Mamadou, décédé ces temps derniers, père d'Abou Salam Kane, chef de canton. — Tierno Ndoudi, Tidiani, maître d'école à Touabo (Goye inférieur).

Dans le cercle de Matam ; Chékou Sliman, cultivateur et maître d'école à Oréfundé ;

Mamadi Alfa, Chékou Amidou Kane, cadi de Matamet Chékou Moussa Bouka, à Matam ;

Chek Moussa Kamara de Gouriki, à Ganguel (Damga) Ce dernier, né vers 1864, intelligent et instruit, tient une école coranique et professe les rudiments du droit musulman. Il est moqaddem à la fois qadri et tidiani, et possède une grande influence. Il a une cinquantaine de talibés qui travaillent pour son compte. Son influence ne dépasse pas le Damga où elle n'est d'ailleurs que partielle. Il est l'oncle de l'adjoint principal des Affaires indigènes Iba N'Diaye.

Dans le cercle de Saldé-Diorbivol :

Cheikh Bokhari, à Kçar Niré, sur le fleuve, à l'ouest de Kaëdi (province Bosséa).

Chek Laba chez les Peul, nomades Fafabé Diaobé Dik, Yalalbé et Sandrabé (province des Irlabès-Ebiabès).

Ạbdou Mamadou, Toucouleur, Tidiani, maître d'école ; et Mamadou Almamy Ndiaye, notable commerçant et pèlerin à Diaba-Lidoubé.

Souleïman Alfa et Ạbdoul-Malik, maîtres d'école à Galoya, Toucouleurs (Irlabès-Ebiabès).

Ciré Ạbbâs Soh, de Diaba, près d'Oréfundé (canton des Irlabès), lettré et généalogiste remarquable (1).

Dans le cercle de Saldé, Saạd Bouh a comme représentant spécial son neveu, Youbba Mokitâr, fils de Sidi Otḫmân. Ce cheikh, né vers 1868 dans le Hodh, est aujourd'hui installé à Agnam Civol dans le Fouta toucouleur (province de Bosséa, cercle de Saldé-Diorbivol). Il a eu des aventures diverses dont une partie était déjà relatée par Poullet en 1902 (2). Ses quêtes arbitraires et ses mesures de violences nécessitèrent dès 1899 son expulsion du Fouta.

En 1906, croyant pouvoir voler de ses propres ailes, il

(1) Ciré-Abbas est l'auteur de plusieurs chroniques de haute valeur sur le Fouta sénégalais. Recueillies par M. l'Administrateur Gaden et traduites par M. Delafosse, elles ont paru dans la *Revue du Monde Musulman* (septembre et décembre 1913 et mars 1914).

(2) *Les Maures de l'A. O. F.*, Paris, Challamel.

abandonna Saạd Bouh et alla s'établir à Conakry où il vécut deux ans. Mais il dut revenir dans le Fouta, où ses actes répétés d'escroquerie lui valurent le 1er mai 1912 (Tribunal de Kaëdi) une condamnation à six mois d'emprisonnement. Réconcilié avec son oncle, il est, à sa sortie de prison, venu faire une retraite d'un an à son campement de Khroufa, puis est retourné dans le courant de 1913 à Agnam Civol.

Cheikh Youbba est passé maître dans l'art d'acheter à crédit chevaux, ânes et bestiaux et de proférer les malédictions les plus terribles sur le malheureux propriétaire noir qui vient réclamer le prix de vente, et s'enfuit épouvanté. Il fait encore effectuer des achats par des talibés insolvables et revend précipitamment les animaux que ceux-ci lui ont offerts, tandis que le talibé souffre joyeusement l'incarcération pour son maître. Cheikh Youbba avait d'ailleurs été formellement désavoué par Saạd Bouh, qui lui reprochait de faire des quêtes en son nom et d'en garder le montant.

Il est aujourd'hui marié avec une fille du chef du Bosséa Ạboul Ạli Kane et avec une de ses cousines, de l'entourage de Cheikh Saạd Bouh. Il s'adonne à la culture de ses lougans et à l'élève des bestiaux, entouré d'une trentaine de talibés noirs qui font salam avec lui, et dont il instruit les enfants; tout ce monde travaille à son profit. Il reçoit quelques visites de l'intérieur.

Un de ses principaux agents est un Mandingue du nom de Maïta Mané, 38 ans, originaire d'une famille de griots de Brikana (Guinée portugaise) et qui a été mêlé aux luttes de Moussa Molo et des peuples de Casamance. Cet indigène a été signalé, prêchant et quêtant, au nom de son maître, sur les deux rives du fleuve, de Dagana à Bakel.

Un autre, Mamadou Demba Diallo, Toucouleur, originaire (1869) de Dolol Civré (Fouta) est installé à Ralli Nioro, (Guidimaka). Il prit part à la révolte de Mamadou Lamine

(1885-1887), s'enfuit à Nioro, et nous a encore combattus en 1891. Il jouit d'une grande influence, non seulement dans son groupement d'origine : les Al Modi Nalla, mais encore dans le village où il est domicilié actuellement : Ralli Nioro, et dont il dirige le chef. Représentant officiel de Saạd Bouh dans les provinces toucouleures des Irlabès-Eliabès et Bosséa, il distribue, au choix des impétrants, les « ouerd » qadri et tidiani.

Dans le cercle de Podor : Al-Hâdjì Mamadou Ạbdou Karîm, talibé de l'ancien almamy Mamadou Biram, mort en pèlerinage à la Mecque en 1893, demeurant à Boumba (Lac oriental).

Tous ces Toucouleurs sont Tidianïa, sauf toutefois Ciré Ạbbâs qui est Qadri. Ils délivrent l'ouerd au nom de Saạd Bouh.

Dans le cercle de Podor, Saạd Bouh est représenté plus directement par un de ses neveux, Cheikh Ahmedna, douzième fils de Cheikh Hadramî qui est établi à Médina (Province du Toro). C'est un homme de trente ans, intelligent, instruit et d'aspect sympathique. Il vit sous la tente, près du village toucouleur, avec un groupement de haratines maures des Ida Belhassen. Ce groupement semi-nomade porte le nom de Merazigues. Ahmedna quitta le Hodh en 1905 pour venir s'installer chez Saạd Bouh, où il séjourna jusqu'en 1910. Il fut employé par ce Cheikh pour quêter en son nom jusqu'au jour où, dépassant la mesure et opérant pour son propre compte, il fut désavoué par le Cheikh. Sur l'ordre de ce dernier, il a dû venir s'établir dans le Toro où il le représente. Il a épousé successivement une fille de Saạd Bouh et plusieurs femmes toucouleures. Il est marié aujourd'hui avec une femme des Merazigues précipités.

Il cultive ses champs, élève ses troupeaux et se défend de faire de la propagande religieuse.

Dans le Bas-Sénégal, de Saint-Louis à Dakar, l'influence du cheikh est considérable. A Saint-Louis il a toujours joui du respect et de la considération générale. C'est surtout le quartier de Ndar Toute qui est son fief, mais il compte aussi d'importantes colonies de Mourides, soit à Guet Ndar et à Sor, soit dans le Nord de l'île même. Il y est représenté par les moqaddem suivants, chefs eux-mêmes de petites chapelles :

Chek Mbarik Diop, Chek Biram Koumba Wad et Chek Malamine Dièye à Guet Ndar; — Chek Amadou Diop à Ndar Toute; — Chek Amadou Fal à Sor et enfin Chek Mostafâ Guèye dans l'île, quartier du nord.

L'un des principaux moqaddem, Chek Amadou Dieng, de Ndar Toute, a quitté Saint-Louis depuis trois ans environ, pour aller travailler auprès de Chek Mahfoûd à Sédhiou.

Le nombre total des talibés de Saạd Bouh à Saint-Louis peut être évalué à 1.200.

Dans les escales de la voie ferrée, les principaux représentants du Cheikh sont :

Ma Demba N'diaye, à Sakal Mor Sitta, à Louga.

Adiouma Ba, maître d'école tidiani, à Guet Ardo (Diambour septentrional).

Son neveu Hadramî, fils de Meçbâh al-Dîn, né vers 1880 domicilié à Keur Lab (Diolof). Parti du Hodh en 1890, il a séjourné deux ans chez Saạd Bouh, qui l'employa à faire des quêtes, en son nom, au Sénégal. Ayant abusé de la situation, il s'est vu retirer cette autorisation et est allé en 1912 s'installer, sur l'ordre du Cheikh, dans le Diolof, où il a fondé le village de Keur Lab et où il vit en cultivateur et en pasteur. Son frère Mâ El-Aïnîn vit avec lui.

Chek Mbolo Maram, à Goumbo-Guéoul.

Mostafâ Diop et Chek Mamadou Diembéré, à Kébémer.

Ibrahima Faye et Moumar Loukane, à Pire.

Biram Kaddou, griot fait cheikh, à Tivaouane.

L'influence du cheikh est en croissance à Tivaouane. Lors de son séjour en cette escale, en mars 1913, la population donna de grandes fêtes en son honneur. Peu après son départ, les terrains communaux ayant été allotis et mis en adjudication en vue de l'agrandissement de la ville, le lot sur lequel le cheikh avait campé avec sa suite, atteignit une valeur dix fois supérieure à celui des terrains environnants.

Ali Nguer, ancien chef à Thiès et Massaka Sek, ex-griot qui se rattache au Cheikh par Ndari Diakhalé, marabout de Saint-Louis; Tierno Aow, maître d'école.

Ma Sala Guèye, à Pout;

Ndiobo Sèye, à Sebikotane;

Mod Cissé, menuisier fait cheikh, Amadou Aow et Cheik Dogo à Rufisque.

Cheik Amadou Ali, Poulo,

Maba Lèye, Nalik Dia, à Ndounka (Mbayar) et Cheikh Mamadou Ndiaye, dans le Baol. Maba Lèye, né à Thièyène (Diolof) vers 1871, habite Diatong. Il se rattache au Tidianisme de Saad Bouh par Amadou Matar Diop de Sawane, dont les démêlés avec le cheikh de Khroufa, au sujet de l'achat de son titre de moqaddem, ont failli se terminer devant la justice. Maba Lèye exerce son prosélytisme sur les fétichistes de la région de Lambaye.

Dans le Sine-Saloum :

A Foundiougne : Ibrâhîma Cissé, Ouolof-Mandingue de Pakao, qui a reçu l'ouerd du Cheikh lui-même, vers 1890, à N'Diago, et Irama Sania, Socé-Mandingue de la Gambie, affilié au Qaderisme par Saad Bouh à son passage à Saint-Louis.

A Dagane, Amadi Alî, Toucouleur Qadri, cultivateur. Il a reçu l'ouerd du Cheikh lui-même à Saint-Louis, et ne manque pas d aller le voir dans cette ville, quand il y est de passage.

A Pokhane, Amadou Ciallo, Toucouleur Tidiani, et Amadou Sek, Ouolof Qadri, qui se rattachent au Cheikh par leur marabout Chekou Diéta Law, de Gourane (Cayor).

A Keur Mbaye Diop (Diakhaw), Mamadou Sek, Ouolof Qadri de même affiliation que la précédente; et enfin Djibril Kédé, maître d'école.

Dans la région de Kaolak, Chékou Ousmân Baro.

A Dakar, le nombre de talibés du Cheikh peut être fixé à 300 environ, Maures et noirs.

Les Maures sont placés sous l'autorité spirituelle de Cheikh Ahmed Ajouad ben Hammoûd, originaire des Ahel El-Hadj El-R'arbi, du Trarza, domicilié dans le quartier de Hock. Jadis traitant à Saint-Louis, il est venu s'installer depuis quelques mois à Dakar.

Les Noirs ont pour cheikhs spirituels : 1° Al-Hâdjî Mamadaulamine Dem, Toucouleur, maître d'école coranique qui délivre l'ouerd qadri au nom de Saad Bouh et l'ouerd tidiani à la fois au nom de Tierno Amat Kane, chef d'un petit mouridisme local, aujourd'hui à peu près disparu avec son chef; d'Al-Hâdj Malik, de Tivaouane, cheikh des Tidianïa du Cayor, et d'un fils d'Al-Hâdj Omar, le conquérant toucouleur;

2° Alfa Diol, Lebbou, chef du village indigène de Dakar, moqaddem religieux et temporel des intérêts du Cheikh;

3° Youssef Ba Amar Guèye et son fils Ibra Guèye, Lebbous cultivateurs. Ils ne délivrent que l'ouerd qadri.

* * *

Ces talibés ne se rendent pas au campement du cheikh en Mauritanie. C'est celui-ci qui, chaque année, vient les visiter ou leur envoie un de ses fils : Sidatî en général, quelquefois Mahfoûd, ou encore son gendre, le Hâdj et savant Bachir ould Mbarigui, des Id Atjfara du Trarza.

Les déplacements personnels du cheikh sont beaucoup plus avantageux. Non seulement ses propres talibés, mais même tous les fidèles des autres obédiences viennent lui apporter des cadeaux, et le montant finit par atteindre un chiffre considérable. C'est ainsi que le décompte fait, aussi minutieusement que possible, après son passage en février-mars 1913 a établi qu'il avait recueilli en ces deux mois un total connu de 70.000 francs. En même temps que lui, 40 chameaux, chargés de marchandises, quittaient Saint-Louis et Louga, gagnant ses campements à petites journées, et un troupeau de 600 chameaux, dont 200 chamelles, achetés par Sidati à Louga prenaient le même chemin avec un grand nombre de chevaux de don. Il est vrai que les Regueïbat, fils du péché, n'allaient pas tarder à jouer un certain rôle de justice immanente, en razziant quelques semaines plus tard la plus grande partie de ces chameaux.

Ces dons n'impliquent d'ailleurs de la part des noirs aucune promesse de fidélité au cheikh. Ils considèrent l'ouerd du marabout comme une sorte d'indulgence plénière pour leurs fautes et un acte de communion spirituelle à sa baraka. Chaque cheikh de quelque renommée qui passe à travers le pays a toujours le même succès de distribution de baraka et de perception de cadeaux.

***

La Gambie, la Casamance et les Guinées portugaise et française sont depuis quelques années de la part de Saạd Bouh l'objet d'une propagande islamique intense. Il est représenté par plusieurs de ses neveux, et on constate entre le cheikh et ses parents ou délégués un échange perpétuel d'envoyés, de correspondance et d'instructions.

Saạd Bouh y employait jadis un de ses plus zélés missionnaires quêteurs des pays noirs : Ạbdallah ould Ahmed Sâlem ould El-Djakanî, mais ce trop intelligent disciple ne tarda pas à profiter, en les amplifiant, des excellentes leçons de son maître. Installé à Louga, en relations d'affaires avec la colonie Oulad Bou Sbaa de Saint-Louis et avec les Ouolofs de la voie ferrée, marié à une femme de ce peuple et en parlant admirablement la langue, il restreignit d'abord son pieux commerce au Sénégal. Puis en 1911, il étendit à la Casamance et à la Guinée le champ de ses opérations. Avec Mohammed Lamine ould Sidi Ahmed, des Oulad Noṛ'mach (Brakna) et une aventurière du nom de Mahjoûbâ, rencontrée dans le Fouta Diallon, ils passèrent, pieuse caravane de prétendus Chorfa, à travers ces colonies, vendant spécialement des amulettes et recettes amoureuses. Ces talismans d'abord portés sur le corps du galant devaient être trempés par lui à la première occasion dans la boisson ou les aliments de la personne dont il désirait l'amour. Le succès était infaillible. Quant à Mohammed Lamine, on le faisait passer, le cas échéant, et si le milieu était hostile aux Français, pour l'assassin de Coppolani.

Ạbdallah fut arrêté, au commencement de 1912, sur la dénonciation de Chérif Yoûnous, de Sedhiou, conduit sous escorte à Boutilimit et condamné par le Tribunal de Résidence à six mois d'emprisonnement (12 juillet 1912). Il est interné aujourd'hui dans la tribu des Tachedbit. A la suite de ces aventures fâcheuses, Saạd Bouh l'a formellement rejeté du nombre de ses télamides.

Mais c'est par son neveu, Cheikh Maḥfoûd, que l'influence de Saạd Bouh s'exerce en Casamance. Comme Cheikh Maḥfoûd est installé depuis vingt ans dans cette région, et qu'il dirige en chef indépendant un groupement religieux qui ne se rattache guère plus à Saạd Bouh que les liens d'une référence, plus familiale que canonique, il convient de consacrer à cette filiale autonome des Qadrïa un chapitre spécial.

III. — Cheikh Mahfoûd.

a) *Personnalité.*

Cheikh Maḥfoûd, neveu de Saạd Bouh, est le fils aîné de Tâleb Khiâr, neuvième fils de Mohammed Fâdel, fondateur et premier chef de la Confrérie religieuse des Fadelia.

SCHÉMA GÉNÉALOGIQUE

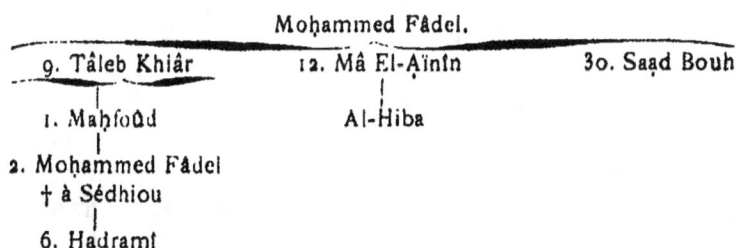

Moḥammed Fâdel.

9. Tâleb Khiâr	12. Mâ El-Ạïnîn	30. Saạd Bouh
1. Maḥfoûd	Al-Hiba	
2. Moḥammed Fâdel † à Sédhiou		
6. Hadramî		

Il est installé à Binako, province du Balanta Kounda, cercle de la Moyenne-Casamance (Sédhiou), où il fait le cultivateur, le commerçant d'amulettes et le maître d'école.

Né dans le Hodh, chez les Ahel Taleb Mokhtâr, le berceau des Fadelia, vers 1870, il le quitta de bonne heure, à l'âge de dix ans, pour venir faire ses études chez son oncle Saạd Bouh dans le Trarza maure. Il les compléta à Smara (Seguia-al-Hamra) chez Ma El-Ạïnîn.

Pendant cette période de temps, 1880-1893, il fit de nombreux voyages dans les pays maures, visita Tichit et Oualata, le Tagant et l'Adrar où il séjourna quelques mois à

Chinguéti, et enfin la Seguia, le Dra et les Kçour Tekna d'Oued Noun.

Vers 1893, ses études achevées, l'heure sonnait pour lui de trouver sa voie. Ses goûts le portaient, comme tous les Fadelïa, vers la politique et la diplomatie, beaucoup plus que vers la religion. Il entreprit donc de faire agréer ses bons offices aux Français en lutte avec Samory et à cet effet se rendit à Kayes, eut des entrevues avec le colonel Archinard, commandant militaire du Soudan, et muni d'un laissez-passer, s'en fut trouver Samory, à Niako, dans le Ouassoulou. Il trouvait aussi fin que lui. Un séjour de quatre mois auprès de Samory ne donna aucun résultat. Maḥfoûd revint à Kayes rendre compte de ses efforts, et s'en fut chercher fortune sans retard auprès de Moussa Molo, roi du Firdou, dans la Haute-Casamance (1895).

Moussa Molo était alors installé à Hamdallaye et dans tout l'éclat de sa puissance. Il garda un an Maḥfoûd chez lui, mais sans utiliser ses services.

Maḥfoûd l'abandonna donc en 1896 et s'établit pour son propre compte avec ses talibés à Niakou dans le Sandougou, alors anglais. A ce moment, la délimitation franco-anglaise de la Gambie fit passer le Sandougou dans la zone française.

Maḥfoûd, qui cherchait toujours sa voie, remonta vers le nord, fit un séjour de quelque durée à Saint-Louis, puis dans le campement de Saạd Bouh, revint dans le Sandougou et finalement repartit dans le Vohi (Guinée portugaise) où son cousin Chérif Abba avait des difficultés avec les populations indigènes. Il y resta deux ans, 1897-1898, voyageant lentement avec ses talibés de ville en ville : Bafata, Briban, Bissinki, Dembasso, Mansaba, Kantoufa, Bidjini, et enfin Pahane, où Mamadou Patté, chef de canton, et frère de Modi Sellou Kayada, chef du Gabon portugais, le choisit comme son marabout officiel.

Après un nouveau voyage à Saint-Louis et auprès de

Saad Bouh, il revint en Guinée et s'installa à Pakoua, province du Kanadougou, sur le rio Géba. Il y séjourna de 1898 à 1901, faisant des voyages de prosélytisme et de commerce dans les provinces de Kadé et de Dama.

En 1901, il élargit le champ de ses opérations et entreprend des missions en pays diola. Il établit d'abord une station à Marsassoum, sur les limites du Fogni ; puis se rendant compte très vite que l'emplacement n'est pas favorable, il va opérer dans le Combo et fonde le village de Dâr-as Salâm (le Dasilamé actuel). Il y resta personnellement cinq ans (1901-1905), séjour coupé de quelques voyages à Saint-Louis et en Mauritanie.

En mai 1905, au moment où l'insurrection battait son plein dans la Haute-Guinée portugaise, il crut que l'heure était arrivée de jouer un rôle politique. Sous le prétexte de visiter son établissement de Pakoua, il se rend, dans le Brassou et descend à Farim chez le chef Molom Sagna. Le commandant portugais accepte ses services, lui fait des cadeaux et l'envoie en mission secrète. Entrevues, palabres, négociations, voyages, tous ses efforts pour amener les Vohionkés à faire leur soumission tant à l'administrateur de Farim qu'au Gouverneur de Boulam restent infructueux. Finalement les fétichistes refusent même de le recevoir, et il ne conserve autour de lui que quelques Musulmans.

La situation s'aggrave bientôt des démêlés personnels de Maḥfoûd avec les Portugais. Ceux-ci lui interdisent l'accès de Vohi, où sans doute le marabout qui recrutait l'impôt pour l'administration, ne négligeait pas ses propres intérêts. Maḥfoûd ne tardait pas à tomber dans une complète disgrâce auprès des autorités portugaises.

Sur ces entrefaites, Modi Sellou Kayada, chef du Gabou étant entré, par l'intermédiaire du Cheikh, en relations avec les gens de l'Ohio révoltés, se met à son tour en rébellion ouverte contre les Portugais. Le Gouverneur de

Boulam ordonne alors à Maḥfoûd de quitter Bafata, et lui assigne une résidence dans un petit village de la rive droite de Rio Cachéo, près de Farim, où il fut surveillé étroitement.

Les menées de Cheikh Yoûnous, ennemi de Maḥfoûd, n'étaient sans doute pas étrangères à sa disgrâce.

En décembre 1906, Maḥfoûd ayant encore une fois échoué dans ses tentatives diplomatiques, passait la frontière et venait s'installer à Binako, dans le Balanta Kouda, pays des Balantes fétichistes, sur lesquels il pensait exercer un prosélytisme heureux. L'expérience a démontré le contraire. Son séjour à Binako, sur la Casamance encore navigable, présente néanmoins pour lui de sérieux avantages, car de cette station centrale, il peut surveiller ses missions du Vohi et du Brassou portugais au sud, des Mandingues du Pakao au nord, du Combo franco-anglais au nord-ouest.

* * *

Maḥfoûd se présente physiquement comme le marabout maure nanti. Il est de belle taille, légèrement voûté, gros et gras. Il est quelque peu défiguré par une barbe noire mal fournie et de nombreuses traces de petite vérole. Le manque absolu d'exercice physique entraîne chez lui une rapide fatigue, dès qu'il se déplace. Comme tout blanc, il souffre beaucoup du climat chaud et humide de la Casamance.

C'est un homme intelligent et instruit, à qui ses nombreuses aventures ont donné du sérieux et de l'expérience, et dont la conversation est intéressante.

Son établissement déjà ancien en pays noir et l'absence de conversation journalière en dialecte maure font qu'il mêle naturellement à ses propos un grand nombre de termes littéraires.

D'abord quelque peu méfiant, malgré sa grande pratique des Européens, en face de quelqu'un qui entame avec lui en ces pays noirs une conversation en arabe, Maḥfoûd est mis tout de suite à son aise par une sympathie qui s'impose : il s'ouvre alors sans trop de peine.

⁂

Maḥfoûd a plusieurs femmes et un certain nombre de concubines, celles-ci, Mandingues locales. Ses femmes les plus intéressantes sont : une de ses cousines du Hodh et une fille de Chérif Yoûnous.

Il a de nombreux enfants. Ses fils les plus âgés sont :

Mohammed Fâdel, né vers 1890, qui, ses études achevées chez Saạd Bouh, vient de rentrer au domicile paternel ;

Mohammed Lamin, né vers 1898, qui a commencé ses études à la médersa de Saint-Louis, et, depuis le début des hostilités, est élevé à l'école publique de Ziguinchor ;

Abba, né vers 1900, qui étudie chez Saạd Bouh ;

Saạd Bouh, né vers 1907, qui étudie dans le Hodh ;

Mâ El-Ạïnîn, né vers 1907, qui vit chez son père.

Plusieurs de ses filles sont mariées avec leurs cousins du Hodh ou du Trarza.

Il y a en outre de nombreux enfants des deux sexes en bas âge, vivant soit chez lui, à Binako, soit dans son établissement de Dasilamé, avec son frère Hadramî.

b) La Zaouïa de Binako.

L'emplacement où Maḥfoûd a installé le centre de ses opérations religieuses, agricoles et commerciales, est judicieusement choisi à Binako, gros village balante, situé sur la rive gauche de la Casamance, en un point où la rivière est encore assez facilement navigable.

Binako est sis au fond d'une crique de la Casamance, au débouché d'un petit marigot aux eaux tranquilles. La magnifique végétation équatoriale ferait de ce coin un pays enchanteur, n'était l'humide et étouffante chaleur qui sévit en quasi-permanence sur ces régions.

Les carrés du cheikh constituent un grand quartier du village indigène. De nombreuses, belles et spacieuses cases abritent sa famille, ses élèves, ses talibés, ses serviteurs, ses clients. Chaque carré a sa vie propre, derrière sa haute tapa de bambous.

Le Cheikh a fait construire pour sa bibliothèque et ses objets précieux une petite maison aux murs de poto-poto, recouverte de tuiles et de tôle ondulée. Il peut ainsi les soustraire plus facilement à la voracité des termites. Une case de chaume plus spacieuse, bien balayée, aux parois nettes, fait l'office de mosquée.

Les abords immédiats du quartier de Mahfoûd sont assez dénudés, car souffrant vivement de l'humidité et de crises d'étouffement, il a fait abattre les arbres pour avoir de l'air.

∴

L'école que Mahfoûd dirige personnellement et par l'intermédiaire de deux ou trois professeurs est assidûment fréquentée par une trentaine de petits Maures, Pourognes, et Mandingues, tous enfants de sa colonie. Aucun des enfants balantes du village de Binako, ou d'ailleurs, n'y figure. On n'y apprend guère que le Coran. Toutefois, deux ou trois élèves plus âgés font un peu de droit.

Les études se ressentent du climat pénible et sont assez peu suivies. Elles sont fréquemment coupées de récréations dont les jeunes élèves, lâchant précipitamment la planchette, profitent pour aller s'ébattre avec mille cris joyeux dans les eaux du marigot ou de la rivière.

∴

Dans cette Casamance qui, sauf l'élément mandingue, est fidèle à ses pratiques fétichistes, la matérielle d'un marabout musulman n'est pas aussi assurée que dans les autres pays noirs islamisés. Mahfoûd est donc contraint d'ajouter à l'exploitation de sa baraka divers modes d'emploi de son activité.

Ses talibés travaillent plusieurs lougans de mil, de riz et d'arachides dans les environs de Binako. La place n'y manque pas, et les Balantes n'y regardent pas de si près. Ils font en outre la cueillette du caoutchouc et du palmiste.

Il tire d'autres ressources de ses exploitations agricoles de Guinée portugaise, dont les produits sont vendus à Farim ; ou de Dasilamé (Combo) dont les récoltes sont rapportées à Ziguinchor ou Carabane.

Installé sur un fleuve encore navigable, au milieu de populations arriérées qui se livrent à peine à la culture ou à la cueillette et ignorent toute activité commerciale, Mahfoûd a pensé qu'il pourrait augmenter ses revenus, en drainant ces produits agricoles ou forestiers du Balanta Kounda vers les escales des commerçants. L'industrie du transport des indigènes de Sedhiou à Ziguinchor et *vice versa* se présentait comme non moins lucrative. Il a donc affrété deux goélettes légères, jaugeant chacune plusieurs tonneaux, marchant à la voile et à la rame, et montées par des équipages de ses talibés. Il dispose en outre de plusieurs pirogues à Binako et dans les villages importants, pour aider au chargement et au déchargement des marchandises et pour effectuer le passage des gens d'une rive à l'autre du fleuve, généralement très large. Il faut reconnaître que l'agence de navigation fluviale Mahfoûd a plus de succès que sa zaouïa islamique.

Dans l'intervalle des transports, la pêche constitue une dernière source de provisions ou de revenus.

c) *L'influence.*

Mahfoûd, élève et disciple de Saạd Bouh et se rattachant par lui à la chaîne mystique des Qadrïa-Fadelïa, a été longtemps le représentant officiel de son oncle et de la confrérie en Gambie-Casamance.

Des difficultés mal définies sont survenues depuis quelques années entre le maître et la discipline. Il semble qu'elles soient nées de l'émancipation temporelle et spirituelle de plus en plus marquée de Mahfoûd vis-à-vis de Saạd Bouh. Celui-ci voit bien en effet que Mahfoûd, de simple représentant est devenu le chef à peu près indépendant de cette filiale fadelïa, et qu'avec les liens de vassalité religieuse se sont relâchés les apports de cadeaux de toute espèce. Une certaine froideur extérieure semble donc régner dans leurs relations, quoique l'un comme l'autre affecte réciproquement des sentiments de sympathie et de déférence.

Dans ces conditions, il est difficile de faire le départ entre le domaine exact de l'influence de Saạd Bouh et celui de l'influence de Mahfoûd. Les indigènes intéressés ne le font pas eux-mêmes, n'étant pas au courant de ces dissensions intestines. Il semble que la période actuelle soit une période de transition, où ce groupement de Fadelïa Casamançais, né de l'initiative et de la propagande de Saạd Bouh, va se constituer et prendre sa forme définitive sous l'influence et la direction de Mahfoûd. C'est un peu l'histoire de tous les rameaux des confréries islamiques. C'est donc sous le nom Mahfoûd que seront classés ici les groupements et personnalités maraboutiques qui se réclament de l'obédience fadelïa, qu'elles aient été affiliées par Mahfoûd lui-même, ou par Saạd Bouh ou par ses missionnaires.

Binako, ainsi qu'il a été dit, est un village de Balantes, sis en territoire Balanta Kounda. Si Mahfoûd a eu jadis quelques espérances d'amener ses sauvages et fétichistes voisins à l'Islam, il est depuis longtemps guéri de cette illusion. Il n'a jamais fait de conversions locales, car on ne peut pas prendre au sérieux les deux indigènes, classiques en Casamance, « les deux convertis de Mahfoûd », qui vieux, malades et dépenaillés, vivent à ses crochets, et que, malgré ses vifs désirs, sa réputation de marabout hospitalier empêche de mettre à la porte. Il a eu au contraire à subir toutes sortes de vexations de ses voisins. Voici la description, concise mais énergique, qu'il en donne :

Les Balantes : des voleurs ;
Leur profession : le vol ;
Leur nature : voler.

A Binako même, le contact quotidien avec les gens du village, et le spectacle de son salam, de ses chants et de son école n'ont guère implanté son influence. On le considère comme une sorte d'homme fétiche avec lequel il vaut mieux vivre en bons termes, mais son prestige de cheikh d'Islam n'y est pour rien. Binako est donc pour lui beaucoup moins une station de prosélytisme qu'un point central d'où il peut faire rayonner sa surveillance et ses instructions sur ses diverses missions de Guinée et de Casamance, et où, au surplus, avec les facilités de la navigation fluviale, exposées plus haut, il a suffisamment de terres pour faire travailler ses talibés.

Les deux stations les plus importantes des clients religieux de Mahfoûd sont à Pakoua et à Dasilamé.

A Pakoua, sur le rio Géba (Guinée portugaise), il a un village, son carré personnel avec des femmes, de nombreux lougans et quelques centaines de talibés que ses envoyés visitent périodiquement.

Dasilamé (Résidence de Diouloulou, cercle de la Basse-Casamance) est une déformation noire de Dâr as-Salam, nom que Mahfoûd donna au village constitué par ses soins en 1902 avec ses talibés pourognes, mandingues et toucouleurs et les représentants de tous corps de métiers qui le suivaient. Ici encore, il semble avoir eu pour objectif bien plus de fonder un établissement agricole, productif de revenus, que de créer une station de prosélytisme. Avec le temps pourtant, cette deuxième fin s'est trouvée remplie, et quelques familles diolas fétichistes des environs sont venues à l'Islam.

Dasilamé comprend actuellement une centaine de cases et plusieurs centaines d'habitants, et est plus importante par conséquent pour Mahfoùd que Binako. C'est son frère Hadramî qui y commande en son nom.

Les principales personnalités, ouvriers de la première heure y sont : Bara, Mandingue du Kian ; Demba Konté, Mostafa et Mamadou Konta, Mandingues du Gabou ; Lamin Dramé, Mandingue du Pakao ; Bou Bakar Mané, Mandingue du Niomi (Gambie) Ansouman Youré, Mandingue du Brassou ; Abdoulaye Man, Mandingue du Combo français ; Mamadou Bilal et Boukou, Toucouleurs du Niani ; Mamadou Massin, Toucouleurs du Macina ; Tiékouta Bodian, Sarakollé ; Naffis et Samba Naw, Ouolofs.

Le village possède une grande case-mosquée très fréquentée, et un carré spécial pour Maḥfoùd où vivent plusieurs de ses concubines. Le Chérif n'y vient d'ailleurs que très rarement.

Ses talibés s'adonnent à leurs cultures de riz, de mil et d'arachides. Ils consomment les premiers et vendent les arachides comme semences aux villages voisins. On trouve aussi quelques champs de manioc, et des troupeaux de gros bétail, beaux et bien entretenus.

Il est fâcheux d'avoir laissé Maḥfoùd prendre pied en plein pays diola fétichiste. Malgré son peu de chances de succès, il était inutile, pour ne pas dire plus, de laisser s'implanter chez cette fruste mais intéressante peuplade, qui vient lentement mais directement à nous, ce marabout pêcheur en eau trouble. Ne trouvait-on pas, lors de l'investissement de Kartiak, dans la case du chef Diangan Basem, des amulettes et talismans arabes, destinés à assurer la victoire des rebelles et la défaite et la mort des Français ? Ses droits paraissent acquis aujourd'hui, et il a le bénéfice de la prescription, mais la leçon peut être retenue. Une surveillance toute spéciale s'impose et la circulation de ses missionnaires ambulants et quêteurs doit être rigoureusement interdite. Hier encore, après plusieurs mois de terreur, les Diolas, épouvantés par les calamités que son envoyé Bathena leur prédisait pour leurs familles, leurs troupeaux ou leurs cultures, et ayant déjà donné une grande partie de leurs biens à cet insatiable marabout, finissaient par le dénoncer à l'autorité.

Le neveu même de Maḥfoûd ne recommençait-il pas ces mois derniers, les mêmes exploits chez les craintifs Peul du Fouladou ?

Mahfoûd d'ailleurs est coutumier du fait et sait merveilleusement activer la charité des fidèles quand elle paraît s'attiédir. C'est à lui nettement qu'il faut attribuer ces factums et ces récits de songes où le prophète Mohammed apparaît à Sidi Ahmed Tidjânî, ou à Sidi Ạbd El-Qâder Djîlânî et les invite à convier tous les pieux musulmans, à la prière, au jeûne, à la pénitence et... à d'abondantes aumônes envers le marabout. Ces papiers ne sont guère dangereux, mais les épouvantables calamités qui y sont annoncées ne sont pas sans troubler chaque fois la quiétude des populations.

∴

Maḥfoûd n'ignore rien du rôle marocain que joue son cousin germain Al-Hiba. Il le désapprouve d'ailleurs entièrement. Les critiques à l'égard des Ahel Mâ El-Ạïnîn sont générales chez les Fadelïa, mais nulle part elles ne ne peuvent être plus sincères que chez Maḥfoûd. Celui-ci en effet, définitivement installé en Casamance n'a plus rien à attendre de la Mauritanie. Sa situation est entre les mains des Français qui le laisseront continuer ses fructueuses opérations ou qui le prieront de vider les lieux. Il considère l'attitude hostile d'Al-Hiba à l'égard des Français comme le plus noir des nuages qui assombrissent l'horizon, car elle peut lui attirer l'inimitié, justifiée ou non, de notre administration.

Il donne d'ailleurs des renseignements nouveaux et très précis sur la genèse du mouvement hibiste.

« Mâ El-Ạïnîn, dit-il, à son lit de mort a rassemblé ses enfants et principaux télamides, et leur a dit : « Compo-
« sez avec les Français. Je n'ai pu le faire jusqu'à ce jour,
« et peut-être l'aurais-je fait dans un délai proche. Mais
« vous, rien ne vous empêche de le faire sans retard. Nous
« ne sommes pas de taille à lutter contre eux et nous avons
« au contraire tout intérêt à nous rapprocher de leur ami-
« tié. Composez avec les Français. » Et Mahfoûd ajoute : « Vous avez vu combien longue a été la période de recueillement qui a suivi la mort du cheikh. Dix-huit mois se sont écoulés où ses héritiers ont discuté entre eux à l'infini. Le parti de la guerre enfin l'a emporté, mais c'est par l'appoint des pillards Aït Ba Ạmar (Ouled Delim), Tekna et Chleuh. Ces gens sont des traîtres, le rebut de l'humanité. Je suis étonné que mes cousins n'aient pas encore été vendus ou assassinés par eux. »

∴

L'influence fadelïa de Saạd Bouh-Maḥfoûd est encore représentée en Casamance par deux marabouts d'une certaine envergure : Chérif Bekkâï et Chérif Sidi.

Bekkâï est d'origine maure, de la tribu des Glagma (Sahel soudanais). A partir de son neuvième ascendant Sidi Iahia, sa chaîne généalogique est commune avec celle des Fadelïa. Son père, Ạbdallah quitta sa fraction de Chorfa, qui vivait en marge des Ahel Taleb Mokhtâr, dans le Hodh, pour venir chercher fortune dans les pays noirs, vers 1855. Il créa le village de Touba, dans la Gambie, puis vint s'installer à Bidjini (Guinée portugaise). C'est là que naquit Bekkâï vers 1860. Sa mère est une Mandingue de Bidjini. Vers 1870, Bekkâï et son père s'en vinrent à la cour de l'almamy Souri, père d'Alfa Yahya, à Labé, et y firent un assez long séjour. Bekkâï y compléta ses études. Peu après, Abdallah repartait vers le Hodh. Il y mourut, et fut enterré aux environs de Oualata.

Bekkâï s'inféoda à Moussa Molo au temps de la puissance de ce chef. Il quitta avec lui le Fouladou pour le suivre en Gambie. A la suite de difficultés avec le chef indigène anglais Kemo Koudini Kora, il revint s'installer dans le Manigui français.

Issu d'une mère mandingue, ayant fait ses études en pays guinéen, et ayant toujours vécu parmi les noirs, Bekkâï est beaucoup plus noir que maure. Il parle à peine l'arabe. Ses enfants les plus âgés sont :

Mamadou Haïdara ;

Samba Sidïou ;

Yaguena.

Il a marié ses filles avec les principaux marabouts de la région. L'une notamment est l'épouse de Chérif Sidi.

Le village de Bekkâï est Nioro, dans le canton de Kandiaye-Manigui, province du Fouladou (Haute-Casamance, Résidence de Vélingara). Il y a là une agglomération de 300 personnes dont 200 payent l'impôt en 1915, soumises à son obédience. Ses quatre carrés personnels comprennent une centaine de personnes. Ces gens sont surtout des Mandingues, et sont employés par leur marabout beaucoup plus à des travaux de culture qu'à des exercices de piété.

Bekkâï a en outre plusieurs carrés à Bidjini (Guinée portugaise), où il se rend fréquemment en visite.

Dans ces deux centres il entretient des écoles coraniques florissantes, fréquentées par les enfants mandingues de son entourage.

Il a reçu l'ouerd tidiani directement de Saạd Bouh, au

cours d'un voyage à Saint-Louis, et donne lui-même maintenant les affiliations à cette voie. Il entretient les meilleures relations avec Maḥfoûd qu'il considère comme le représentant officiel du cheikh de Khroufa.

Son influence s'étend chez nous au canton de Manigui. En dehors de la Casamance elle rayonne partiellement sur la Haute-Gambie anglaise (Bassé) et sur la province portugaise du Gabou (1).

∴

Chérif Sidi, dit aussi Sidi Korrïa, de son vrai non Sidi Mohammed Haïdara, est né dans le Gabou portugais vers 1870. Il est difficile ce déterminer sa race. Son père est un pourogne (métis de Maure et de Noire) du nom de Moûlây Bou Bakar originaire de Tichit. A la suite de mauvais traitements de la part de ses maîtres, chorfa de Tichit, il s'enfuit à Nioro-Sahel, et y fut employé par Al-Hâdj Ọmar à la construction du tata de la ville. Par la suite, il pérégrina dans le Boundou, le Niali, le Ouli, la Gambie, la Haute-Casamance, et finalement échoua dans le Gabou portugais où il ouvrit pour vivre une école maraboutique. En même temps, il se proclamait chérif, condition presque essentielle de succès en pays noir. Il épousa une Mandingue du pays : Aïssétou Mandian. Son fils Sidi que tout de suite, à son instigation, on appela Chérif Sidi, ou Sidi Haïdara, Haïdara dans la terminologie islamique noire étant l'équivalent de Chérif, naquit à Dobo (Niani anglais) vers 1870; Moûlây Boû Bakar, mort il y a quelques années seulement, a été enterré à Maka.

Sidi a fait ses premières études avec son père, puis avec des maîtres maures à M'bour (Petite-côte). Il est allé les compléter en Mauritanie d'abord chez Cheikh Sidïa, ensuite chez Saạd Bouh, dont le génie commercial était beaucoup

(1) Cf. en annexe la chaîne généalogique du chérifat de Bekkaï.

plus conforme à ses goûts. Il fit alors au nom de son marabout de nombreux voyages en pays sénégalais : Cayor, Baol, Sine, Saloum, Pambouk, accompagné de son frère Chérif Yahya. Celui-ci revint mourir dans la Cayor. C'est à ce moment que Sidi rentra chez lui à Mamboua (Guinée portugaise). Il ne tarda pas à élargir le champ de ses opérations, et fonda d'abord le village de Dasilamé, puis une station à Tanaffe (Brassou français) et enfin un village à Kériouane.

C'est à Kériouane (Moyenne-Casamance : Sédhiou) que se trouve maintenant son installation principale. Il y vit, en cultivateur beaucoup plus qu'en marabout, avec sa famille, et notamment son fils aîné Ibrahima, et son école coranique assidûment fréquentée par une trentaine de petits Mandingues.

Ses principaux disciples sont : Sliman Mamadou Salàh, et Ibrahima Oumarou, tous deux Mandingues.

Chérif Sidi, désireux lui aussi d'inféoder à sa cause les Diolas fétichistes, avait commencé une installation à Mambigne, à la limite du Fogny dans les derniers mois de 1914. Il a été invité en mai 1915 à ne pas troubler les traditions et coutumes sociales et religieuses des Diolas, et à regagner son village de Kériouane, d'où toute action apostolique lui est ouverte sur la région mandingue.

L'influence de Sidi s'exerce sur le Pakao français (Moyenne-Casamance) et le Gabou portugais.

Il est en assez mauvais termes avec Maḥfoud par suite de rivalités de prosélytisme, écloses en Guinée portugaise. Maḥfoud était en effet en 1907 à Néma Ntaba (Guinée portugaise) quand il apprit l'arrivée prochaine de Sidi dans la région. Jaloux de son fief, il se porte à Mansidi où étaient déjà les bagages de Sidi, et fait fustiger les quatre porteurs. Puis il envoie l'ordre à leur maître de ne pas se présenter à Mansidi. Celui-ci réplique qu'il passera par ce village qui est sur le chemin de Kanta Kouda où il se rend, et s'y présente en effet. Une rixe sanglante éclate entre les gens des marabouts, et de chaque côté un certain nombre reste sur le carreau. L'affaire fut portée jusque devant le Gouverneur de Boulam, qui ne prit pas de décision. Elle finit par se prescrire; mais le souvenir en est resté vivace, accru par la suite de propos insidieux et de méchants racontars. Maḥfoûd se moque ouvertement des prétentions chérifiennes de Sidi; c'est, dit-il, « Un noir, fils de noir ». Et Sidi affecte de n'avoir aucune considération pour Maḥfoûd; « ne relevant, dit-il, que de Saạd Bouh qui lui a conféré l'affiliation et les pouvoirs de moqaddem qadri (1) ».

*
* *

Les derniers représentants de l'obédience fadelïa Saạd Bouh-Maḥfoûd en Casamance sont :

Dans la basse-Casamance : à Ziguinchor-Santiaba, Mori Ndiaye, Tidiani, maître d'école ; — à Diouloulou, Arfan Ọumar Gassama, Qadri et Kémo Diata Qadri, tous deux maîtres d'école; — à Carabane, Mor Diop, Tidiani, maître d'école et imam de la mosquée de Carabane.

Dans la Moyenne-Casamance : à Sédhiou, Amadou Dieng, Ouolof, maître d'école ; — à Koundiourou, Chékou Ọusman et Chékou Ạliou Baro, maîtres d'école.

(1) Cf. en annexe le tableau généalogique de Chérif Sidi.

4. — Les Ida Ou Ạlî (1).

Les Ida Ou Ạlî se présentent sous l'aspect de trois grosses fractions d'une même tribu de Chorfa mauritaniens, ayant, chacune dans sa région : Trarza, Brakna, Tagant, une vie ethnique économique et politique personnelle et exerçant, chacune dans sa sphère, une influence religieuse particulière.

C'est dans les pays noirs que les Ida Ou Ạlî du Trarza ont exercé leur apostolat, d'ailleurs peu ardent. L'influence des Ida Ou Ạlî du Tagant n'est pas sensible au Sénégal. A peine peut-on signaler deux ou trois petits marabouts sarakollés du Guidimaka qui sont allés faire quelque temps d'étude à Tijikja. Les Ida Ou Ạlî de l'Adrar n'exercent leur influence que dans la Haute-Mauritanie.

Cette étude ne portera donc que sur le prosélytisme ạlaoui du Trarza.

Dans le Chamama mauritanien d'abord, ces Chorfa exercent de concert avec quelques télamides d'Al-Hâdj Ọmar leur suprématie spirituelle sur une partie de leurs voisins, les Tidianïa toucouleurs du canton de Thièkane, l'autre partie relevant de la voie de Saạd Bouh. Il est difficile de faire le départ entre l'influence des Ida Ou Ạlî et celle de la voie omarienne, et les indigènes ne le font pas eux-mêmes; mais par leur prestige de blancs, leur voisi-

(1) Pour plus de détails sur les Ida Ou Ạli, cf. *L'Islam Maure. — Les Confréries religieuses de la Mauritanie*, par Paul Marty, in *Collection de la « Revue du Monde Musulman »*.

nage et leurs relations journalières, les Ida Ou Alî sont les vrais directeurs de ce canton toucouleur.

C'est de ce groupement tidiani noir qu'est sorti en 1908 le mouvement insurrectionnel dirigé par Alî Yoro Diaw. Ce jeune marabout à peine âgé de vingt-cinq ans, ancien élève d'Alfa Moussa Si, marabout influent, disciple lui-même des Ida Ou Alî, s'était déjà signalé par son illuminisme. En 1905-1906, au cours d'un voyage au Soudan, il se déclara Mahdi, fut arrêté à Bamako, expulsé du Soudan et interné quelques mois seulement, par mesure de clémence, à Tivaouane.

A peine est-il libre, qu'il recommence sa propagande à Thièkane. Sa violence lui acquiert aussitôt un prestige considérable; et le jour de la Tabaski tous les présents destinés aux autres cheikhs lui sont apportés. Il se proclame à nouveau Mahdi régénérateur, passe le 15 mars 1908 le fleuve à Bokol, et à la tête de trois colonnes se jette sur le poste de Dagana. Le combat s'engage et Alî Yoro et trente des siens y trouvèrent la mort. Ses partisans se dispersèrent aussitôt,

Les principales notabilités maraboutiques de ce groupement sont :

Ndiaye Kane, né vers 1877, fils d'Alioun Kane, et chef du canton. C'est son grand-père qui a fondé le village de Thièkane à la suite de difficultés avec son chef de province qui l'amenèrent à abandonner son groupement ethnique du Sénégal et à passer le fleuve;

Tierno Ibrahima Si, né vers 1862, beau-frère du précédent, Imam de la mosquée du village, maître d'école et quelque peu cadi;

Bou Bakar Si, né vers 1867, frère du précédent;

Amadou Si, né vers 1877, fils d'Omar, celui-ci frère du précédent. Amadou a fait ses études chez les Chorfa noirs de Garak;

Tierno Djibi (pour Djibril) né vers 1867, marabout cul-de-jatte, du village de Fanaye. Il a été très compromis dans l'aventure d'Ạlî Yoro, dont il encourageait les menées ;

Djibrîl Si, né vers 1880, et son frère Bokar, ancien infirmier, ancien interprète, chef du village de Thiékane. Djibrîl a pris part au mouvement insurrectionnel d'Ạlî Yoro ;

Bokar Ọumar, né vers 1888, fils d'Ọumar Adama, fils d'Eliman Ọusman qui fut chef du village de Fanaye-Sénégal. Bokar a pris une part active à la campagne de fanatisme d'Ali Ioro au Soudan. Lors de l'arrestation de ce dernier à Camako, Bokar put s'échapper et se rendit à la Mecque. Il est aujourd'hui à Médine où il vit dans l'entourage d'Alfa Hachmî et du petit groupe de Toucouleurs irréductibles. Sa mère Penda Fati, sœur d'Ạlî Yoro, est allée le rejoindre à Médine en 1910. Une certaine correspondance est ainsi échangée entre les deux groupements de Médine et de Fanaye, et les pèlerins toucouleurs s'y prêtent bénévolement. On peut citer parmi ces derniers Samba Alfa, Poulo, de Ouadabé (Dagana) en 1909 et Alfa Amadou de Rindiaw (Kaédi) en 1912 ;

Tîerno Ọusmân Di, né vers 1868, frère du fameux marabout Alfa Maissa, de Fanaye-Sénégal. Ọusman tient une école coranique.

Tous ces Toucouleurs ont été plus ou moins les élèves et sont encore les disciples d'Ahmed Fal ben Cheikh Mohammed Lamin ben Mauloud Fal, des Ida Ou Ạlî du Trarza. Cet Ahmed Fal est comme son père et son grand-père un marabout de renom.

Au Sénégal même, sont affiliés aux Tidjanïa Ida Ou Ạlî, plusieurs villages de Toucouleurs du Dimar (Dagana) par l'intermédiaire de Cheikh Ahmed Fal précité ; les familles de Tierno Mokhtâr Sik, maître d'école à Saldé, de Tierno Mamadou Cissé, maître d'école à Galoya-toucouleur, et de Tierno Ạbdoul Dagnédo à Galoyapeul, par l'intermédiaire de leur ancien professeur, le cheikh Mohammed ben Mahmoùd; la famille de Tierno Ciré Samba, par l'intermédiaire du cheikh Mohammed ben Saïd, son ancien professeur; plusieurs petits groupements de Ouolofs de Saint-Louis, Louga, Tivaouane, Thiès, et autres escales de la voie ferrée par l'intemédiaire de Mohammed Fal ould Ajfara, des Ida Ou Ạlì-Ahel Maham;

La famille de Mamadou So, chef de canton dans le Baol, par l'intermédiaire de Mohammed Mokhtâr ould Ahmed Fal, des Ida Ou Ạlî-Ahel Maham;

Et enfin le groupement de Mamadou Sek à Thiénaba, première halte du Thiès-Kayes, dans le canton de Fandène (Baol occidental).

Mamadou Sek, dit aussi Ạlì Sek, est né vers 1875, à Sine Ma Koumba, dans le Cayor, province du M'bakol. Son père et maître spirituel, Mamadou Nda Sék, était un marabout influent connu sous le nom de Sérigne Thibana. Il avait reçu l'ouerd tidiani de son frère Ạbdou Ramane. Celui-ci le tenait d'un Toucouleur: Tierno Daïrou, disciple lui-même de Chékou Mamadou Fal, *id est* Cheikh Mahmoud Fal ould Ahmeddou ould Baba, des Ida Ou Ạlì (fraction Ahel Ahmed ould Khiar). Celui-ci, né vers 1860, est un grand voyageur. Il a parcouru l'Orient de la Mecque à Constantinople, et connaît le Maroc. C'est le missionnaire quasi officiel des Ida Ou Ạlî au Sénégal. Il a confirmé lui-même la plupart des ouerds tidianïa de Thiénaha. Il vient chaque année, ou à son défaut, ses délégués, recueillir les aumônes de ces pieux disciples.

Ce groupement de Ouolofs est tout à fait intéressant; il comprend un millier de personnes environ, vivant entre eux, et très fermés à toute influence extérieure. Ils ont ainsi emprunté aux Ida Ou Ạlî en particulier, et au Tidianisme en général, ce cachet de particularisme qui le caractérise partout en Afrique occidentale.

Mamadou Sek a fait construire à ses frais à Thiénala une magnifique mosquée qu'on est tout surpris de trouver en pleine brousse. Cette mosquée, celle de Dakar, et celle de Saint-Louis sont les trois plus beaux édifices religieux musulmans du Sénégal. Il en est lui-même l'imam. Il dirige, assisté des professeurs Biram Cissé, Ouolof et Mamadou Ndiaye, Ouolof, une école maraboutique très florissante.

Mamadou Sek a plusieurs petites colonies de talibés dans les escales du Dakar-Saint-Louis : Pire, Gourèye, Ngaye et Mekhé et du Thiès-Kayes : Thiès, Khombole, Bambey et Toul.

Les principaux de ses vicaires sont :

A Gokody, canton de Dondolle (Baol), Niakout Sar, né vers 1873, Ouolof, fils de Ma Sar Kari, fétichiste, et d'une mère sérère Mayam Diouf. Il tient une petite école coranique ;

A Sangaye, canton de Diak (Baol), Balla Diop, né vers 1850, à Ngaye Gaye (Gandiolais) où il a encore sa famille, cultivateur et maître d'école ;

A Diarimé, près Khombole, Thiéacine Séga, Ouolof, cultivateur et maître d'école ;

A Bangama (Baol) Amadou Fal, Ouolof, dit Serigne Diame ;

A Nguimbi canton de Fandène (Baol), Abdou Dieng, maître d'école.

L'influence de Mamadou Sek s'exerce dans un sens sympathique à notre action. Elle paraît stationnaire, faisant péniblement tête à l'envahissement du mouridisme d'Amadou Bamba.

∴

Tel est le bilan de l'obédience directe des Ida Ou Alì au Sénégal. Mais en dehors de ces talibés, immédiatement affiliés à leur voie, on trouve ici deux groupements de Tidiania noirs procédant du même esprit d'exclusivisme et qui s'étant créés par eux le siècle dernier, épanouissent à l'heure actuelle, leurs brillantes destinées : il s'agit des voies d'Al-Hâdj Ọmar et d'Al-Hâdj Malik.

Le Tidianisme alaoui a eu en effet cet heureux sort, en pays noir, d'être embrassé par Al-Hâdj Ọmar, de croître avec les succès de ce conquérant et de devenir en quelque sorte le credo et la bannière nationale des Toucouleurs. Al-Hâdj Ọmar avait reçu l'ouerd de Cheikh Mouloûd, du Trarza, vers 1835. Par la suite, d'ailleurs, il se fit confirmer cet ordre par le Cheikh même de l'ordre à la Mecque, Mohammed El-Ṛâlî. Négligeant son premier Cheikh, il prit son indépendance complète ; et fondateur d'ordre et d'empire, vogua vers ses brillantes destinées. Il n'en est pas moins vrai que c'est dans la chapelle exclusiviste des Ida Ou Ạlî qu'il chercha et trouva sa voie. Ceux-ci n'ont pas aujourd'hui de disciples directs dans le Fouta toucouleur, mais leur nom y est en honneur.

Un second rameau, issu aussi des Ida Ou Ạlî, et mieux rattaché à eux, est celui d'Al-Hâdj Malik Si, de Tivaouane. Quoique d'origine toucouleure, celui-ci est le chef d'un très important groupe de Tidianïa ouolofs. Les indigènes du Cayor et de la voie ferrée Dakar-Saint-Louis, ainsi que la plupart des électeurs et élus noirs des quatre communes de plein exercice du Sénégal, sont sous son obédience directe. Al-Hâdj Malik a été affilié à l'ouerd tidiani par son oncle maternel Ma Youra Oualé, disciple lui-même de Mouloûd Fal, et qui passa par la suite dans la voie omarienne. Il a fait ses études supérieures chez les Ida Ou Ạlî du Trarza et y envoie parfois ses talibés y compléter les leurs.

Il est aujourd'hui complètement indépendant, dirige comme il l'entend sa zaouïa et son groupement religieux, et possède même à son tour, des filiales. Il entretient d'autre part d'excellentes relations avec les khalifas et cheikhs Ida Ou Ạlî et leur envoie des cadeaux ; il est aussi l'objet de sollicitations de la part des cheikhs tidianïa de Fez. L'étude de la voie d'Al-Hâdj Malik est trop importante et entraînerait des développements trop considérables pour être traités ici. Il suffit, comme pour la voie omarienne, de l'avoir signalée en passant, comme une efflorescence lointaine des Tidianïa Ida Ou Alî.

V. — Les Ida Ou Al-Hâdj (1).

Au dix-septième siècle les Ida Ou Al-Hâdj sont déjà établis sur leur territoire actuel, sur les deux rives du Sénégal. Ils sont en relations étroites de commerce et d'amitié avec les noirs et ceux-ci qui ont donné un nom mélanien à toutes les tribus maures les appellent « Dar Mankour », c'est-à-dire « faire union ». Les Français, qui apparaissent à cette date, les nommeront donc tantôt Ida Ou Al-Hâdj ou Oulâd Hâdjî à la façon maure, tantôt Darmankour, et même Darmantes, à la façon noire.

Ces bonnes relations avec les Braks du Oualo et leurs sujets ouolofs se sont maintenus jusqu'à nos jours. Pendant près de trois siècles, l'escale du Désert leur a été commune.

Les Ahel Hamdî sont aujourd'hui le campement religieux, directeur spirituel de la tribu des Ida Ou Al-Hâdj. Le représentant actuel est Ahmed ould Baba, né vers 1886.

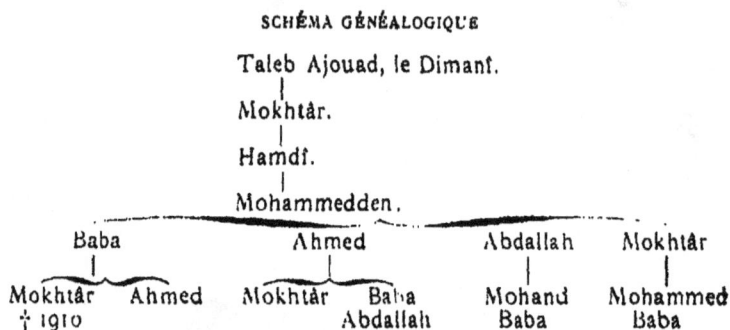

SCHÉMA GÉNÉALOGIQUE

Taleb Ajouad, le Dimanî.
|
Mokhtâr.
|
Hamdî.
|
Mohammedden.

- Baba
  - Mokhtâr † 1910
  - Ahmed
- Ahmed
  - Mokhtâr
  - Baba Abdallah
- Abdallah
  - Mohand Baba
- Mokhtâr
  - Mohammed Baba

(1) Pour plus de détails sur les Ida Ou Al-Hâdj, cf. « L'Émirat du Trarza », dans *L'Islam Maure* (Collection de la *Revue du Monde Musulman*).

Taleb Ajouad, l'ancêtre, était originaire des Oulad Diman. Ce fut son fils Mokhtâr qui le premier vint s'établir chez les Ida Ou Al-Hâdj et s'y maria; son fils, Hamdî, fut un des savants les plus réputés et un des marabouts les plus considérés de son temps. C'est lui qui par ses nombreux voyages en pays noir et maure a fondé son groupement religieux des Ida Ou Al-Hâdj, et l'a fait rayonner jusque dans le Fouta et le Oualo. Il mourut vers 1880 et a été enterré à Tindalha. Il avait épousé la fille du Chems Salek ould Abdallah.

Baba, son fils, hérita de l'influence paternelle et y donna un nouvel essor dans le Trarza même et chez les noirs du Cayor. Il mourut eu 1900.

Il eut deux fils : Mokhtâr, qui marcha sur les traces de son père, mais dont une mort prématurée en 1910 a interrompu la carrière maraboutique, et Ahmed. Celui-ci ne paraît pas vouloir jouer au marabout. Jeune, intelligent, actif, mais relativement peu lettré, il a été nommé en 1910 cheikh des Ida Ou Al-Hâdj. A défaut de prestige religieux, il retient autour de lui par des avantages matériels la clientèle familiale. Il s'est mis à l'étude du français qu'il parle et comprend quelque peu.

Ces marabouts appartiennent à la voie qadr'ïa. Il fut un temps où Baba ould Hamdî distribua les affiliations chadelïa et naceria qui, à vrai dire, sont plutôt des doctrines mystiques que des voies proprement dites. Le Qaderisme les a toutes absorbées dans la pratique.

* * *

Le fleuve Sénégal n'a jamais été une séparation pour les Maures comme pour les noirs. Les Ida Ou Al-Hâdj, riverains de droite dans la vallée inférieure, n'ont pas hésité à le traverser et à se répandre sur la rive gauche.

Beaucoup de ces petits campements ou individualités

maures se sont fondues dans la masse ouolofe. C'est ainsi qu'il est admis sans contestation que les clans ouolofs de Darmankour Sougougara, Diakhompa, du Diolof et du Cayor, sont d'origine maure — Ida Ou Al-Hâdj. Leurs principaux kçour sont : Ouadane, Keur Bati, Ngabil, Khadié dans ces deux provinces. Il ont toujours été renommés dans le monde noir comme des marabouts et des lettrés. Il est de fait que leur instruction est généralement plus développée que celle de leurs compatriotes ouolofs. Le chef de Khadié, près Kébémer, qui en est aussi l'imam, Sidi Mahmoudou ould Talibé, cultivateur, né vers 1860, fait bonne figure de lettré pour un noir. Son intention islamique témoigne en faveur de ses origines. Une autre personnalité intéressante est Baba Diakhompa qui était le chapelain et le conseiller islamique des derniers damel du Cayor. Après avoir été quelque temps cadi de Tivaouane, à notre service, il est rentré dans le rang. Il fait aujourd'hui le cultivateur et le marabout mouride. C'est un bon lettré.

Ces clans de Ouolofs ont conservé avec leur tribu maure originelle d'excellentes relations, et plusieurs chefs et notables envoient leurs enfants faire quelque temps d'étude coranique ou supérieure, aux campements de leurs cousins blancs de Mauritanie.

∴

Plusieurs campements Ida Ou Al-Hâdj, surtout des Koumleilen, ne se sont pas écartés du fleuve. Pouvant se retremper dans le monde maure, ils ont su garder leur personnalité blanche. On les trouve dispersés dans le Oualo.

Quelques tentes Oulad Mokhtâr et Id Adjfara Aoubak, mais surtout les Koumleïlen, dont la majeure partie est installée sur la rive sénégalaise, habitent le cercle de Dagana, canton de Ross Mérinaghen, depuis Ronk, jusqu'à Tiguète. Ils sont encadrés au nord et à l'ouest par le fleuve Sénégal, au sud par le marigot de Goroum; à l'est, par le marigot de Khassak.

Ils y séjournent pendant toute la durée de la saison sèche, c'est-à-dire d'octobre à juillet. Dès que les tornades arrivent et que le pays est inondé par la crue, ils remontent vers la Mauritanie pour fuir l'humidité et les moustiques.

Le fractionnement des Koumleïlen du Sénégal s'établit ainsi :

Koumleïlen.	Id Atjfara.
	Diaïdiam.
	Ahel Ndeïria.
	Ahel Agd Aboubak.
	Ahel Louli.

Ils forment un total de 300 tentes environ. Au Sénégal, ils boivent au fleuve, dans les marigots, ou à leurs puits. En Mauritanie, ils n'ont pas de points d'eau, et boivent aux puits des Ida Ou Al-Hâdj et des Tendra. Ils sont pasteurs et quelque peu cultivateurs.

Ils font notamment un peu de gros mil sur les terrains d'alluvion de la rive droite. Leur fortune consiste en bœufs, moutons et chèvres, ainsi qu'en troupeaux de chameaux, ceux-ci moins nombreux. Ils font du commerce dans les escales et le transport des marchandises en convois libres, de Louga à Dagana ou en Mauritanie.

Ils parlent tous la langue ouolofe et vivent en très bons termes avec leurs voisins noirs.

Le personnage religieux le plus important de ce groupement est le Cheikh Mostaïn ben Talhata, né vers 1855. C'est un homme fort lettré, dont la vie austère, la simplicité de vêtements, la frugalité, ont consacré la réputation de sainteté.

Il a reçu l'ouerd du Cheikh Dïa ou din des Tendra qui le tenait de Cheikh Amed ould Mokhtar ould Zouin, des Ahel Babouïa (Assaba). Cet Ahmed était un des principaux disciples de Cheikh Sidïa Al-Kebir. Il l'assista longtemps et dirigea une opération géométrique dont le souvenir est resté attaché à son nom : la mesure de la distance entre Boutilimit et Tamerezguid. Cette distance fut constatée en mesures arabes classiques ; « fersekh », « barid » et « dra ». Elle servit désormais d'unité de longueur pour les étapes en pays maure, ce qui permit aux personnes pieuses de faire leurs prières selon les rites.

Mostaïn s'est fait renouveler l'ouerd par Cheikh Sidïa Baba.

Sans avoir été le disciple du cheikh Baba ould Hamdî des Ida Ou Al-Hâdj, il a toujours professé à son égard de grands sentiments de vénération.

Son influence dépasse les campements Koumleïlen, du Ross-Marinaghen. Il a des disciples dans plusieurs escales de la voie ferrée. Il les visite quelquefois. Les principaux sont :

A Thiès, Mostaf Fal, Maure Laṛlal, commerçant et cultivateur ;

A Dakar, Ma Pata Beyen, Lebbou, qui possède deux maisons de traite à Joal et Ngazobil, où il réside ordinairement.

*
* *

L'influence des Ida Ou Al-Hâdj s'exerce sur les peuples noirs ouolofs des deux rives du fleuve.

Dans le Chamama, canton de Keur Mour, le village de Garak relève partiellement de leur obédience. C'est à Baba ould Hamdî qu'elle est due et c'est pourquoi ils se réclament tous de l'ouerd chadelî.

Les personnages notoires sont : 1° Dam Yar Fal, fils de Bouna Fal, né vers 1870, imam de la mosquée de Garak, et 2° Saïer Fatim Fal, né vers 1872. Ils ont fait leurs études chez un marabout de renom, Ouolof de Garak, Amar Fal ould Massaba ould Mokhtâr, qui était disciple de Baba ould Hamdî; 3° Ma Fal, fils de Doumbé Fal, élève et disciple de

Baba ould Hamdî; il a des talibés dans les villages du fleuve; Ronq, Brenn et Diek; 4° Bara M'batî Fal, fils de Ndéré Dassa Fal, né vers 1870, disciple d'Abdallah ould Mohammedden ould Mokhtâr Inna, des Ida Ou Al-Hâdj. Il a fait ses études chez Mohammed ould Mohammedden ould Bibilou. Il voyage beaucoup au sud du fleuve; 5° Sidi Gueye, fils de Mokhtâr Brâhîm, né vers 1870, élève et disciple du Cheikh Baba ould Hamdî.

Sur la rive sénégalaise, l'influence de Baba ould Hamdî, qui fut très grande dans le dernier quart de siècle dernier, a à peu près disparu aujourd'hui avec ses fils. On cite encore quelques notables âgés, maîtres d'école, qui se réclament de son ouerd. Les plus importants sont, dans le cercle de Dagana, à Yati Yane : Ba Bara Fal, né vers 1845, et Ba Bakar Diaw, né vers 1861, se prétendant tous deux Chadelïa.

ANNEXE

ANNEXE N° 1.

Les marabouts maures en pays Ouolof, entre 1670 et 1690.

C'étaient les Maures qui avaient introduit le mahométisme chez les Nègres. Ils avaient par cette raison acquis beaucoup d'autorité sur les esprits de ces peuples, qui les regardaient comme leurs Maîtres et leurs Docteurs en tout ce qui regardait la religion, et les consultaient sur leurs doutes et sur la plupart de leurs affaires. Cette confiance que les Nègres avaient en eux, et la soumission aveugle qu'ils rendaient à leurs sentiments, fit naître aux Marabouts, c'est-à-dire aux Docteurs ou prédicateurs maures, la pensée d'assujettir entièrement ces peuples, et de s'en rendre les Maîtres au temporel comme ils l'étaient au spirituel. Dans cette vue ils commencèrent à blâmer l'empire absolu que les Rois nègres avaient sur leurs Sujets et sur leurs biens, ils le traitèrent à la fin de tyrannie et firent concevoir à ces peuples que le plus grand de tous les biens était la liberté, et que s'ils avaient un peu de résolution ils secoueraient bientôt le joug insupportable de l'obéissance qu'ils rendaient à leurs Princes, et se délivreraient des travaux qu'ils exigeaient d'eux avec trop de sévérité.

C'était prendre les Nègres par l'endroit le plus sensible; comme ils sont naturellement fainéans et qu'ils haïssent le travail, ils embrassèrent avec joye la proposition que leurs Marabouts leur faisaient, et comme ces imposteurs les assuraient de faire croître le Ris et le Mil par la force de leurs gris-gris et de leurs prières, sans qu'ils eussent la peine de labourer la terre, dès qu'ils se seraient mis en devoir de ne plus obéir à leurs Princes, et de se mettre comme eux en corps de République; ils commencèrent leur révolte par le refus qu'ils firent de travailler aux lougans de leurs Rois, comme ils avaient accoutumé de tous temps. Les rois à qui il était resté quelque nombre de gens plus sages et plus attachés à leurs devoirs, voulurent contraindre par la force ces révoltez à rentrer dans l'obéissance; mais ceux-cy ayant appellé les Maures à leur secours, les Marabouts se mirent à la tête de ceux de leur Nation qui étaient de leur complot, et soutenus par une armée de Maures aguerris, que le Roy de Maroc avait envoyé pour les appuyer, il y eut plusieurs combats dans lesquels les Rois Brac et Damel furent tuez, et leurs troupes entièrement défaites, et Bourguiolof qui avait pris leur party fut aussi battu à platte couture, et contraint de s'enfuir chez le roi de Galam, dont les Sujets plus sages et plus obéissants, ne tombèrent point dans les malheurs de leurs voisins, non plus que ceux du Roy Siratique.

La mort et la défaite de ces trois Rois laissèrent le pays à la discrétion des Maures, ceux de Maroc enlevèrent la plus grande partie de la jeunesse, et la conduisirent à leur Roy, qui de l'aveu de tout le monde est le plus cruel Maître qui soit sur la terre, pendant que les Marabouts et les Maures leurs adhérents pillaient le pays, s'en emparaient et regardaient tous ceux qu'ils avaient fait révolter comme autant de déserteurs, que le droit de la guerre et leurs victoires leur avaient acquis.

Cependant le Mil et le Ris ne songèrent point à paraître, et après que ces malheureux abusez eurent consommé le peu de bestiaux qui étaient échapez à l'avarice des Maures, la famine suivit et fut extrême. Elle emporta un nombre prodigieux de Nègres. Mais elle ouvrit enfin les yeux de ceux qui restaient ; ils reconnurent la malice des Marabouts, et s'étant assemblez ils choisirent des Rois des familles de leurs anciens Princes. Ces nouveaux Rois assemblèrent des troupes, et chassèrent les Marabouts maures qui se trouvèrent les plus faibles, étant destituez des secours du Roy de Maroc.

(Extrait de la *Nouvelle Relation de l'Afrique occidentale*, par le Père Labat, Paris, 1728, t. III.)

ANNEXE N° 2.

LES MARABOUTS MAURES EN PAYS TOUCOULEUR, ENTRE 1680 ET 1705.

Le Siratique Siré, qui était Roy des Foulles en 1700, et dont l'esprit baissoit en *même temps qu'il avançoit en âge*, se mit enfin dans une dévotion si outrée, qu'il abandonna entièrement le soin de son Royaume à son Lieutenant-Général, et étoit sans cesse avec un marabou que les Maures avoient introduits auprès de luy pour faire réussir les projets qu'ils avoient formez de s'emparer de ses États, sous prétexte de lui apprendre à pratiquer la Loy de Mahomet dans toute sa pureté. Ce pauvre Prince étoit tellement préoccupé de la sainteté de cet imposteur, qu'il portoit continuellement un Alcoran pendu à son col, de la grandeur d'un in-folio, qui contenoit le texte et les gloses de ces rêveries et quoiqu'il eût de la peine à se soutenir luy-même, il ne se déchargeoit jamais sur personne de la peine de porter ce volume énorme qui étoit couvert de lames d'argent et renfermé dans un magnifique sac de velours. Il combloit d'honneurs et de présens tous les Marabous qu'on lui disoit être recommandables par quelque chose de particulier. S'il s'en trouvoit quelqu'un qui eût fait le voyage de la Mecque, c'étoit pour luy un Saint qui méritoit les plus profonds respects et les présens les plus riches. Il envoya en 1701 Barba Voalgali, un de ses premiers officiers, au Royaume de Cajor, pour en amener un Marabou qu'on luy avoit dit être d'une piété extraordinaire, et qui sçavoit prier Dieu d'une manière toute particulière... Cet officier et le Marabou vinrent rendre visite au sieur Brûe en l'Isle Saint-Louis, et furent parfaitement bien reçus, car c'étoit bien faire sa cour au Roi Siratique que de faire honneur à ces sortes de gens.

Le disgrâce de Sambaboe dura près de trente ans, dont il en passa une partie sur les confins du Royaume presque toujours les armes à la main pour se deffendre de la guerre ouverte qu'on luy faisoit et les embûches qu'on lui dressoit à tous momens; à la fin il sortit des États de Siratique et se retira dans ceux du Roy de Galam.

Enfin Siratique Siré étant mort en 1702, Sambaboe prit possession du

Royaume, sans que son cousin ny les Maures y osassent lui faire la moindre opposition.

Il commença d'abord par chasser les Maures qui étoient répandus dans différens endroits de ses États où ils se fortifioient tous les jours; il corrigea quantité d'abus qui s'étoient introduits par la foiblesse de son prédécesseur, et il auroit rendu ses Sujets heureux, du moins autant que des Nègres le peuvent être, si son règne avoit été plus long, mais il mourut au mois d'avril de l'année 1707.

(Extrait de la *Nouvelle Relation de l'Afrique occidentale* par le Père Labat, Paris, 1728, t. II.)

ANNEXE N° 3.

LE CACHET DE MAHFOÛD

Au centre : « Le Chérif Mahfoûd Ibn Taleb Khiâr Ibn Cheikh Mohammed Fâdel. »

En exergue : « Mon assistance est en Dieu seul ». (Coran, ch. XI) « Salut sera la parole qu'ils entendront du juge clément » (Coran, ch. XXXXXI).

ANNEXE N° 4.

CACHET D'AMADOU BAMBA

En exergue : خادم النبي صلى الله عليه وسلم ١٣٣٢

« Le serviteur du Prophète, que Dieu répande sur lui ses bénédictions et son salut. 1332. »

Au centre : الشيخ احمد بنب « Le Cheikh Amadou Bamba. »

ANNEXE N° 5.

TABLEAU GÉNÉALOGIQUE DE CHÉRIF SIDI (SIDI MOHAMMED HAÏDARA), DE CASAMANCE

Alî (époux de Fatima, fille du Prophète). — Moûlây Zaïn Al-Abidîn. — Moûlây Al-Abbâs. — Moûlây Abd Al-Qâder. — Moûlây Al-Fâdel. — Moûlây Al-Hiba. — Moûlây Mansoûr. — Moûlây Sarîr. — Moûlay Al-Fâdel. — Moûlây Mohammed Al-Qâsîm. — Moûlây Yakoûb. — Moûlây Choaïb. — Moûlây Abd Al-Ouahhâb. — Moûlây Al-Fâdel. — Moûlây Âbdallah. — Moûlây Mahdi. — Moûlây Chams Ad-Dîn. — Moûlây Ismaîl. — Moûlây Hosseïn. — Moûlây Saad. — Moûlây Ismaïla. — Moûlây Ahmed. — Moûlây Mahmoûd. — Moûlây Ishâq. — Moûlây Othmân. — Moûlây Mohammed. — Moûlây Noûrou al-Aîni. — Moûlây Mommadi. — Moûlây Al-Lamîn. — Moûlây Falli. — Moûlây Râlî. — Moûlây Bou Bakar Haïdara. — Chérîf Sidi.

احمد البكاي ابن عبد الله ابن احمد بن المصطفى بن المختار
ابن يحيى ابن مولاي ادريس بن مولاي اسماعيل بن سليمان
ابن سيدي يحيى بن سيدي علال ابن شمس الدين بن يحيى الكبير بن سيدي
محمد بن عثمان بن مولاي ابو بكر بن عبد الرحمن ابن آزار بن
الثالث بن اجفلال ابن ابراهيم ابن مسعود بن عيسى بن عثمان بن
اسماعيل ابن عبد الوهاب ابن مولاي يوسف بن محمد بن مولاي
محمد بن عبد الله ابن احمد بن ادريس الاصغر بن ادريس الاكبر
بن عبد الله الكامل بن الحسن المثنى بن الحسن ابن علي كرم الله
وجهه بن فاطمة النبوية هذه سلسلة
التي ورثتها من ابائي وسلام

ANNEXE N° 6.

TABLEAU GÉNÉALOGIQUE DU CHÉRÎF BEKKAÏ DE NIOR (HAUTE-CASAMANCE)

(*Le texte arabe est écrit par l'intéressé.*)

(Fâtima, fille du Prophète) Alî. — Hassan Ier. — Hassan II. — Abdallah Al-Kâmil. — Drîs l'ancien. — Drîs le jeune. — Ahmed. — Abdallah. — Moûlây Yahya. — Amor. — Moûlây Youssef. — Abd Al-Ouahhâb. — Ismâïl. — Othmân. — Aïssa. — Messaoud. — Brahim. — Ajemlana. — Atlana. — Arrana. — Abd Ar-Rahmân. — Moûlây Aboû Bekr. — Othmân. — Sidi Mohammed. — Yahya Al-Kabîr. — Chams ad-Dîn. — Sidi Aalî. — Sidi Yahya. — Slimân. — Moûlay Ismâïl. — Moûlay Drîs. — Yahya. — Mokhtâr. — Mostafa. — Ahmed. — Abdallah. — Ahmed Al-Bekkaï.

Telle est la chaine généalogique dont j'ai hérité de mes pères. Salut!

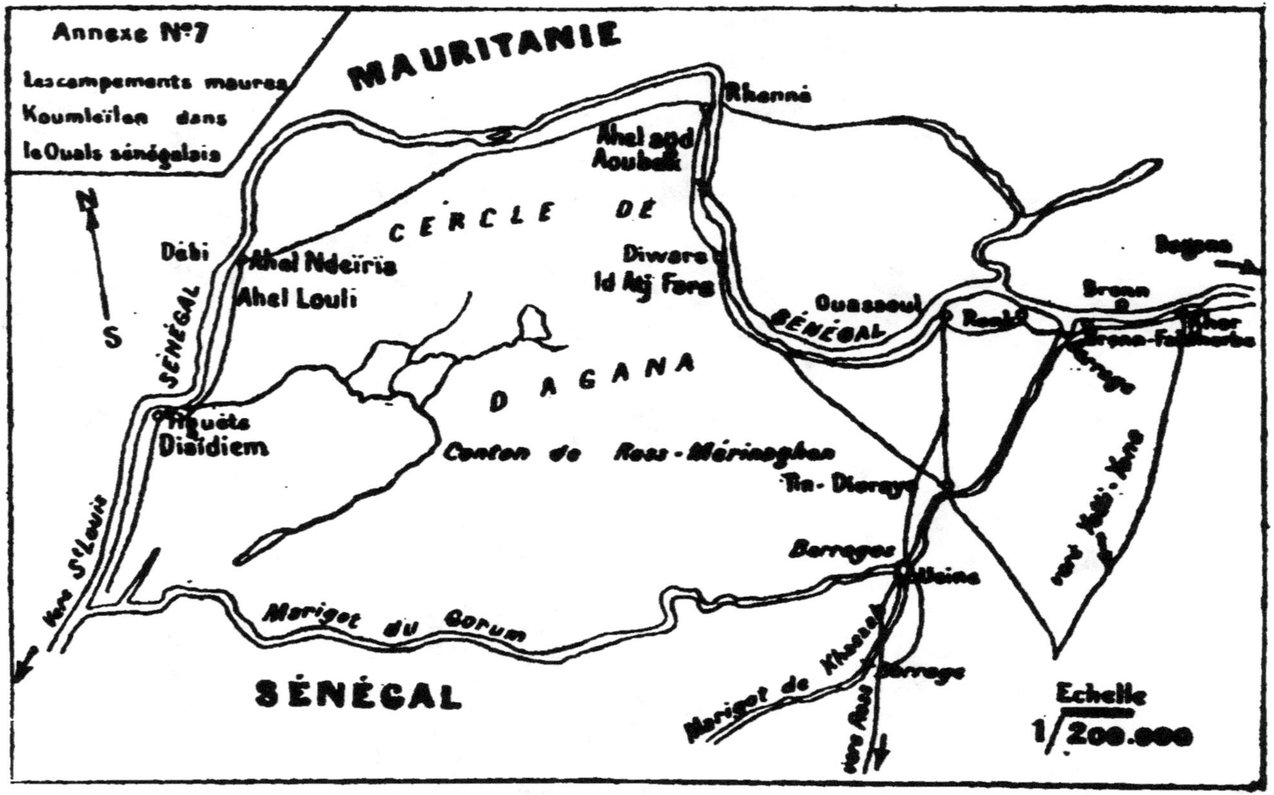
Annexe N°7
Les campements maures Koumleïlen dans le Oualo sénégalais
MAURITANIE
SÉNÉGAL
N
S
SÉNÉGAL
Débi
Ahel Ndeïria
Ahel Louli
CERCLE DE
DAGANA
Ahel and Aoubek
Rhenné
Diwara
Id Agj Fara
Ouassoul
SÉNÉGAL
Rosso
Canton de Ross-Mérinaghen
Tin-Dierays
Barrages
Marigot du Gorum
Marigot de Khassak
Barrage
vers Rosso
Bogeno
Echelle
1/200.000

CHAPITRE II

LES GROUPEMENTS TIDIANÏA, DÉRIVÉS D'AL-HADJ ỌMAR

(TIDIANÏA TOUCOULEURS)

CHAPITRE II

LES GROUPEMENTS TIDIANÏA, DÉRIVÉS D'AL-HADJ OMAR

(TIDIANÏA TOUCOULEURS)

I. — Al-Hadj Omar et l'émiettement de son Tidianisme.

Le Fouta Sénégalais, berceau du fondateur de l'empire tidiani et patrie de ses contingents toucouleurs, tomba, à la mort du grand conquérant (1864) dans la plus profonde anarchie.

Dès cette époque, le Fouta était foncièrement islamisé. La religion du Prophète s'y était solidement implantée vers 1776, année où la dynastie nationale des Siratik, ou Satigui, fétichistes tiédos, fut renversée par le marabout Abdoul-Qader et remplacée par la souveraineté élective et religieuse des almamys. Cette forme, à la fois théocratique et oligarchique, de gouvernement, se conserve avec plus ou moins d'éclat dans le Fouta depuis Abdoul-Qader, le premier des almamys, jusqu'en 1891.

Ce sont les trois provinces Irlabés, Ebiabés et Bosséa, qui constituent le Fouta central ou Fouta proprement dit, et c'est des Torodbés, hommes libres et nobles, musulmans de la première heure, que se compose le corps électoral inamovible, qui choisit dans son sein l'almamy, souverain et pontife. Les provinces du Fouta occidental, Dimar, Lao et Toro; celles du Fouta oriental, Guénar et Damga, dépendent de ce pouvoir central. Le Lao qui englobe généralement le Dimar, est commandé par un almamy local. Le Toro a à sa tête le Lam Toro. Le Fouta oriental est sous les ordres de l'Alfeki du Damga, représentant local de l'almamy. C'est dans ce moule religieux qu'est fondue l'organisation politique du Fouta toucouleur jusque vers 1856, époque où Al-Hadj Omar d'une part, les Français de l'autre, l'ébranlent, puis la détruisent.

Il faut se hâter d'ajouter que le pouvoir de l'almamy central n'est pas toujours tel, que sa volonté s'impose à tous ses lieutenants. Il arrive souvent que ce sont eux au contraire qui, indépendants de fait, font sentir leur volonté à l'almamy humilié, et vont même, faisant pression sur le corps électoral, jusqu'à se faire conférer cette dignité suprême.

En dehors des Toucouleurs, il y a dans le Fouta un élément peu considérable. Celui-ci, partout fétichiste encore, est alors traité durement, vivant sous la sujétion des maîtres musulmans. On lui laisse toutefois une certaine autonomie locale avec ses chefs ou ardos, nommés par les almamys et en dépendant directement.

Vers 1854, la situation se modifie. Al-Hadj Omar descend du Fouta Diallon dans tout l'éclat de son prestige religieux et de sa puissance naissante. Il ne tarde pas à s'imposer dans sa patrie. Il ne cherche pas à renverser les pouvoirs locaux : almamys, lams, alfekis, qu'il rencontre sur sa route ambitieuse, ou à se faire élire à leur place. Au Fouta, il reste pontife religieux, mais il éclipse tellement ses rivaux, qu'ils perdent la plupart de leurs partisans et presque tout leur pouvoir politique. Il fera pression sur les élections et obtiendra de faire nommer ses créatures à ces magistratures nationales. Quelques-uns de ces chefs des vieilles et nobles familles toucouleures se rallieront au pouvoir nouveau et deviendront ses fidèles lieutenants et ses agents les plus actifs, mais le plus grand nombre n'acceptent pas cet état de choses. Ils vont faire une opposition acharnée à l'ambitieux et intrigant marabout, s'appuyant même sur les Français dont la politique d'expansion n'est pas sans danger pour eux. C'est l'alliance du cheval et du cavalier.

Dès 1856, le gouverneur Faidherbe signe une convention avec Mamadou, almamy du Lao, et les coutumes sont supprimées. En 1857, il crée le poste de Matam, simple fort isolé, il est vrai, et sans grande influence pour le moment. En 1858, le Dimar proclame son indépendance vis-à-vis du pouvoir de l'almamy central et se place sous notre protection.

Malgré ces tentatives non déguisées d'occupation, les chefs du Fouta s'unissent aux Français pour entraver la marche conquérante d'Al-Hadj Ọmar. Celui-ci, entraînant à sa suite les Toucouleurs et Peuls de sa province originelle du Toro, a envahi, ravagé et dompté le Damga. L'almamy du Lao, Mamadou, fils de l'almamy Birahim ; le lam Toro Bokar Eliman Ạbdoul Boli ; l'almamy du Bosséa, Mamadou, descendant de l'almamy Ạli Doundou ; le chef des Irlabès, Samba Amadi ; le chef des Ebiabés, Ciré Boli ; l'almamy du Boundou, Babakar Saạda, le chef du Khasso, Sambala, s'opposent par tous les moyens aux prédications politiques et religieuses du nouveau Prophète, à ses levées de troupes, à ses expéditions. De notre côté, Faidherbe procède (1859) à la création de deux camps, l'un à Fanaye pour protéger le Dimar, l'autre à Merinaghen pour soustraire le Oualo et le Cayor à l'action du Prophète, et il occupe Saldé.

1861. Voici l'heure où apparaît dans le Bosséa, Ạbdoul Bou Bakar, qui rêve de reconstituer à son profit la souveraineté des almamys. Il commence par protester contre l'élection de l'alfeki du Damga, Mamadou de Guéoul, que nous avions reconnu, puis il embrasse le parti d'Al-Hadj Omar et fait nommer officiellement almamy du Fouta, Alfa Amadi Tierno Demba, primitivement désigné par Al-Hadj Ọmar, et qui est notre ennemi acharné. A plusieurs reprises, les Gouverneurs du Sénégal sont contraints d'entrer plus directement en scène en faisant marcher des troupes contre le Fouta. Les almamys et chefs du pays perdent de jour en jour leur prestige ou se rallient au Prophète.

Maître des Toucouleurs, qu'il a organisés militairement et qui, enrôlés sous sa bannière tidianïa, constituent sa principale force, Al-Hadj Ọmar entreprend ses conquêtes soudanaises. Il n'aura que rarement l'occasion de revenir dans sa patrie, mais d'année en année les bans des jeunes guerriers toucouleurs partiront, allant rejoindre leurs anciens à Ségou et à Nioro. C'est à ce moment que tout ce peuple électrisé reçut de son maître l'affiliation religieuse à la confrérie tidianïa. La Voie du conquérant devenait la chapelle exclusiviste de son peuple ; et le sultan et général en chef était en même temps le souverain pontife de son empire.

La chute d'Al-Hadj Ọmar (1864) entraînait la ruine de son empire. Son fils, Amadou Chekou, pouvait se maintenir à Ségou jusqu'en 1890, mais, sans parler des provinces soudanaises, le Fouta sénégalais lui échappait aussitôt. La forte main du maître s'étant relâchée, les ambitions locales s'éveillent de toutes parts. D'anciennes familles, des hommes nouveaux, cherchent à saisir le pouvoir. Des intrigants politiques, comme Ạbdoul Boubakar, chef du Bosséa, pensent qu'ils pourront se tailler une royauté dans ce lambeau de l'empire d'Al-Hadj Ọmar, abandonné par les débiles mains de ses fils.

Des marabouts, comme Tierno Ibrahim (1866-1869), fils d'un chef toucouleur des Al Modi Nalla du Damga ; Chekou Amadou Mahdi, fils de Mahdi (1867-1875) ; Mamadou Lamine (1885-1887), espèrent bénéficier de la succession spirituelle du Prophète tombé. Ils proclament la guerre sainte, recrutent des troupes considérables, asservissent, du moins partiellement, les populations voisines et bataillent contre les chefs traditionnels et contre les Français.

Tierno Ibrahim est battu, en 1867, à Moundéré, près du marigot de Guédère, par l'almamy toucouleur, et tué en 1869 par Ạbdoul Bou Bakar. Ses partisans se dispersent dans le pays ou émigrent vers Nioro. Ils ont aujourd'hui complètement disparu.

Chekou Amadou, fils de Madiou, et Mahdi lui-même, est un Toucouleur, originaire du Toro. Allié de Lat Dior, le damel du Cayor, il parcourt les provinces ouolofes en prêchant la guerre sainte, ravage le Toro, que défend énergiquement notre allié, le lam Samba Oumané. De 1868 à 1875, il se montre notre farouche ennemi, appelant à son secours toutes les énergies du fanatisme tidiani, puisant des ressources chez les princes ouolofs, chez les almamys toucouleurs, dont Ibra Almamy, notre futur allié, et chez les Maures, guerriers et marabouts, parmi lesquels, Cheikh Sidïa, alors dans sa première manière. Son lieutenant, Ibrahima Penda, qu'il a envoyé au secours de Lat Dior, nous inflige un échec à Mekhé en 1869. Lui-même tient tête à nos colonnes en 1870, et bat notre allié le lam Toro, Samba Oumané. A grand'peine enfin, le Mahdi est abattu et tué au combat de Coki (1875). On retrouvera plus loin son fils, ses parents et ses talibés.

Ce régime anarchique, dangereux à l'intérieur comme à l'extérieur, et ce fanatisme, non pas musulman mais tidiani, utilisé par tous les prétendants, exigent de notre part une intervention de plus en plus accusée. C'est à partir de ce moment que notre expansion s'accentue et que, province par province, le Fouta va devenir français.

Le 24 octobre 1877, en un traité solennel, le Toro, le Lao, l'Irlabé se proclament États indépendants du reste du Fouta et se placent sous la protection de la France. Les autres provinces seront, pendant plusieurs années encore, victimes des troubles fomentés par des agitateurs politiques, tels Abdoul Bou Bakar; ou religieux, tels Mamadou Lamine.

Cette effervescence islamique se manifestait par une convulsion extrêmement violente, suscitée et dirigée par ce nouveau prophète, et Mahdi, Demba Debisso, plus connu sous le nom de Mamadou Lamine. Ce marabout, d'origine Sarakollé, né vers 1830, avait fait le pèlerinage de la Mecque vers 1850, et séjourné en Orient jusque vers 1880. Il mit à profit ce long séjour à l'étranger pour se perfectionner dans les sciences musulmanes et pour mûrir ses ambitieux projets. C'est là qu'il recueillit cette collection de trois cents Corans, richement reliés, qui, vrais gris-gris, l'accompagnaient partout dans la suite, portés avec respect par dix esclaves somptueusement vêtus. Cette collection devait être prise à Kydira, au cours d'une surprise.

En 1880, il arrivait à Ségou, où le sultan Amadou Chekou le retint prisonnier jusqu'en 1885. C'est à cette date que Mamadou Lamine, profitant de la mort opportune de notre ami, l'almamy du Boundou, Bou Bakar Saada, prend la tête du parti qui nous est hostile, réunit tous les fanatiques et Tidianïa du Guidimaka, tous les laptots, calfats et marins du fleuve et se proclame le Mahdi tidiani, Prophète national des Sarakollés, suivi d'ailleurs par nombre de Toucouleurs. Il annonçait à son peuple les brillantes destinées qu'Al-Hadj Omar avait fait goûter aux Toucouleurs.

Le don des miracles dont il usait abondamment et qu'il devait, disait-il, à cette éclatante bénédiction dont l'avait favorisé le Prophète, en le faisant coucher à côté de son corps, joint à ses promesses de pillages et de dignités, lui attirèrent de nombreux partisans.

Il révolutionne le Boundou, assiège Bakel et tient tête à toutes les colonnes françaises comme à tous les contingents d'auxiliaires, lancés contre lui (1886-1887). Ses tentatives d'instauration d'un empire musulman à l'exemple d'Al-Hadj

Omar ne devaient pas aboutir. Si des marabouts, comme Saër Matty, élimane de Saloum, lui venaient en aide, les almamys politiques du Bosséa et du Boundou lui faisaient une opposition acharnée et bataillaient contre lui. Il fut finalement surpris, dans les derniers jours de novembre 1887, dans son tata de Touba-Kouta, sur la Haute-Gambie, et mis à mort. Son fils Moubachirou a passé quelque temps à l'école des fils de chefs.

De 1888 à 1890, la situation du Fouta ne se rassérène pas. Notre politique de conciliation avec le fils d'Al-Hadj Omar lui permet de lever des recrues sur le fleuve; et de nombreux contingents toucouleurs vont rejoindre à Ségou l'héritier du Cheikh, le grand conquérant.

La libération des esclaves, faite hâtivement, jette le trouble dans la constitution sociale de ce peuple, si hiérarchisé. Des mouvements d'émigration, enrayés à grand'peine, se font sentir. Quelques familles réussissent cependant à passer à Nioro et à Ségou.

Enfin, réfugié sur la rive droite, Abdoul Bou Bakar († 1891), irréductible, brûle ses dernières cartouches.

Le bombardement de Kaëdi prélude à la pacification du Fouta (1890). Il est suivi de l'occupation permanente de ce point.

La colonne Dodds (1891) renforcée des contingents ouolofs, parcourt lentement le pays, désarme les résistances, disperse les groupements hostiles, procède à l'annexion définitive à la France et à la réorganisation locale (2 février 1891 : traité avec le Damga 25 février 1891 : traité avec le Bosséa ; 2 mars 1891 : traité avec les Irlabès-Ebiabès ; 6 mars 1891, traité avec le Lao).

C'est à cette date que le Fouta a pris sa physionomie politique et religieuse actuelle. L'autorité centrale de l'almamy du Fouta s'est trouvée définitivement supprimée ; les almamys, alfekis, lams, sont devenus des chefs locaux, chefs de province, choisis avec l'assentiment exprimé ou tacite des populations, mais entièrement à nos ordres. Cette réorganisation politique du berceau toucouleur ; l'éloignement du fils d'Al-Hadj Ọmar et la chute, survenue à la même date de son empire (prise de Nioro, prise de Ségou, colonnes Archinard) ; le retour au Fouta d'un grand nombre de Toucouleurs du Soudan et du Sahel ; les revendications des anciennes propriétés et les conflits agraires ; les rivalités locales de clans, de castes et de maisons, ont contribué d'autre part à l'émiettement de cette forte autorité religieuse édifiée par le grand conquérant sur le Tidianisme. Son empire politique disparu sous nos coups, sa Voie religieuse s'est morcelée d'elle-même, naturellement et par le libre jeu des causes précitées et des ambitions de ses lieutenants et vicaires. L'armature de l'un était nécessaire à l'existence de l'autre.

Beaucoup de marabouts le comprirent, et proclamèrent, de longues années après 1864, qu'Al-Hadj Ọmar n'était pas mort, qu'il allait revenir, qu'eux-mêmes n'étaient que ses précurseurs, et édifièrent sur ce prochain retour leur fortune religieuse. C'est ce qui explique le bruit qui a couru si longtemps, et qui disparaît à peine avec la génération actuelle, de l'existence cachée du prophète et de son imminente réapparition. Ce peuple toucouleur, intelligent et énergique, est vraiment la patrie des Mahdis et la pépinière des faux prophètes. La prédication religieuse se double aussitôt d'une action politique et de soulèvements à main armée. Les nombreux papiers qui couraient dans les cases du Fouta disaient, se rapprochant plus ou moins de ce modèle, pris en 1899 sur Malik Mariama du Toro, et Edy Oury de Paté-Gallo :

Secou Omarou (Cheikh Ọmar) n'est pas mort. Il dort, il mange, il n'a pas été tué et son armée n'a pas été détruite. D'ailleurs Allah n'a-t-il pas dit dans le Coran : « On juge que ceux qui ont péri à la guerre sont morts. Ils vivent au contraire. » Cheikh Ọmar est comme Jésus qui ne fut pas tué, mais à qui on substitua un autre personnage. Dieu lui a élevé une case d'honneur entre la Mecque et Médine. Il y est en prières et adore Allah. De temps en temps, il va à la Mecque et y séjourne dix-huit jours, puis revient à sa case. Il va dans les mêmes conditions à Médine. Il a chez lui dix de ses talibés : trois sont d'Égypte, un du Fouta-Diallon, les deux autres du Fouta-Toro. Le Prophète lui a prescrit de rester là, jusqu'à la venue du Mahdi. Cheikh Ϙmar se joindra à lui pour faire la guerre sainte.

Aujourd'hui, dans le Fouta même, comme dans le reste du Sénégal, chacun a tiré parti de la bénédiction du maître et vit de ses dépouilles spirituelles. C'est pourquoi l'on trouve, émietté à un degré surprenant, cette vaste centralisation tidianïa de jadis. Chaque canton, chaque village toucouleur compte un ou plusieurs marabouts, suzerains spirituels locaux, qui se rattachent tous par leur courte chaîne à Al-Hadj Ϙmar. Les quelques fils et petits-fils du Cheikh qu'on rencontre au Sénégal jouissent peut-être de plus de considération, mais non de plus d'influence, que les disciples de leur père.

Les hasards des alliances et des luttes de jadis ont dispersé hors du Fouta beaucoup de familles toucouleures qui ont emporté avec elles leur orgueil de race et leur exclusivisme tidiani. C'est ce qu'on peut appeler, à l'instar de la dispersion mondiale des Juifs, la Diaspora toucouleure. Pour ne parler que du Sénégal, on retrouve ces marabouts toucouleurs et tidianïa, suités de Ouolofs et de Mandingues, dans le Baol, le Saloum, le Sine, la Gambie et la Casamance.

L'étude du Tidianisme ϙmari actuel consiste donc dans l'énumération successive des principaux groupements, dérivés du grand-maître et rencontrés en passant en revue d'abord les provinces du Fouta toucouleur, ensuite les autres provinces sénégalaises où les migrations toucouleures l'ont importé avec elles. Rien dans l'esprit, ni dans les méthodes, ni dans le rituel ne les distingue au point de vue religieux les uns des autres. Leur caractéristique générale c'est la prière silencieuse, quand le talibé est isolé, et l'élévation de la voix quand la prière est commune. Au point de vue politique, c'est la sympathie ou la froideur du chef du groupement qui fait les tendances et sentiments de ses adeptes.

∴

Il n'y a qu'un mot à dire sur la chaîne mystique des Ọmarïa. Voici un demi-siècle à peine que l'introducteur de l'ordre en pays noir a disparu (1864), et de ses disciples immédiats beaucoup subsistent encore. C'est d'eux en général, ou de l'un de ses fils, notamment Amadou Chekou, sultan de Ségou, que les chefs des actuels groupements Ọmarïa du Sénégal tiennent leur affiliation.

Plus avant, Al-Hadj Ọmar reçut, après être resté quelque temps affilié en Orient aux Khelouatïa, trois fois sur sa route l'ouerd tidiani ; une première fois, en Mauritanie, de Mouloud Fal, des Ida Ou Ạli du Trarza ; une deuxième fois, en Guinée, de Chekou Abdoul-Karim, du Fouta Diallon ; une troisième fois, à Médine, de Mohammed Al-Ṛâli, disciple direct de Si Ahmed Tidjani, et qui par la suite devint Cheikh de la Zaouïa tidjanïa de Fez.

Al-Hadj Ọmar rompit de bonne heure avec les Ida Ou Ạli, marabouts de sa jeunesse, et affecta de ne considérer, comme authentique pour lui, que son initiation par Mohammed Al-Ṛâli. Il n'entretint d'ailleurs avec celui-ci, pas plus qu'avec les Cheikhs d'Ạïn Mahdi ou de Temacin, aucunes relations privées ou religieuses, et développa sa voie en pays noir d'une façon complètement indépendante.

C'est donc par Mohammed Al-Ṛâli qu'Al-Hadj Omar et ses fidèles d'aujourd'hui se rattachent canoniquement à Si Ahmed Tidjani, le fondateur et premier grand-maître de l'ordre.

II. — Les groupements Omarïa du Fouta.

Le *Dimar* (Cercle de Dagana), considéré tantôt comme une province indépendante, mais le plus souvent comme partie intégrante et canton occidental du Lao, est le lieu de transition entre les habitats du peuple ouolof et du peuple toucouleur.

Les principaux marabouts, tous maîtres d'école, sont :

A Fanaye, Alfa Moussa, disciple de Tierno Ndiaye, disciple d'Al-Hadj Omar.

A Thiangaye, Tierno Ousman, disciple de Chekou Amidou, de Golléré.

A Odabir, Alfa Moussa Ramata, disciple d'Alfa Beïla.

∴

Sur la rive droite, dans le *Chamama Mauritanien* (Résidence de Mederdra), le canton de Thiékane est peuplé de Tidianes Toucouleurs, primitivement fils spirituels d'Al-Hadj Omar, mais qui, après la disparition du maître, se sont laissés entraîner dans l'orbite des Cheikhs voisins Ida Ou Ali, comme il a été dit plus haut.

Il n'y a pas lieu de s'étendre sur l'influence du Tidianisme omari, qui se distingue mal dans ce canton du Tidianisme alaoui. Ce qui est certain, c'est que leur exclusivisme de Toucouleurs et leur particularisme de Tidianïa Omarïa les a portés tout naturellement vers ces exclusivisites et ces Tidiani'a que sont au même degré les Ida Ou Ali.

Il reste à noter qu'un notable très influent de Thiékane, Bokar Oumar, habite Médine, auprès d'Alfa Hachmi, neveu d'Al-Hadj Omar, et chef du petit groupe des Toucouleurs irréductibles, réfugiés en Arabie.

∴

Le *Toro* et le *Lao* constituent aujourd'hui le cercle de Podor.

Le Toro est divisé en deux cantons : Toro occidental dont le chef est Amadou Moktar ; Toro oriental dont le chef est Biram Si. De celui-ci, ancien agent de police, ancien interprète, Farba de la lignée des chefs de Ndioum, au demeurant excellent chef politique, mais sans autorité religieuse, il n'y a rien à dire.

Le Lao a pour chef ou almamy Amadou Samba, qui est en même temps le chef du premier canton ou canton du Lao proprement dit. Le chef du second canton, Aéré Lao, est Ibra Abdoul-Aziz.

Ces trois chefs appartiennent à l'ancienne famille des almamys du Lao, qui régnait sur le pays avant l'apparition d'Al-Hadj Omar et qui fournit les chefs de la résistance locale, lors de l'entrée en scène de l'intrigant marabout.

SCHÉMA GÉNÉALOGIQUE

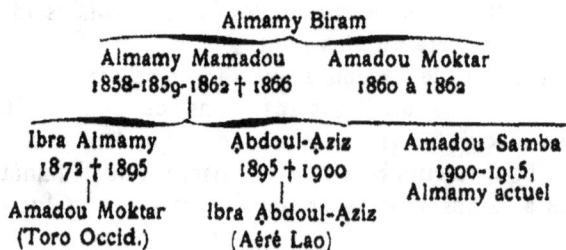

- Almamy Biram
  - Almamy Mamadou, 1858-1859-1862 † 1866
    - Ibra Almamy, 1872 † 1895
      - Amadou Moktar (Toro Occid.)
    - Abdoul-Aziz, 1895 † 1900
      - Ibra Abdoul-Aziz (Aéré Lao)
    - Amadou Samba, 1900-1915, Almamy actuel
  - Amadou Moktar, 1860 à 1862

C'est l'almamy Mamadou, fils de l'almamy Biram, que rencontre Faidherbe en 1858, dans sa capitale de Mboumba. Quoique envisageant d'un très mauvais œil l'expansion des Français, l'almamy du Lao craignait encore plus Al-Hadj Ọmar et lui déclara la guerre. Il est remplacé en 1859, par le jeu des élections, par l'almamy Tierno Moustafa, son parent, non moins ennemi du prophète. Son frère Amadou Moktar lui succède en 1860 et continue la lutte jusqu'en 1862. A cette date, la puissance d'Al-Hadj Ọmar et les intrigues de l'almamy du Bosséa, Ạbdoul Bou Bakar, influencent le corps électoral, qui nomma almamy Alfa Amadou Tierno Demba, lieutenant du prophète. Les Français lui opposent l'ancien almamy, Mamadou, qui, aidé par ses alliés, Moulay, lam du Toro, et les chefs des autres provinces du Fouta, tient vigoureusement tête à Al-Hadj Omar et plus tard à son lieutenant Ạbdoul Bou Bakar.

Vers 1872, *Ibra Almamy*, fils de Mamadou, est nommé almamy du Lao. Il groupe toutes les forces francophiles du Fouta contre l'agitateur du Bosséa et entame avec lui une lutte qui va durer vingt ans. Ibra Almamy prend définitivement couleur de champion de la France. Il signe les traités du 24 octobre 1877 et 16 mai 1881, qui reconnaissent le protectorat français ; il marche avec nos colonnes de police et protège la construction de la voie télégraphique. Il meurt le 28 décembre 1895, deux ans après avoir fait le pèlerinage de la Mecque et est remplacé par son frère Ạbdoul-Ạziz.

Ạbdoul-Ạziz est assassiné, le 4 mars 1900, près de Mboumba, par son neveu, Mamadou Biram, et un de ses ennemis notoires, Demba Derramane.

Amadou Samba, son frère, lui a succédé en mai 1900.

Cette famille princière des almamys du Lao s'était inféodée vers 1840 au Qaderisme de Cheikh Sidïa Al-Kebir avec Almamy Biram. Son fils Mamadou, puis son petit-fils, Ibra Almamy, avaient continué la tradition. Ils soutenaient cette voie et s'y appuyaient avec d'autant plus de force qu'ils s'en faisaient une arme religieuse contre le Tidianisme d'Al-Hadj Ọmar. Aujourd'hui encore cette famille, dynastie traditionnelle du Lao, est à peu près la seule parmi son peuple à appartenir à la voie qadrïa. Ils relèvent du Cheikh Sidïa Baba. A la suite de différends personnels, Amadou Moktar a abandonné l'ouerd de Cheikh Sidïa, mais sans sortir du Qaderisme ; il s'est fait affilier au Cheikh Mohammed Mahmoud ould Cheikh Al-Qadi, des Id Eïlik, actuellement chef dans le Brakna d'un important rameau qadri.

Le Toro, vestige encore important de ce qui fut jadis le vaste empire du Toro, était commandé, au dix-neuvième siècle, par un chef spécial, portant le titre de « Lam » et dont la capitale était Guédé, gros village à 20 kilomètres de Podor, dans l'île à Morfil, sur le marigot de Doué. Tout comme l'almamy voisin, ce lam était désigné par un collège électoral, qui portait son choix, suivant les circonstances, entre deux familles, ayant toutes deux les mêmes droits, puisque toutes deux salsalbé (cousins germains).

Ces deux familles étaient nettement rivales, mais surent plusieurs fois s'unir pour résister aux envahissements d'Al-Hadj Ọmar. C'est du Toro d'ailleurs qu'Al-Hadj Ọmar était originaire. Il était né au village d'Aloar, qui avec Golléré est le lieu saint le plus renommé du Fouta.

La première de ces familles, celle de Dethié, a donné comme lams depuis l'apparition au Sénégal d'Al-Hadj Ọmar :

Amadou Sal — 1854 ;
Diak ;
Samba Oumané, tous trois fils du lam Toro Djibi ;
Ciré Galadio, cousin de Diak et de Samba Oumané ;
Amadou Ạbdoul, fils d'Ạbdoul, fils d'Ạbdoul Koudiadia, fils du lam Taro Djibi. Révoqué après trois ans de règne, il s'engagea dans les

spahis noirs, et mourut comme lieutenant à Toulon. D'une force colossale, il tranchait son homme d'un coup de sabre.

Hamet Gansiri, fils de *Hamet Ạli* ;
Siddiq 1882-1890, fils du lam Amadou Sal ;
Sidi Ạbdoul, 1890-1897.

La deuxième, celle d'Amadou Ngaye Sal, a donné les lams :

Amadi Bokar ;
Molé, tous deux fils de Dokar ;
Amadi Ntago Sal, fils de Ntago.

Le rôle des premiers administrateurs, qui cherchaient à établir un jeu de bascule sur ces deux branches, n'était pas sans danger. Le 2 septembre 1890, l'administrateur Jeandet, qui remaniait l'organisation politique du Toro, en faisant passer le commandement dans la deuxième famille, était assassiné à l'instigation du lam révoqué Siddiq.

Les principaux représentants du Tidianisme omari sont :

A Podor même : Tierno Palil, élève de Tierno Mamadou : Tierno Mamadou Aliou Guèye et Ạbdoulaye Nias, se rattachant tous deux, par Tierno Amidou de Matam, à Al-Hadj Ọmar ; Elimane Baba, chef du village indigène, et Alfa Bou Bakar Niang, maître d'école, tous deux assesseurs du Tribunal du cercle ; Mamadou Ạïssata, imam de la grande mosquée.

A Demette : Tierno Samba et Alfa Seïdi, Alfa Moussa, Tierno Saïdou Ạliou et Amadou Ạbdoulaye, tous maîtres d'école, relevant d'Al-Hadj Ọmar, les deux premiers par Elimane Atouma ; les trois autres par Alfa Elimane Silèye.

A Medina Diaibé : Demba Awa, disciple d'Alfa Mamadou, d'Oulaldé.

A Thioubobel : Elimane Ọmar, disciple de Tierno Bou Bakar.

Ces Cheikhs sont pour la plupart maîtres d'école. Ils sont tous cultivateurs.

On retrouve à Donaye Mamadou Chekou, fils du fameux Chekou Amadou Madiou dont on a narré plus haut l'aventure islamique :

SCHÉMA GÉNÉALOGIQUE

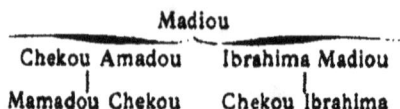

Madiou

Chekou Amadou	Ibrahima Madiou
Mamadou Chekou	Chekou Ibrahima

Madiou, de son vrai nom Amadou Ba, était un Toucouleur qui reçut l'ouerd de Cheikh Mouloud Fal, des Ida Ou Ạli du Trarza, en même temps qu'Al-Hadj Ọmar. L'exaltation religieuse fit de tels progrès en son esprit qu'il se déclara Mahdi. Grisé par les lectures bibliques, et à l'exemple d'Abraham, pour prouver ses relations directes avec Allah, il offrit un de ses fils en holocauste à Dieu. Il l'égorgea un jour en public. Ce sacrifice provoqua immédiatement la division du pays. Les uns, remplis d'admiration et d'effroi, se rangèrent derrière la bannière du Mahdi. Les autres, indignés, se soulevèrent contre lui. Cette agitation ne dépassa guère les limites du canton.

A la mort de Madiou, vers 1865, son fils Chekou Amadou, qui avait reçu l'ouerd tidiani de son père et se l'était fait confirmer par Al-Hadj Ọmar, joua au grand marabout, et entama contre les Toucouleurs qui n'admettaient pas son autorité spirituelle et contre les Français, qui voulaient mettre fin à son brigandage politique, une lutte de dix ans. Il fut tué en février 1875, au combat de Coki.

Chekou Amadou laissait un enfant en bas âge. C'est le Mamadou Chékou actuel, qui vit à Donaye en paisible cultivateur et sans apparentes ambitions politiques. Il jouit d'une grosse influence parmi les anciens talibés de son père, encore vivants et dispersés non seulement dans le Toro, mais dans le Diolof et le Cayor.

On retrouve son cousin Ibrahimé Chekou dans le cercle de Matam.

Cette famille prétend au Chérifat par la branche marocaine d'Idris. Ils justifient leur teint, qui ne se différencie en rien de celui de leurs congénères noirs, par le fait de leur établissement lointain dans le Fouta et par leurs nombreuses alliances avec les Mélaniens. Il est facile de voir que c'est au contact des Ida Ou Ali, dont Madiou fut le disciple, et qui se prétendent eux-mêmes Chorfa, qu'est née cette vanité nobiliaire.

Ce rameau est aujourd'hui complètement indépendant des Ida Ou Ali, qui désavouent secrètement leurs agissements politiques et leurs prétentions religieuses, mais qui par intérêt n'osent pas renier publiquement ces indigènes facilement généreux.

Les disciples les plus en vue de cette famille sont : le Sérigne Thiénaba, marabout influent du Bas-Cayor récemment décédé. Il se rattachait à Chekou Amadou ; mais par la suite passa au Tidianisme Ida Ou Ali ; le tamsir Mboula, Abdou Dièye, établi à la limite du Diolof et du Fouta. Ce marabout qui a hérité de son maître, Chekou Amadou, aux côtés de qui il fut blessé, le jour de sa mort (1875), de l'hostilité contre les infidèles, l'a manifestée, dès 1897, au moment où l'administration du Sénégal, se précisant, entrait en contact avec lui. Il exerçait de très mauvaise façon la réelle autorité dont il jouit sur les villages du nord du Diolof et sur les petits Sérignes de la frontière du Fouta, entravant notamment la justice du Bourba, ou les ordres de l'administrateur. Condamné à une amende, il se retira dans le Oualo, à N'diayène, et de là sema le désordre dans le Diolof. Il fallut le faire arrêter de vive force et l'interner au Gabon en 1900. Gracié en septembre 1905, Abdou Dièye est revenu dans le Diolof, et paraît assagi.

Les autres disciples de Chekou Amadou sont dans les cercles voisins et seront signalés en leur place.

Il ne reste plus à signaler parmi les Omarïa du cercle de Podor qu'Al-Hadji Mouadj, à Marda, dans le Toro oriental. Ce marabout a reçu l'ouerd directement d'Amadou Chékou, fils d'Al-Hadj Omar lors de son séjour à Nioro ; il jouit d'une grande influence dans le Toro. Un marabout du même nom habite Doumga, dans le canton d'Aéré (Lao), et y possède un certain prestige.

.·.

Cette partie du *Chamama mauritanien*, sise sur la rive droite du fleuve, au sud du pays Brakna et qui forme la Résidence de Boghé est en grande partie peuplée de Toucouleurs, soumis à l'obédience omarïa.

Son histoire et son islamisation ne se distinguent pas de celles du Toro et du Lao de la rive gauche.

Les principales personnalités et chefs de groupements sont :

Élimane Abou, Toucouleur tidiani, né vers 1860, dans le Toro, descendant des chefs du village de Tiofi (Podor). Il est entré au service de la France, dès sa jeunesse, a été interprète au Soudan, chef des Célobés (Podor), chef des Aleybés (Podor), percepteur de la Mauritanie à Podor, et enfin chef du canton de Toro-maure. C'est un auxiliaire dévoué et influent, mais intéressé.

Baïla Biram, Toucouleur tidiani, né à Mboumba vers 1880, descendant des anciens almamys du Lao, et cousin des chefs actuels du Toro et du Lao de la rive gauche. Ancien interprète, il s'est signalé dans la colonne de l'Adrar (1908) et y a été blessé et décoré ; puis dans celle du Hodh (1911) où il a commandé brillamment un goum d'auxiliaires toucouleurs. C'est un chef énergique et intelligent.

Yahya Kane, Toucouleur tidiani, né à Galoya (Irlabès) vers 1880, descendant par sa mère des anciens almamys du Fouta. Yahya Kane est le chef dévoué de la province des Irlabès-Ebiabés de la rive droite.

*
* *

Le cercle de *Sadlé* est constitué par les trois provinces des Irlabès, des Ebiabès et du Bosséa, qui forment le Fouta central.

Al-Hadj Ọmar trouva dans cette région la plus vive hostilité lorsqu'il dévoila, à la fin de 1854, ses projets de domination religieuse. Mamadou, fils de Mamadou, fils d'Ạli Doundou, chef du Bosséa ; Samba Amadi, chef des Irlabès ; Ciré Boli, chef des Ebiabès, se liguèrent contre lui et joignirent leurs forces à celles de l'almamy du Lao, sans pouvoir d'ailleurs aboutir à d'autres résultats qu'à retarder sa marche.

Le fort de Saldé est créé en 1859, à l'heure où Faidherbe signe avec les chefs toucouleurs le traité du 10 août, qui consacre le premier démembrement du Fouta.

Dès ce moment (1862), apparaît la grande figure de l'agitateur politico-religieux Ạbdoul Bou Bakar, qui ne tarde pas à se faire élire almamy du Bosséa, et le restera jusqu'à sa mort (1891). Ces trente ans d'histoire sont trente ans de luttes contre la France, où il essaie par tous les moyens de s'opposer à notre pénétration, cherchant d'autre part avec ses expéditions incessantes sur le Damga, à s'agrandir. Les Irlabès avec Tierno Silèye, les Ebiabès ont à souffrir de ses déprédations et sont entraînés dans son orbite.

Chekou Amadou, fils du Madiou, accomplit alors ses exploits islamiques sous l'œil bienveillant d'Ạbdoul Bou Bakar qui espère tirer parti du nouvel état de choses. Mais Chekou Amadou est abattu en 1875, et l'Irlabé passe sous le protectorat de la France par le traité du 24 octobre 1877.

Le Fouta central eut encore à souffrir des déprédations de Mamadou-Lamine (1886-1887). Aussi Ạbdoul Bou

Bakar se déclara-t-il contre lui, et contribua-t-il fortement à le rejeter dans le Doundou. C'était d'ailleurs pour son propre compte, et non pour les Français, que l'almamy du Bosséa travaillait. Deux ans plus tard, il recueillait chez lui Ạli Bouri, bourba du Diolof, qui, contraint par nos armes d'abandonner son pays, commençait sa course aventureuse à travers le Soudan, pour aller finir, douze ans plus tard, dans le Sokoto anglais.

Ạbdoul Bou Bakar prend fait et cause pour le bourba Diolof, réunit en juin 1890, à Oréfundé, ancienne capitale d'Al-Hadj Ọmar, dans un grand palabre, les notables et représentants du Fouta, et essaie en agitant le drapeau de l'indépendance du pays et en excitant leurs passions religieuses contre l'infidèle, de les amener à la guerre avec les Français. Il n'y réussit pas. Revenu à des projets plus modestes, il n'en pose pas moins un ultimatum au Gouvernement français : « Ou rester en paix avec lui, s'il consent à laisser Ạli Bouri vivre dans le Fouta, ou lutter jusqu'au bout, avec perspective de départ vers le pays de Dieu qui est grand. » Entre temps, les deux chefs, installés à Kaédi, s'emploient de toutes leurs forces à provoquer l'émigration de la population du Fouta vers la rive droite. Par Gascas, Dounguel et Diouldé Diabé, villages restés hostiles depuis leur participation à l'aventure du marabout Samba Diadana, les femmes et enfants commencent à traverser le fleuve. L'arrivée d'Ibra Almamy arrête ce mouvement; mais il est temps que notre intervention se produise.

Kaëdi est bombardé par *la Cigale* le 29 juillet 1890. Un poste y est fondé quelques mois après.

La colonne Dodds (1891) qui amène la pacification du Fouta et la mort d'Ạbdoul Bou Bakar, tué par les Chratit-Ida Ou Ạïch qui voulaient nous être agréables, inaugure l'ère actuelle.

Dès mars 1894, le commandement est définitivement assis. Ạbdoulaye Kane, poulo de noble famille et dévoué interprète, est nommé chef supérieur des Irlabés-Ebiabés. Toutefois les chefs des trois provinces irlabées, Irlabé-Ḍjéri, Irlabé-Pété et Irlabé-Alleydé, et le chef des Ebiabés conservent leurs droits et prérogatives. Le chef supérieur est le représentant local du gouvernement français.

Amidou Kane a succédé à son père, le 1er janvier 1913. Ci-dessous le tableau généalogique de cette famille, extrêmement attachée à la France et qui lui a fourni de nombreux serviteurs.

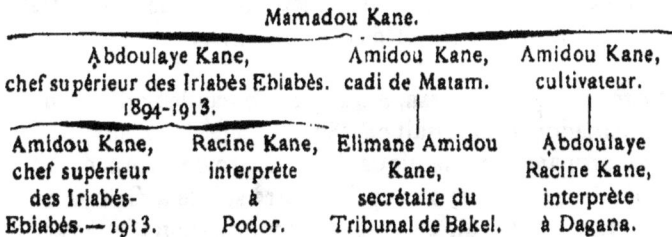

Mamadou Kane.

Ạbdoulaye Kane, chef supérieur des Irlabès Ebiabès. 1894-1913.		Amidou Kane, cadi de Matam.	Amidou Kane, cultivateur.
Amidou Kane, chef supérieur des Irlabés-Ebiabés. — 1913.	Racine Kane, interprète à Podor.	Elimane Amidou Kane, secrétaire du Tribunal de Bakel.	Ạbdoulaye Racine Kane, interprète à Dagana.

Dans le Bosséa, le commandement d'abord confié à Tierno Molé Bou Bakar, est décentralisé, peu après (1894) entre les trois cantons :

Irmagué-Bosséa, chef : Elimane Ạbdoul.
Orgo-Bosséa, chef : Bounouye Samba.
Founangué-Bosséa, chef : Tierno Molé (1894-1902).

Par la suite, il est reconstitué sous les ordres d'Ạbdoul Ạli Kane, neveu de l'ex-almamy du pays.

SCHÉMA GÉNÉALOGIQUE

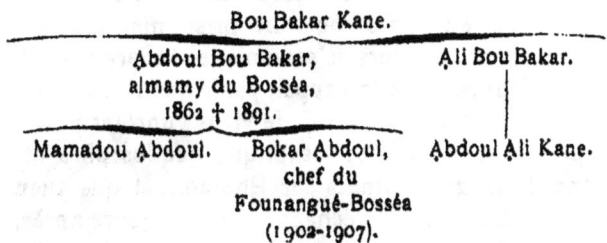

Bou Bakar Kane.

Ạbdoul Bou Bakar, almamy du Bosséa, 1862 † 1891.		Ạli Bou Bakar.
Mamadou Ạbdoul.	Bokar Ạbdoul, chef du Founangué-Bosséa (1902-1907).	Ạbdoul Ạli Kane.

Ạbdoul Ạli Kane est toujours chef du Bosséa.

Le cercle de Saldé est inféodé à l'obédience religieuse d'Al-Hadj Ọmar, qui avait établi sa capitale ordinaire à Orefundé, et resta plusieurs années dans le Fouta central. Il a été agité par de nombreuses convulsions islamiques, à forme mahdiste.

Les principaux chefs de groupement locaux sont :

1° Bokar Alfa, de Pété. Il a reçu l'ouerd de son frère Alfa Amadou, qui le tenait d'Al-Hadj Ọmar.

2° Amadou Alfa Moussa, à Galoya, Toucouleur d'origine peule. Amadou Alfa faisait en 1894, à l'âge de 22 ans, une intense propagande islamique dans la province. Au début de 1895, il prêche tout à coup la guerre sainte à Galoya, se déclare le vrai Mahdi, et annonce son intention d'attaquer les comptoirs de Galoya et de Ndouladian, et de faire couper la tête des chefs indigènes qui lui sont hostiles. Le Damga, le Bosséa, les Ebiabès, le Toro sont agités et lui envoient des émissaires. Les uns, convaincus dès la première minute, reconnaissent son autorité ; les autres demandent du temps. Amadou Alfa s'organise à la mosquée de Fokol. Il partage ses guerriers déjà nombreux en cinq compagnies dont chacune est pourvue d'un drapeau et d'un tambour de guerre. Ọumar Ạli, de Fokol, est nommé chef de la première compagnie.

Ạbdoulaye Kane, le chef supérieur, fait arrêter l'agitateur à Tchilogne le 2 mars 1895. Le prisonnier arrive à Saldé, suivi de cent guerriers de ses amis, et déclare orgueilleusement : « Je réponds à ton appel, parce que tu es le serviteur de Dieu (sens d'Ạbdoulaye). Je viens t'enrôler parmi mes disciples. » Mis aux fers, il explique que Joseph a été emprisonné de longues années par Pharaon, et que Dieu l'en délivrera. En effet, il s'échappe quelques jours après, avec la protection des anges, dit-il. Arrêté à nouveau, alors que le pays s'enflammait déjà, il est interné sans retard au Congo, et l'agitation tombe tout à coup. Gracié et rapatrié en 1903, Amadou Alfa Moussa vit aujourd'hui en paisible cultivateur et maître d'école à Galoya, au milieu de ses talibés.

C'était par les rêves que ce marabout lançait sa propagande. La plupart de ses disciples déclaraient avoir vu en songe le Mahdi triomphant, et eux-mêmes pourvus de grands commandements. Chacun s'émerveillait, et déclarait, le lendemain, avoir rêvé des destinées non moins brillantes.

Amadou Alfa se rattache à Al-Hadj Ọmar par un marabout local, disciple du grand conquérant et qui avait pris son nom : Al-Hadj Ọmarou, de Galoya, aujourd'hui décédé.

Ce marabout a formé en outre un certain nombre de disciples, dont plusieurs sont maîtres d'école dans la région : à Longué-Torobé, Abou Alfa ; à Galoya — Toucouleur, Tierno Saïdou Mamadou ; à Mbolo Biram, Tierno Amadou Salif ; à Ouaceloké, Tierno Mamadou Bokar.

3° La famille de Samba Diadana à Cascas. Ce marabout, fils spirituel d'Al-Hadj Ọmar, se proclamait Mahdi vers 1888. Il faisait courir dans tout le Fouta le bruit suivant, ainsi qu'en rendait compte Ibra Almamy, au commencement de 1890 : « Je suis prophète de Dieu, j'ai la même mission que les anciens. Je changerai la situation du pays, en peu de temps, avec l'armée que Dieu m'a confiée, et je ferai en sorte que la religion musulmane soit au-dessus de toutes les religions de l'univers. » Ces paroles excitaient les gens du pays, qui disaient : « Ce marabout est plus capable qu'Al-Hadj Ọmar, et fera certainement plus que ce dernier. Par conséquent, nous devons l'aider. » Ce canton des Aleybés fut agité pendant deux ans par ces prédications. A cette date, Ibra Almamy, chef du Lao et Ạbdoul, lam du Toro, furent invités à rétablir l'ordre. Ils marchèrent sur Cascas à la tête de leurs troupes et durent entreprendre un véritable siège pour venir à bout des révoltés. Le Mahdi fut pris et eut la tête tranchée sur place. Ses fidèles se dispersèrent. La colonne chargée de la répression subit de nombreuses pertes, Ibra Almamy y eut quatre de ses frères tués ou blessés.

4° Chekou Ibrahim, neveu de l'agitateur Chekou Amadou, mort en 1875, et petit-fils de Madiou. Il est domicilié dans le cercle de Saldé. Il est loin d'avoir l'influence de son cousin Mamadou dans le Toro. Il est à remarquer en effet que c'est ici que se sont exercés les ravages du Cheikh, de 1870 à 1875, et que son autorité, honnie de tous, n'a laissé aucune trace. Chekou Ibrahima vit dans son village, en paisible cultivateur, entouré de ses talibés.

5° Ali Diallo, fils d'Amadou, poulo de la famille Saybolé à Boké-Dialloubé (Irbabés-Ebiabés). Ali Diallo avait quitté le pays vers 1896, et n'y est revenu qu'en septembre 1911. Il a déclaré avoir séjourné plusieurs années en Orient, d'où il alla à plusieurs reprises à la Mecque. A son retour, il se proclama Chérif au Soudan, y fut arrêté pour vagabondage et pilleries religieuses, et finalement est revenu finir ses jours au milieu de son groupement, à Boké-Dialloubé.

6° Tierno Yéro Saïdi, à Tiengen, disciple de Saïdou Alfa, de Gonguel (Matam). Il fut déporté aussi en 1895, alors qu'il se proclamait Mahdi. Gracié peu après, il vit tranquille et tient une école coranique.

7° Tramsir Paté Amadi, maître d'école à Ouallah, disciple d'Al-Hadj Mamadou, de Mboumba (Lao). Son influence s'exerce sur les pêcheurs tioubalIos de Ouallah, dont il est originaire.

8° Tierno Abdoulaye Dongo, disciple d'Alfa Mamadou,

d'Oulaldé (Podor). Il est maître d'école à Diaranguel, secrétaire du chef de village et assesseur du Tribunal de cercle de Saldé.

9° Mamadou Bodj, traitant à Ouaceloké. Il a formé plusieurs disciples et maîtres d'école, dont le plus important est Tierno Ibrahima Saïdou, à Ouacel Khène.

Dans la province du Bosséa, la plupart des marabouts et maîtres d'école relèvent du Cheikh Modi Mamadou Ạlimou, de Matam. Les principaux sont : Alfa Aliou de Sinthiou Diom ; Mamadou Khalidou, de Dial-pêcheurs ; Alfa Mamadou, de Agnam Todiage ; Eliman Saïdou de Sillanabé ; et Ọusman Ạbdoulaye de Oréfundé.

*
* *

Sur la rive droite du Sénégal, la partie occidentale du cercle du Gorgol, ou Résidence de *Kaédi*, est constituée par le Raag, plaine partiellement inondée chaque année par le fleuve. Elle est peuplée de Toucouleurs, de Peuls et de Sarakollés. On y trouve aussi quelques villages de Bambaras, fils des esclaves d'antan ; un certain nombre d'Ouolofs, et des Pourognes Littama, métis de Maures et de Noirs. Tous sont islamisés.

C'est à la famille des Molé, qu'est dû l'apostolat islamique dans le pays. La tradition en rapporte l'honneur du début à Tierno Souleyman Bal, Poulo, originaire du Toro, qui, suivi de ses talibés, fit la guerre sainte aux derniers Saltiguis (Siratiks), Toucouleurs fétichistes, et consacra premier almamy du Fouta régénéré son disciple Ạbdoul-Qader. (vers 1750-1775). Le tombeau de Tierno Souleyman se trouverait à Tombéri, en bordure du Raag. Les Molé continuèrent l'œuvre du maître sur la rive droite. Ils renversèrent peu après la dynastie régnante des Farba Mbal et prirent la direction du pays, en leur qualité de marabouts (fin du dix-huitième siècle). Par la suite les Molé passèrent sur la rive gauche, où ils étaient à l'abri des incursions des Maures, et leur histoire, comme celle du Raag de Kaédi, se confond avec celle du Bosséa.

Sauf quelques Qadrïa de Makhama, l'ensemble des Toucouleurs et Sarakollés de la rive droite est tidïani, se rattachant à Al-Hadj Ọmar, soit par les cheikhs de la rive gauche qui est la rive aristocratique, tels que Modi Mamadou Alimou de Boki-Diavé, Tierno Ciré, d'Orefundé, et Alfa Aliou, de Rindiaw; soit par ceux de la rive droite, tels Alfa Ọusman, Fada Demba, Fodié Youssouf, et Fodié Chekh de Gataga, Tierno Mamadou Elimane, de Belhabé.

Les principaux marabouts, chefs de petits groupements, sont :

A Kaédi même : Amadou Nidjane, Toucouleur, né vers 1884, à Ségou. Son père, Boubou Mamadou, était de Podor, et suivit Al-Hadj Ọmar, puis Amadou Chékou à Ségou. Sa mère était une Aloar, nièce d'Al-Hadj Ọmar. Amadou Tidjane a fait ses études à Saint-Louis chez son oncle Tierno Hali, et à Galoya chez Amadou Moktar Sakho, cadi supérieur, qui lui a conféré l'ouerd tidïani.

Il est resté en relations avec Alfa Hachmi, émigré au Hedjaz, comme on le verra plus loin. Alfa Hachmi est son oncle.

Tidjane dirige à Kaédi une importante maison de commerce qui lui appartient, et où il reçoit tous les marabouts de passage. Il a affecté, dès le début de son arrivée à Kaédi, une honnêteté scrupuleuse. Il s'est fait ainsi une réputation qui s'est étendue fort loin, et lui vaut à l'heure actuelle d'être l'intermédiaire choisi par un grand nombre d'indigènes qui ont des envois de fonds à faire à Kaédi. Il affecte des sentiments d'une rigoureuse orthodoxie, se soumettant lui-même à certaines prescriptions religieuses gênantes pour un commerçant, ou se prononçant avec force contre l'abus des broderies de soie sur les boubous, contre l'abus du thé, etc... Pendant plusieurs années il a régulièrement distribué aux pauvres et aux œuvres pies le dixième de ses bénéfices annuels. L'annonce de cette distribution provoquait l'affluence à Kaédi de gens venus de tous les points du Fouta. Elle se faisait devant un grand rassemblement d'indigènes. Depuis 1913, cette distribution, à la prière de l'autorité, se fait avec moins d'ostentation.

A Gataga, centre très islamisé, Tidiani Tierno, né vers 1860 ; Abdoulaye Maréga, né vers 1836, tous Toucouleurs et maîtres d'école ; Hamara Diagana, Sarakollé, ancien dioula, chef du village.

A Touldé, centre très islamisé, Racine Mamadou, né vers 1867, disciple de son père Tierno Mamadou ; Amadou Ousman, né vers 1878 ; et Samba Amar, né vers 1872, tous maîtres d'école ; Bés Mamadou de l'ancienne famille toucouleurs tiédo, les Ndiouf, venue dans le pays postérieurement aux Farba Mbal et qui s'installa à Touldé.

A Gori, Abd Er-Rahman, né vers 1882, maître d'école ;

A Diovol, Mamadou Abdoul, né vers 1881, maître d'école ;

A Dolol, Ibrahim Amadi, né en 1852, maître d'école. Daouda Ismaïla, Torodo, né vers 1865, chef du village et cadi, concessionnaire des terrains de Daw. Daouda Ismaïla appartient à la famille des Al Modi Nalla dont on verra *infrà* la genèse et les migrations. Il est qadri et élève de Cheikh Saad Bouh chez qui il a passé plusieurs mois. Il a étudié aussi chez les maîtres Toucouleurs tidianïa du Fouta.

Tierno Idris, Toucouleur né à Méri (Lao) vers 1857, dont l'oncle, des Al Modi Nalla, faisait partie des bandes de Tierno Ibrahim et fut tué par Abdoul Bou Bakar.

Chek Abdoul-Qader, Pourogne, né vers 1864 ; élève de sa mère, une femme des Oulad Diman. Son père, des Al-Nodi Nalla, a été tué avec le marabout Tierno Brahim lors de la destruction du village de Koumbalé (Makhama).

Les deux derniers marabouts sont disciples, le premier

Tidiani, le second Qadri, de Sidi Al-Khir ould Mohammed Fadel.

A Daw, Tierno Edi Ali, né vers 1857, et Nala Ạbd Er-Rahman, né vers 1868, maîtres d'école tous deux et disciples de Tierno Bokar.

A Sagné, Diadié Almamy, chef du village, déniankê de Jabali, de la famille régnante des Bou Moussa, fils du dernier almamy dénianké.

A Ouali, Tierno Bokar, né vers 1868, maître d'école.

A Civé-Peul, agglomération fondée en 1860, et distincte de Civé-Bambara, Amadi Yéro, poulo, chef du village.

A Makhama, les trois fils de Lamine Mamadou : Ahmadou Lamine, Mamadou Lamine et Ciré Lamine. Lamine Mamadou travailla avec son cousin Cheikh Mamadou (cf. *infrà*, Matam) à la fondation du village de Makhama qui devait être encore détruit par Ạbdoul Bou Bakar. Ses fils sont tous trois très instruits, ayant fait leurs premières études à Kobilo (Saldé) et leurs études supérieures chez Chek Mamadou. Ils sont les cousins d'Abdoul Salam, fils du précédent, et elfeki actuel du Damga. Ahmadou Lamine et Ciré Lamine sont cultivateurs et marabouts. Mamadou Lamine est chef du village des Makhama, ils sont en relations spirituelles avec Saad Bouh.

∴

Le cercle de *Matam* comprend les provinces toucouleures du Guénar et du Damga, toutes deux sur le fleuve, et en arrière, la province peule du Ferlo.

Le Guénar, bien que ne faisant pas partie du Fouta central, a souvent agi et fait corps avec lui. Pratiquement et dans la tradition, il était compris dans le Damga, et constituait avec lui le Fouta oriental.

Le traité du 10 septembre 1859 consacra ces usages. Il partageait le Fouta en trois régions distinctes : Toro (Podor)

Fouta (Saldé); Damga (Matam) et reconnaissait l'indépendance relative du Damga.

Le Damga s'étendait du marigot de Guéoul, au marigot de Nguérère (Canton de Dembakane). Nguiguilone est sa capitale ordinaire. Il est sous les ordres de l'alfeki, en l'occurrence l'alfeki Mamadou. Il comprenait : les Torodos, parmi lesquels est pris l'alfeki ; les Koliabés, qui marchent à sa suite, et les Deniankés, qui ont un chef spécial, décoré du nom d'almamy.

La politique des gouverneurs du Sénégal vise, pendant trente ans, à consacrer cette indépendance du Damga, vis-à-vis du Fouta central, malgré les inlassables prétentions d'Abdoul Bou Bakar, chef du Bosséa, agissant tant pour le compte de son maître Al-Hadj Omar, que pour son propre compte par la suite. A la suite de 1864, où l'alfeki Mamadou, ennemi du prophète, est destitué, les alfekis se succèdent, tantôt amis, tantôt hostiles, suivant que ce sont les Français, ou Abdoul Bou Bakar qui influent sur leur élection.

Pendant cette période de temps, le Damga a été agité par les perpétuelles intrigues de l'almamy du Bosséa et par les aventures religieuses de Tierno Ibrahim, de Chekou Amadou, et de Mamadou Lamine.

A partir de 1885, la politique française s'appuie sur Chek Mamadou, marabout intelligent et énergique, jouissant d'une grosse influence dans le pays, et qui vise à asseoir avec l'amitié de la France son autorité sur le Damga anarchique. Chek Mamadou avait fait le pèlerinage et ne s'était jamais compromis dans des aventures mahdistes ou autres. C'était l'homme le plus vénéré de la région, et il s'était déjà taillé un fief indépendant dans le canton de Makhama. Il commença par répudier toutes ses emmes, originaires du Saloum et du Toro, et qui, d'origine ouolofe ou toucouleure, ne lui donnaient pas d'influence politique. Il s'allie par de nouveaux mariages aux familles les plus en vue du pays. Sa propre famille comptait d'ailleurs parmi les plus nobles du Fouta.

SCHÉMA GÉNÉALOGIQUE

Tierno Tioukal,
marié à la sœur de l'almamy Abdel-Qader,
premier almamy et apôtre du Fouta.
|
Mamadou Tioukal.
|
Mamadou,
marié à Absatou Abdoul Tamsir, petite-fille d'Eliman Baba,
de la famille des Kankanbés,
et arrière-petite-fille, par les femmes, de Biram, almamy du Lao.
|
Chek Mamadou.

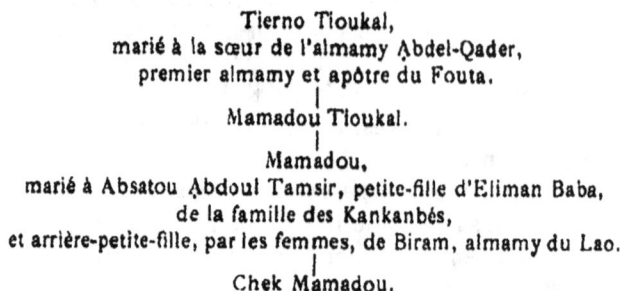

Il est donc le cousin d'Ibra Almamy, chef du Lao, et cette parenté contribue fortement à l'unir aux Français.

Pendant la colonne Dodds (1891), Chek Mamadou tient en échec Abdoul Bou Bakar. Le chef du Bosséa le fait assassiner par ses gens à Orndoldé et ne tarde pas à l'être lui-même par les Maures Chratit.

La paix définitivement rétablie au Fouta (1891), l'alfeki du Damga est Ibra Abdoul, cousin de Chek Mamadou, et l'elfeki du Guénar, Amadi Yoro, qui a succédé en 1890 à son frère Malik. Abdoul-Salam, fils de Chek Mamadou, reçoit en apanage et propriété privée les territoires d'Orndoldé, Litama et Makhama.

La réorganisation du pays en cantons entraîne la suppression des pouvoirs des alfekis. Ibra Abdoul devient chef du canton de Kanel. Ses intrigues pour conquérir le pouvoir le rendent insupportable, et en 1897, il est remplacé par Abdoul-Salam, fils de Chek Mamadou. C'est d'ailleurs à ce moment-là que le Damga et le Guénar sont détachés de Kaédi et érigés en cercle de Matam (1896).

L'arrêté du 31 décembre 1907 a rétabli les trois provinces traditionnelles :

Damga	Canton de Kanel. — de Padalal. — de Demba-Kané.
Guénar	Canton de Matam. — de Guénar.
Ferlo	province peule.

Abdoul Salam, fils de Chek Mamadou, est l'alfeki actuel du Damga.

Amadi Alfa, élu chef du canton de Guénar en janvier 1902, est le chef actuel de la province de Guénar.

Samba Elfeki, ancien élève de l'école des fils de chefs, commande le Ferlo.

Les fils d'Abdoul Bou Bakar, Bokar Abdoul, qui habite le cercle, et Mamadou Abdoul, l'aîné, qui habite Kaédi, ne sont pas sans avoir conservé une certaine influence dans le Damga, le Guénar et le Bosséa.

Le Ferlo des pasteurs peuls, plus éloigné et peu peuplé, est resté relativement en dehors de ces agitations politiques et religieuses.

Le Cheikh de beaucoup le plus important de la région, et dont l'influence dépasse le cercle de Matam, était Modi Mamadou Alimou, de Boké Diavé, qui vient de mourir, ces dernières années. Il a formé un très grand nombre de marabouts maîtres d'école, fabricants d'amulettes et chefs de petits groupements religieux, tant dans le Fouta toucouleur sur les deux rives du fleuve, que dans le Saloum et la Haute-Gambie. Ses principaux disciples ont été passés en revue, ou le seront, au cours de cette étude. Dans le cercle de Matam les plus importantes personnalités, relevant de son obédience, sont :

A Boki-Diavé même, Abd Er-Rahman Tierno, né vers 1875, et Modi Bokar, né vers 1872, tous deux maîtres d'école.

A Nguiguilone (Guénar), Tierno Abdad Tilleré, Toucouleur, né vers 1867, fils de Tierno Tilleré Mamadou. C'est un cultivateur et maître d'école lettré. Son fils étudie le droit à Boghé, chez le cadi Amadou Moktar.

A Ogo (Guénar) Tierno Al-Hadj Tambadou, né vers 1875, assesseur du Tribunal de province.

A Amadi Ounaré (Damga), Tierno Adoulaye, né vers 1870, fils de Tierno Djingui cultivateur, maître d'une école florissante, et assesseur suppléant du Tribunal de province.

Les autres notables marabouts omarïa du cercle sont :

Dans le Guénar : à Doundou, Tierno Mamadou, Toucouleur, né vers 1866 à Nioro (Sahel), où son père fut successivement secrétaire d'Al-Hadj Omar et de son fils Amadou Chékou. Il fut tué par celui-ci, lors de la conquête du Soudan par les Français, à cause des relations secrètes qu'il entretenait avec eux. Tierno Mamadou est un disciple de Sérif Mamadou Moktar, de Nioro. C'est un marabout intelligent et lettré, maître d'école et cultivateur.

A Doumga Ouro Alfa, Alfa Djibi, Toucouleur, fils d'Alfa Mamadou, né à Doumga vers 1870. Il est disciple de Chek Mamadou Biram, de Mboumba.

A Sinthiou-Garba, Tierno Ali, né vers 1880, Toucouleur, disciple de Tierno Beli, d'Amadi Ounari ; Mamadou Tierno, né vers 1871, et Elimane Demba, né vers 1882, tous maîtres d'école.

A Nguiguilone, Tierno Yoro Bale, Toucouleur, qui déclare être personnellement Qadri et disciple de Saad Bouh, mais distribue les deux ouerds. Du côté tidiani, il relève de Modi Mamadou Alimou, qui fut son professeur. Tierno Yéro est un maître d'école important, et un fin lettré. Ses disciples sont dispersés dans le Guénar tout entier. Les principaux sont : Tierno Abbas précité, Tidiani, à Nguiguilone ; et Amidou Kane, né vers 1859, Toucouleur et Qadri, cadi supérieur en retraite, assesseur du Tribunal de cercle.

Ce dernier a lui-même de nombreux adeptes dans la province.

A Boïnadji, Bokar Djibi, né vers 1868, et Tafsir Abdoul, né vers 1863, ancien assesseur du Tribunal de province, tous maîtres d'école et disciples de Tierno Ali Sbira, de Kanel.

A Ouro Sagné, Tierno Amadi Madina, Toucouleur, né vers 1871, dont l'influence s'étend sur la rive droite dans le Gorgol, maître d'une école florissante.

Dans le Damga : à Wawondé, Mamadou Diawara, Sarakollé, né à Goundiourou (Boundou), vers 1868, cultivateur, disciple et parent du grand marabout Mamadou Lamine.

A Demba Kané, Bakari Mariga, né vers 1863, Sarakollé, fils et disciple d'Alfa Sourakhata, de Doki Diavé, cultivateur et maître d'école. Ces deux marabouts jouissent d'une certaine influence sur les Sarakollés du Damga ; — Boulaye Cissé, Toucouleur, né vers 1870, maître d'école, disciple de Samba Cissé, de Demba Kané.

A Kanel, centre très islamisé, Tierno Béli, Toucouleur, né vers 1867, maître d'école, assesseur du Tribunal de province, disciple d'Ahmed Al-Amin, des Ida Ou Ali du Tagant ; — Tierno Cissé, né vers 1858, Toucouleur, assesseur du Tribunal de province, disciple de Tierno Abdoul Elimane, de Seno Palil ; — Abdoul Dienda, né vers 1870, et Moussa Amat, né vers 1872, disciples de tiernos du lieu ; — Mamadou Baïla, né vers 1862, maître d'école, disciple d'Alfa Ibrahima, de Nioro (Sahel).

Dans le Ferlo : à Fété Bové, Tierno Lamine, né vers 1850, assesseur du Tribunal de province, disciple de Modi Mamadou Alimou. Il a formé plusieurs disciples dont les plus importants sont : son fils Ciré Lamine, né vers 1875, et Alfa Mamadou, né vers 1877, maître d'école à Naba.

A Patouki, Tierno Demba Siw, né vers 1866, disciple de Tierno Yero de Beli.

A Ndiot, Amadou Maka, né vers 1872, disciple de Tierno Amat, de Podor.

*
* *

Sur la rive droite du fleuve le *Guidimaka*, qui forme avec la Résidence de Kaédi, le cercle du Gorgol, relève de l'administration de la Mauritanie ; mais peuplé de Sarakollés, chassés il y a plusieurs siècles du Tagant par les Maures, il appartient géographiquement et ethnographiquement au Sénégal. L'étude de l'Islam du Guidimaka entre naturellement dans le *Corpus* de l'Islam sénégalais. Elle y est en tout cas beaucoup plus à sa place que dans le *Corpus* de l'Islam maure.

Les Sarakollés du Guidimaka et les quelques groupements immigrés d'origine toucouleure sont très islamisés, et se distinguent de leurs coreligionnaires sénégalais par un sentiment d'hostilité religieuse contre les infidèles. En 1852, ils se rangent avec empressement sous les ordres d'Al-Hadj Omar qui fait construire sur leur territoire le tata de Guémou et leur donne son neveu, Ciré Adama, comme chef militaire.

L'aventure de Mamadou Lamine, leur prophète national, (1885-1887) a été narrée plus haut. De nombreux Mahdis sont nés au sein du peuple Sarakollé. En 1891, Mamadou Boubou, marabout de Cognangol, se proclame Mahdi, prêche la guerre sainte contre les Français, et fait décapiter les individus qui n'avaient pas l'air de prendre au sérieux sa mission. Dans ses courses, il faisait porter devant lui ce trophée qui était du meilleur exemple pour réchauffer le zèle des tièdes. Ces têtes furent enfin enterrées à Coumba Ndaw. Mamadou Boubou fut surpris au village de Bokoro par les Biranés de Guidivol et exécuté sur place (septembre 1895).

En 1910-1911, les indigènes se laissent encore entraîner par la propagande politico-religieuse du marabout Podié-Ismaïla, de Kayes, que son voyage à la Mecque a illuminé.

Il est promptement interné en Côte d'Ivoire, ce qui a arrêté le mouvement.

Les clans des Cissé et des Kamara qui jouissent d'une grosse influence sur tous les Sarakollés du Haut-Sénégal (Guidimaka, Gueye, Boundou, Kayes) nous ont témoigné, au point de vue politique, la plus complète hostilité depuis Al-Hadj Ọmar et Mamadou Lamine, tantôt violente, allant jusqu'à prêcher ouvertement l'émigration de la terre des infidèles, ou tenter l'empoisonnement du personnel européen du poste de Sélibaby, tantôt sournoise et perfide par leur opposition sourde aux ordres de l'administration et des chefs indigènes. Beaucoup de ces marabouts paraissent irréductibles.

Cette situation est d'autant plus inquiétante, que c'est le peuple Sarakollé qui fournit la majeure partie des dioulas qui, apôtres et marchands, errent à travers le Sénégal et le Soudan occidental, et ne manquent pas de nous représenter sous les traits les plus sombres. Dans l'Islam noir, en général si pacifique, si nonchalant, si indifférent, si éloigné de tout fanatisme, l'élément sarakollé représente un facteur fâcheux de méfiance, d'agitation et de xénophobie: « Ils sont turbulents, factieux, d'un naturel inconstant », disait déjà André Brue vers 1700; et d'autant plus dangereux qu'il est par tendance animé de l'esprit de prosélytisme, et par profession adonné au colportage sur une grande échelle. »

Les principaux groupements sont :

A Boully, le clan des Cissé qui a fourni de nombreux contingents aux bandes de Mamadou Lamine. Les personsonnalités marquantes sont : Sidi Mboula Cissé, né en 1849, à Moulizimo, imam d'une mosquée de Boully ; son frère Ọusman Cissé, né à Coumba Ndaw vers 1877 ; leur cousin Fodié Adistou Cissé, né vers 1870 à Coumba Ndaw. Celui-ci, marabout instruit, tient une école florissante : le clan des Diawara-Saghoné, originaire de Nioro (Sahel) dont les deux membres les plus influents sont : Adietou Sindé, né vers 1850, ancien chef du village de Boully, révoqué en 1911, pour dilapidation du mil du grenier de réserve ; et son frère Chekou Mamadou Diawara, né vers 1872, à Moulizimo, maître d'école, et plus spécialement marabout. Ces deux personnages, riches et considérés, ont pris part aux hostilités contre les Français, d'abord aux côtés d'Amadou, fils d'Al-Hadj Omar, ensuite aux côtés de Mamadou Lamine ; leur influence s'exerce sur les Diawara du Guidimaka et s'étend même au cercle de Kayes.

A Arténou, l'élément maraboutique est représenté par le clan des Sokhona, originaires du Ouagadou et qui ont été de père en fils les marabouts des Botokolos. Les principaux représentants de cette famille sarakollée sont : Boudalaye Mamadou Sokhona, né vers 1853, imam de la mosquée du village, maître d'une école florissante, ami intime et conseiller dévoué de l'ancien chef, Amadi Cissé, qui fut déporté en 1907 à la Baie du Lévrier, et est aujourd'hui chef du village de Sélibaby. Son frère Seydi Bambi, dit aussi Souleyman Mamadi, habite Gambi Sara, en Gambie anglaise ; — Doïké Sokhona, né vers 1873, grand dioula, dont les opérations s'étendent surtout en Gambie ; — Demba Awa, né vers 1865. Ces indigènes ont tous pris plus ou moins part à la révolte de Mamadou Lamine. Ils sont les disciples de Tierno Brahim, Toucouleur, cadi, décédé en 1910 à Sélibaby.

A Sélaghté-Daghné, le groupe toucouleur maraboutique des Al Modi Nalla qui a créé Koundel-Rhéo, Civé, Dolol, Dolol-Civré, Daw Dembel, et Makhama, dans le Fouta de la rive gauche, et qui fut chassé de cette région par l'almamy Abdoul Bou Bakar vers 1872. Ils sont Torodbé-Yettodé-Kane, et originaires de Dialmatch (Dimar) apparentés à la famille des chefs de Thiékane (Chamama du Trarza).

Installés dans le Gorgol, ils entretenaient les meilleures relations avec les Maures et beaucoup d'entre eux allaient faire leurs études dans les campements zouaïa. Quelques-uns même y sont restés : les Ahel Tafsir, aujourd'hui fraction des Ahel Sidi Mahmoud.

Sidi Ibrahima, le célèbre marabout agitateur, dont on a vu plus haut les gestes, a entraîné derrière lui, à un certain moment, toute la région du Gorgol. Il avait fondé le village de Koumbali, où l'avaient rejoint beaucoup de Toucouleurs de la rive gauche, mécontents de la domination d'Ạbdoul Bou Bakar, almamy du Bosséa.

Il fut abattu par Ạbdoul, et son village de Koumbali fut détruit. Makhama s'éleva sur ses ruines.

Leur migration conduisit les Al Modi Nalla successivement dans le Coumba Ndaw et enfin à Nioro Sahel, où ils combattirent contre les Français aux côtés des fils d'Al-Hadj Ọmar. A la prise de cette ville, ils se rabattirent vers l'ouest et s'installèrent dans le Guidimaka. Une partie d'entre eux s'établit d'abord dans les Regueïbat, avec l'autorisation de Sidi Mokhtar, chef des Ahel Sidi Mahmoud, puis émigrèrent successivement vers Beké et Diambi, Baédiam, Ralli-Nioro et Sélaghté-Daghné. Le personnage le plus en vue de ce groupement est Nalla Mamadou Kane, né vers 1870, disciple de Modi Mamadou Alimou de Boki Diavé, et qui est en relations avec toutes les personnalités toucouleures de la région. A citer aussi son frère Sidati, né vers 1882, plus connu sous le nom de Daouda Kane.

A Ralli-Nioro, c'est Lamine Mamadou qui est le chef des Al Modi Nalla. Il est né vers 1860 et a reçu l'ouerd d'Amadou Chekou, sultan de Ségou. Le marabout des Sarakollés tidianïa est Mamadou Ouagui Koréna, né vers 1844 à Moulizimo, d'origine maure, disciple de Fodié Diamou, de Counghel (Bakel). Il fut longtemps cadi des Sarakollés de Bouïaghé et de Ralli Nioro et jouit encore d'un grand prestige dans ces deux villages. Le marabout des Diakité, famille originaire du Diafounou, est Ạbdoulaye Kaba Diakté, disciple direct de Mamadou Lamine.

A Hassi Delma, Diadié Ndiaye, né vers 1878, disciple de son oncle Fodié Bakaï, imam de la mosquée des Kohimbos, et Ali Issa Cissé, né vers 1878, membre le plus influent du clan des Cissé Makam Badio, originaires du Kaarta, et marabouts des Bambaras-Massassi. Il ne faut pas les confondre avec les Cissés Mandingues, installés aussi dans le Guidimaka. Toutefois la similitude des noms a rapproché ces deux clans religieux.

A Baédian-Sarakollé, Ali Coumba Soumaré, membre le plus influent de la famille Sarakollée Soumaré. Ils sont originaires de Oualata, et anciens haratines de la famille Goudgoudaouch. S'étant réfugiés chez les Soumaré de l'Assaba, ils en prirent le nom et les suivirent dans leurs migrations. Ali Coumba est né vers 1849 à Moulizimo. Il est disciple tidiani de Samba Dia de Moundéri (Bakel). Il a pratiqué longtemps le trafic des captifs dans les États de Samory. Ses frères, Ousman et Boulaye, qui ont pris part à la révolte de Mamadou Lamin, sont Qadrïa. — Amadou Khar, Toucouleur, né vers 1865, marabout des Toucouleurs de Baédian, disciple d'Amadou Chekou de Ségou. — Boubou Fenda, Sarakollé, né vers 1855, neveu du Mahdi précité Mamadou Boubou.

A Baédian-toucouleur c'est Adia Mamadou Kane, né vers 1868, qui est le marabout renommé des Al Modi Nalla.

A Khabbou, le clan des Soumaré est dirigé par Semba Soumaré, né vers 1883, disciple de Fodié Ismaïlia, de Koussané (Kayes) qui a été interné en 1911 à la Côte d'Ivoire en raison de l'agitation qu'il semait dans le pays. Demba est un jeune marabout exalté qui participe du mauvais esprit de son maître. Il s'est fait une spécialité de la confection des gris-gris favorisant les amours des jeunes gens.

A Solleu, Moussa Cissé, né vers 1880, du clan des Soumaré, les plus anciens habitants Sarakollés du Guidimaka, cultivateurs et guerriers, mais dont quelques-uns ont embrassé la vie maraboutique.

A Moulizimo, Fodié Boulaye, originaire des Diagouragou, du Diafounou, né vers 1872, disciple de Fodié Chekoun, de Tafacirgou, fils du marabout aveugle Fodié Diagougui, qui jouissait d'une influence considérable dans la région.

A Coumba Ndaw, le groupement des Cissé est dirigé par Fodié Talibé Cissé, né vers 1845 à Diaguili, élève de Fodié Diamou, de Kounguel (Bakel), et disciple de Baba ould Baba, cheikh tidiani des Messouma. Il a pris part à la révolte de Mamadou Lamine. Il est secondé par son fils Diagouraga Cissé, né vers 1877, qui fait le dioula en Gambie, et son neveu Mallé Cissé, né vers 1885, qui fait le dioula dans le Bambouk. Le groupe des Hayanè a plus spécialement pour marabouts : Fodié Abdou Cissé, né vers 1857, disciple de Biré Dramé, de Diaguili, et son père, Dano Cissé né vers 1873, tous cultivateurs et dioulas, et qui ont pris part à la révolte de Mamadou Lamin.

A Dafort, les Ndiaye, mi-qadrïa, mi-tidianïa, sont les marabouts de l'élément Sarakollé. Les Ndiaye sont d'origine ouolofe. Contraints d'émigrer de leur pays et réfugiés au Guidimaka, il y a fort longtemps, ils se seraient mués en marabouts. C'est leur ancêtre, Fodié Bakari Ndiaye, décédé à Guémou vers 1905, qui est le créateur religieux de son groupement. C'est de lui que tiennent leur ouerd qadri et tidïani les principales personnalités Ndiaye de Dafort : son fils Adietou ; ses neveux et cousins, Daouda, Bakari, Bakari Silli, Souleyman, Nafi, imam de la mosquée des Gandji, et Ciré Ndiaye. Ils sont dioulas et marabouts des collectivités Gandji et Hokolons. Tous ceux qui étaient susceptibles de porter les armes en 1886 ont combattu contre les Français, aux côtés de Mamadou Lamine. A signaler encore Mamadi Samba Cissé, et Bakari Sidi Cissé, originaires de Coumba Ndaw, qui sont les marabouts de la collectivité Kamara.

A Chogar, Yamadou Sidi Cissé, né vers 1883, disciple de Mamadou Donkouré, celui-ci fils de Chekou Donkouré, décédé à Somandiké vers 1905. Mamadou Donkouré était un des disciples de Fodié Bayaga, dont on verra plus loin les aventures dans le Niani-Ouli (1908). Yamadou est le marabout des Birané de Chogar.

A Diagountourou, Fodié Bambi, fils de Fodié Sidi Koïta, disciple de Fodié Ismaïla de Koussané (Kayes). Il a pris part à l'effervescence soulevée par ce marabout, ces dernières années, sur le Haut-Sénégal. La famille des Silla, originaires des Diafounou, dont les membres les plus influents sont: Diadié Isma Silla, né vers 1845, type du marabout sorcier. Il a pris part aux hostilités contre les Français en 1885-1887. Il a été condamné en 1907, pour avoir tué un enfant, dont le sang était nécessaire à la confection d'un gri-gri qui devait faire destituer le chef du village et provoquer la nomination d'un nouveau chef. Son influence dépasse le village de Diagountourou. La famille des Kébé, originaire de Kégnarémé, sis au nord-est de Yélimané. La plupart de ses membres ont pris part à la révolte de Mamadou Lamine. Les plus influents sont: Fodié Chekou Kébé, né vers 1830, autrefois cheikh des Débé, mais tombé en enfance; Ali Isma Kébé, né vers 1859, et son frère Mamadi Kébé, tous deux marabouts turbulents et fourbes. La famille des Koïta originaires du Kaarta, qui a marché avec Mamadou Lamin, et dont les personnalités en vue sont: Fodié Bouka Koïta, né vers 1870, marabout lettré, disciple de Tierno Adi, de Ségou et Abdou Koïta, né vers 1865, dioula.

A Guémou, on trouve une autre branche des Ndiaye. Le chef en est Sabara Ndiaye, né vers 1878, imam des Gandji.

A Diaguili, la famille des Dramé originaires du Diafounou et dont les membres âgés ont pris part à la révolte de Mamadou Lamine. Ils sont les marabouts des collectivités Diabira et Yatéra. Les personnalités en vue sont : Racine Dramé, né vers 1867, son frère Fodié Saloum, et Adam Dramé, né vers 1878, celui-ci fils, tous trois disciples de

Airé Dramé, de Diaguili ; la famille des Sakho, originaires du Ouagadou, marabouts des Sarakollés d'Aéré, Oumpou et Lobali, du Gorgol. Le chef de cette famille est Bakari Sakho, né vers 1830, et son fils Diafara, né vers 1878. Ce sont nos anciens ennemis de 1885-1887, et ils font aujourd'hui les dioulas.

A Sakha, la famille précitée des Sokhona, marabouts des Botokolos. Les membres les plus influents sont : Oussoufi Sidi Sokhona, né vers 1872, dont l'influence s'exerce jusque dans le cercle de Kayes ; Abd Er-Rahman Sidi Sokhona, né vers 1887, marabout intelligent et lettré, que son commerce de dioula conduit de la Gambie à Tombouctou ; Bakari Draman Sokhona, qui a fait dix ans d'études chez le cheikh Ahmed Sidi ould Fal, des Oulad Lamin Al Boggar, des Messouma, et qui est le plus lettré du groupe. Ils se rattachent au Tidianisme de Fodié Bakari Ndiaye, de Guémou.

A Ndiaw, la famille des Cissé, très hostile à la domination française, comme le montrent sa participation très active à la révolte de Mamadou Lamine (1885-1887), ses prédications intenses pour provoquer l'émigration du pays Sarakollé vers le Nord, et l'isolement du poste de Selibaby (1905-1906), et son rôle extrêmement louche dans la tentative d'empoisonnement des Européens du poste, 1906. Les plus influents d'entre eux sont : Moussa Diénéba Cissé, né vers 1837, aveugle ; Bakari Binné Cissé, né vers 1847, et Fodié Mba Cissé, et leurs enfants et neveux. Ils se rattachent à l'agitateur Fodié Ismaïlia, de Koussané, qui a fait l'éducation de plusieurs de leurs fils. Ils sont les marabouts des Birané, de Ndiaw ; la famille des Kamara, d'origine birané, guerriers mués en marabouts, violemment hostile à la domination française, et qui s'est signalée par des exploits analogues à ceux des Cissé. Les membres les plus influents sont : Dahaba Bakari, né vers 1850 ; Arouna Fatouma, né vers 1852 ; Fodié Somakata, né vers 1871 ; ils ont dû être déportés tous les trois à la Baie du Lévrier en 1907. A leur retour, ils se sont signalés par leur soumission religieuse à Fodié Ismaïla précité.

A Mbeïdia, la famille des Sokhona, marabouts attitrés des Botokolos et dioulas de profession. Les membres les plus en vue sont : Fodié Mama Sokona, né à Wolo (Gangari) vers 1830, et Arouna Sokona, né vers 1870, marabout lettré et influent, tous deux actifs lieutenants de Mamadou Lamine. Ces Sokhona sont les disciples soit qadrïa, soit tidianïa, de Chekou Amadou Donkouré, d'Aïté (Kayes), décédé à Somankidé, qui fut, vers 1900, le marabout le plus influent de la région. Il est représenté aujourd'hui dans le Guidimaka par son fils Ali Donkouré, né vers 1889, qui a pris part à l'échauffourée des Tabadian, aux côtés de l'agitateur Fodié Bayaga. Il est resté un an en résidence obligatoire à Aïté.

A Sélibaby même, le clan des Cissé, fanatique et xénophobe. Les personnages les plus en vue sont : Al-Hadj Samba Cissé, né vers 1878 ; il a fait en 1906-1907 le pèlerinage des lieux saints et a reçu l'ouerd tidiani du Cheïkh Bou Bakar. A son retour, il suscita des troubles religieux très graves et de l'affolement chez les indigènes de Sélibaby, en se livrant à des pratiques de maraboutage qui terrorisaient les populations. Il était membre à ce moment du Tribunal de province. Il fut condamné à un an de prison et 500 francs d'amende, s'évada et se réfugia en Gambie. L'aman accordé, il revint en 1911, mais retourne chaque année en Gambie, où il a une femme, fille d'un marabout Touré, de Koulari ; Sallé Toumané, né vers 1853, notre ennemi de 1885-1887, commerçant rapace et marabout illettré ; Seïdi Cissé, né vers 1840, qui se dit moqaddem tidiani, et a été initié par Mamadi Chérif de Nioro-Sahel. Il a été mêlé à la révolte de Mamadou Lamine et aux troubles de 1906. C'est le marabout le plus influent et le plus riche de la région ; Tierno Mamadou Ousman, né à Béké (Irlabé) en 1847, et Toucouleur dialle, membre musulman du Tribunal local, marabout instruit.

∴

Le cercle de *Bakel* est formé de deux provinces : Bonudou et Guoye.

Le Boundou est occupé par une population disparate parmi laquelle les Toucouleurs tiennent la première place. Ce sont soit des groupements du Fouta venus coloniser le pays, il y a deux siècles environ, parmi lesquels on distingue les clans des Tamba-Dounabés, les Guérobés et les Sissibés, ceux-ci venus les derniers sous la conduite du marabout Malik Si ; soit des familles de Ségou, qu'après la prise de cette ville le commandant militaire du Soudan envoya dans la région pour repeupler les villages détruits.

Viennent ensuite les Diakankés, vestiges des premiers occupants du pays, et qui sont originaires de Diaka sur le Bafing. Leur opposition aux almamys toucouleurs, la part qu'ils ont prise dans la révolte de Mamadou Lamine avaient aggravé leur misérable situation. Vers 1890, au moment où l'autorité française s'implantait dans le pays, leur fanatisme musulman attirait déjà l'attention, soit parce qu'ils émigraient vers le Niani, pour ne pas rester en terre infidèle, soit par l'opposition sourde qu'ils faisaient aux ordres des administrateurs et des officiers.

On y distingue encore des groupements ouolofs, venus dans le pays de 1850 à 1890, pour échapper aux pillages dont ils étaient victimes dans le Diolof, le Diambour et le Cayor, et des campements peuls émigrés du Fouta Diallon et du Fouladougou, et qui sont installés à côté des villages toucouleurs et ouolofs.

L'islamisation du pays, ou plutôt la réislamisation à la fin du dix-huitième siècle, provoqua des révoltes intestines et trouva sa consécration dans l'établissement du pouvoir central des almamys. C'est dans la classe des Sissibés, et spécialement dans la famille du marabout Malik Si, qui avait conduit la dernière invasion torodo, lutté contre les tunkas fétichistes et les Malinkés, et fait prospérer l'Islam dans le pays, que se fixa la succession du commandement. L'expansion française rencontrait, vers 1852, le Boundou, organisé en un petit État sous l'autorité de l'almamy guerrier et pillard, Saạda fils d'Amadi Ạïssata. C'est sous son règne que le territoire de Sénoudébou fut vendu à la France. Sa succession fut vivement disputée vers 1854 par son frère Ọumar Sané et son fils Bou Bakar Saada. Al-Hadj Ọmar, pris pour arbitre, décida que tous les Sissibés le suivraient à la guerre sainte et choisit Ọumar Sané. Il les entraîna aussitôt avec lui au siège de Médine (1857). Mais Bou Bakar Saạda lâcha le camp du Prophète pour venir trouver Faidherbe, qui s'en faisait aussitôt un allié dans ses luttes contre Al-Hadj Ọmar. Le pays souffrit beaucoup de ces guerres continuelles, mais il faut reconnaître que l'almamy Bou Bakar Saạda ne manqua jamais à ses engagements envers les Français et leur rendit les plus grands services. La révolte de Mamadou Lamine, qui suivit la mort de l'almamy (décembre 1885) acheva la ruine générale.

Ọumar Penda, qui fut élu almamy aussitôt, se signala par ses exploits guerriers contre Mamadou Lamine. Il fut compté parmi les meilleurs auxiliaires indigènes du colonel Frey. Aussi le marabout n'hésita-t-il pas à le faire assassiner.

Saạda Amadi, neveu de Bou Bakar, fut élu almamy en juillet 1886. De tempérament débonnaire et sans autorité, il laissa partager le Boundou en une série d'apanages, où chacun des princes Sissibés, opérant en petit, continuait les traditions de Bou Bakar Saạda.

A la suite de vifs reproches et de menaces de l'autorité française, l'almamy se prit à craindre pour sa vie et s'enfuit dans le Fouta, emmenant avec lui son frère Issaga, ancien élève de l'école des otages. Il revint, mais son attitude équivoque, lors de la révolte de Mamadou Lamine, le fit destituer en mai 1887, par le colonel Galliéni. Il se réfugia auprès d'Abdoul Bou Bakar, chef du Bosséa, et ne cessa de 1887 à 1891 de troubler par ses menées la tranquillité du pays. La mort d'Abdoul devait ramener Saada dans le Boundou, en mars 1892. L'agitation qui suivit provoqua son arrestation et son internement à Bakel. Libéré en janvier 1893, il se réfugia aussitôt dans le Fouta Diallon.

Ousman Gassi avait succédé à Saada, en 1888, au détriment de son cousin Amadi Ciré, héritier légitime, mais l'autorité française avait fortement fait pression sur les électeurs, car Ousman s'était révélé un vrai chef de guerre et un fidèle allié. Ousman fut d'ailleurs assez politique pour se déclarer chef du pays au nom des Français, et pour faire passer son cousin pour l'almamy véritable et traditionnel.

A Ousman Gassi, mort en 1891, succéda Malik Touré, frère de Saada Almamy. Les réformes imposées par l'autorité française à Malik Touré, et notamment la concentration du pouvoir en ses mains, lui aliénèrent beaucoup d'entre les chefs Sissibés qui émigrèrent vers le Foula dougou, auprès de Moussa Molo, ou se retirèrent dans leurs villages. Avec le temps, son administration honnête et énergique lui ramène bien des sympathies, et assure la paix et la prospérité générale.

La capitale traditionnelle du Boundou est Gabou, siège de l'almamy, mais celui-ci a des lieutenants dans l'intérieur. Le plus intéressant est, à la fin du dix-neuvième siècle, Fodié Moussa, chef du village de Saroudja, un marabout influent dans tout le canton du Diakha. Il est le représentant de Malik Touré de 1890 à 1900, et résiste à plusieurs attaques de Fonsa Toukourou, le chef du Gamou, qu'il remplace finalement en 1899. Ce marabout, mis à la tête d'un canton, peuplé en très grande partie de Malinkés et Soninkés, fétichistes et ivrognes, n'a pas manqué de travailler à les remettre dans le droit chemin par l'Islam. Son exemple, ses prédications, sa gestion administrative, les écoles coraniques qu'il a répandues ont fortement contribué à l'islamisation de cette région.

Les derniers jours de Malik Touré ne répondent pas à ses débuts. Il gagne peu à peu à la main et meurt en 1902, au milieu des critiques générales. Le titre d'almamy est alors supprimé et le Boundou divisé en deux territoires : Boundou septentrional et Boundou méridional.

Le chef du Boundou méridional est Ạbdoul Sega, nommé le 4 février 1905 ; le chef du Boundou septentrional est Opa Bou Bakar, fils de l'almamy Bou Bakar Saạda et frère d'Ọusman Gassi.

Le *Guoye* était sous l'autorité traditionnelle de chefs nommés « tunka » et choisis dans la famille des Bakili (ou Batchili). Il est peuplé de Sarakollés, dont l'islamisation remonte au quinzième siècle environ et semble provenir du prosélytisme des marchands mandingues, qui reliaient Tombouctou au Haut-Sénégal. André Brue les trouvait vers 1700 constitués en une confédération de villages dont les uns, tel Dramané, atteignaient 3 à 4.000 habitants et où toute l'autorité résidait dans les mains des marabouts. Ils vivaient dans un état d'indépendance à peu près complet vis-à-vis du tunka de la région. Les Sarakollés du Guoye n'étaient encore à cette date que partiellement islamisés.

Par leur exclusivisme religieux et leur fanatisme, les Sarakollés ont de grandes ressemblances avec leurs voisins de l'Est : les Toucouleurs. Pourtant de sérieuses antipathies de race les séparent.

Le Guoye fut soumis par Al-Hadj Ọmar vers 1858. Son

chef, Bakar Souli, ayant embrassé le parti du prophète Omar, se vit confirmer son titre par lui. Mais Faidherbe intervient dès 1859, et divise le Guoye, ne laissant dans les mains du tunka que le Guoye inférieur. Cette région ne tarda pas à tomber dans l'anarchie. Elle se partage entre les Français qui dans leur avancée vers le Soudan parcourent le pays de 1880 à 1890, et Mamadou Lamine, prophète national, qui fanatise les bandes sarakollées de 1886 à 1887, et tente de se tailler un empire religieux sur le Haut-Sénégal.

Mamadou Lamine est abattu. Le Guoye est dès lors partagé en deux territoires : Guoye inférieur ou Guoye indépendant, que le tunka administre à Touabo, la capitale. Les tunka, fidèles alliés des Français en général, sont maintenus en fonctions. A Bakar Souli, mort en 1863, ont succédé Samba Diougou, 1863-1871 ; Sina Awa, 1871-1877; Demba Silli ; 1877-1886 Mamadou Samba, 1886-1902. Celui-ci meurt en 1902, et est remplacé, suivant la tradition des Bakili, par le membre le plus vieux de la famille : Modi Diarra, qui meurt en 1905, et est remplacé par Amadi Samboulou, vieux marin de l'État, blessé jadis sous les ordres de Jauréguiberry. Cette coutume de l'ancienneté qui n'amène sur le siège des tunka que des vieillards décrépits, et les oblige à se pourvoir de maires du palais et de percepteurs d'impôts tout-puissants, est supprimée à la mort de Samboulou, avec la pseudo-indépendance de cette moitié du Guoye. Le chef du Guoye inférieur est, depuis le 15 novembre 1913, Demba Diongo.

Le Guoye supérieur, ou Guoye annexé, relevait d'abord directement de l'administrateur de Bakel ; chaque ville était commandée par son chef particulier. La nécessité d'un commandement mieux assis se faisant sentir, un vieux serviteur, soldat des missions Pérez, Olerdof et Tautain ancien interprète de la mission Trivier, qui a traversé l'Afrique du Congo à Zanzibar, Ali Dindié Ndiaye, d'origine Sarakollée, est nommé chef du Guoye supérieur, en décembre 1898. Il a été remplacé, à sa mort, par le chef actuel Diara Sana (12 janvier 1913).

Les marabouts les plus importants appartiennent à la génération précédente, et viennent de disparaître ces dernières années.

A Bakel même, les plus réputés étaient : *a*) Fodié Anthoumané, qui a laissé sur les lieux de nombreux disciples, maîtres d'école et chefs de petits groupements tidiania locaux. A citer parmi les notables : A Bakel, Al-Adji Adioutou Diakité Kaba, né vers 1863, Sarakollé, qui a fait le pèlerinage vers 1910. Il est depuis 1912 assesseur du Tribunal de cercle ; son frère Soulaïman Yakouba, né vers 1857, et Chekou Bintou, Dramé, Sarakollé, né vers 1868. A Yaféré, Fodié Awa, né vers 1870, maître d'école.

b) Fodié Aladji Dramé, dont les fils sont d'importants marabouts de Bakel, à savoir : Mamadou Dramé, né vers 1867, cultivateur et maître d'école qui recrute ses élèves dans les cercles de Bakel et de Kayes, Idrissa Samba Kébé, né vers 1880, cultivateur et lettré.

Le Cheikh le plus important du Guoye supérieur a été Chekou Dramé, de son vrai nom Fodié Amara Diakho, disciple de Mamadou Lamine, qui a formé la plupart des maîtres d'école de la province. A citer : ses fils, Hassan Tendigoré et Fodié Mamadou ; ses disciples, Alileu Diakho, à Kounguel ; Bouna Diakho, et Abd Er-Rahman Diagouraga, à Goulini ; Mamadou Dalla et Arouna Ciré, à Yaféré ; et en dehors du cercle, Fodié Ismaïlïa de Koussané (Kayes) qui a fait le pèlerinage de la Mecque en 1910, et a dû être incarcéré, dès son retour, pour son attitude violemment antifrançaise.

Hassan Tendigoré mérite une mention particulière. Né vers 1870, il prend une part active aux côtés de son père, aux luttes de Mamadou Lamine. A la suite de notre occupation, il s'expatrie, erre au Soudan, revient à Bakel, et finalement part pour la Mecque en 1899. Son voyage d'aller dura six ans : ses principales étapes furent Bandiagara, Bodo Dioulasso, le Haoussa, le Bornou, le Baghirmi, le Ouadaï, le Darfour et Khartoum. Son voyage de retour devait durer six ans aussi. Il revient par le même chemin jusqu'à Fort-Lamy, où il fait le laptot, descend par le Cameroun et la Nigeria vers le Dahomey, où on le trouve maître d'école à Porto-Novo en 1910. Il est logé chez son compatriote Samba Demba, employé au chemin de fer. L'année suivante, il est arrêté à Dimbokro (Cercle du Nzi-Comoé, Côte d'Ivoire) où il fait du prosélytisme islamique et de la propagande antifrançaise, qui jette le trouble dans ces pays fétichistes à peine soumis. Il est conduit, *vià* Dakar, sur Kounguel où il est actuellement en résidence obligatoire. Hassan Tendigoré n'a pas craint de faire du prosélytisme parmi ses concitoyens, enrôlés dans nos troupes, et on a trouvé dans ses papiers des listes de sous-officiers et caporaux indigènes, qui lui avaient remis des cadeaux et lui paraissaient dévoués. Ce marabout paraît assagi à l'heure actuelle.

Le frère de Hassan, Fodié Mamadou Tendigoré, tient à Kounguel une école florissante. Leur cousin, Fodié Almamy, est assesseur du Tribunal du Guoye. Cette famille est très influente dans la région.

Le centre islamique le plus important du Guoye inférieur est Diawara. Le marabout notable y fut Fodié Abdou, dont les disciples, Fodié Abdou Ba et Fodié Kisma, sont encore à Diawara, et y tiennent des écoles coraniques. A citer parmi les principaux chefs de petits groupements tidianïa : Fodié Diaguili, Sarakollé, maître d'école à Diawara, qui fut condamné à cinq ans de prison, en 1906, pour avoir participé à la tentative d'emprisonnement du personnel européen de Sélibaby ;

Fodié Amara Touré, et Soleyman Dramé, à Gandé, tous

deux maîtres d'école et disciples de Sikou Limamy, de Mandéry.

Les principaux marabouts tidianïa du Boundou septentrional sont :

A Sounthiou Tafsir, Tierno Seïdi, né en 1872, maître d'école et disciple de Tierno Ismaïla, de Sénoudébou ;

A Paraval, Tierno Youssef, né en 1882, maître d'école ;

A Sénoudébou, Tierno Bokar, né en 1885, maître d'école, disciple de Tierno Amadou, et Fodié Kassaw, né vers 1882, cultivateur, qui fit en 1910 le pèlerinage de la Mecque avec le produit des quêtes recueillies par lui dans la région.

Dans le Boundou méridional, l'influence religieuse du Fouta Diallon se fait déjà vivement sentir. La grande partie des marabouts locaux relèvent de l'obédience tidianïa des Cheikhs foulas et particulièrement d'Alfa Imou. On peut signaler parmi ceux-ci : Fodié Moustafa, Tierno Doura et Mamadou Sara, à Soufara; Tierno Sidi, Tierno Mamadi Bokar et Moussa Ouwa, à Dianké Makam ; Tierno Ạbdoulaye, à Dianké-Makam; Tierno Ạbdoulaye, à Komoti ; Tierno Ạbdoul, à Goudé-Sini; Tierno Kaba, à Laguen-Kaba.

Un autre Cheikh du Fouta Djallon, Tierno Alfa, possède aussi divers petits groupements inféodés à sa confrérie. Le plus remarquable est celui de Fodié Mamadou, à Safaliri. Ce sont les talibés des Cheikhs foulas qui sont les plus instruits et possèdent les écoles les plus florissantes.

III. — Les Groupements Omarïa dans le Bas-Sénégal.

L'influence religieuse d'Al-Hadj Omar, qui s'est maintenue prédominante chez les Toucouleurs du Fouta, s'est répandue avec les migrations guerrières ou commerciales de ce peuple dans les autres provinces du Sénégal. Elle n'y a pas évidemment la même intensité que dans le Fouta; mais on ne saurait dire non plus qu'elle groupe les seuls Toucouleurs. Ces émigrés ont amené à la confrérie un certain nombre d'indigènes des régions où ils vivent. La caractéristique de ce Tidianisme, est celle qui a déjà été signalée dans le Fouta : émiettement à l'infini de la Voie, morcellement de la confrérie en un grand nombre de petits groupements, se rattachant tous par leurs marabouts à Al-Hadj Omar, mais complètement indépendants les uns des autres.

* * *

Dans le *Oualo* (Cercle de *Dagana*), c'est l'influence de l'ex-Mahdi, Chekou Amadou, qui prédomine parmi les groupements omarïa. Elle est représentée non par le fils du Mahdi, domicilié, ainsi qu'il a été dit, à Donaye (Podor), mais par Amadou Sek, généralement connu sous le nom de Serigne Lambadj, parce qu'il est né au village de Lambadj, (Oualo), vers 1845. Ce marabout appartient à la lignée aristocratique des Tidjik. Il a reçu l'ouerd de son père Racine Sek, qui était disciple de Chekou Amadou. En 1874, Amadou Sek signalait déjà son hostilité antifrançaise en servant d'intermédiaire entre son marabout qui venait de ravager le Diolof et son cousin Sidïa, chef supérieur du Oualo. Le but de ces négociations était d'amener la révolte de Sidïa et la lutte des éléments coalisés du Haut-Sénégal contre la France. Il se soumet en 1875, mais se signale de nouveau à l'attention en faisant en 1899, la plus vive opposition au recrutement dans le Oualo d'un corps de réserve pour le Soudan. Il est déporté au Congo français. Gracié en 1902, il recommence ses menées en 1905, en s'opposant au payement de l'impôt.

Amadou Sek vit aujourd'hui tranquille, sinon assagi, à Lambadj. C'est un marabout intelligent et lettré. Il a des talibés dans les cantons de Ross-Mérinaghen et de Foss-Golodjina, et dans le Diolof. Plusieurs maîtres d'école de la région ont été formés par lui et sont des disciples, tels Madère Fati, à Maka Dène, né vers 1855, Ouolof d'une bonne famille du Oualo, riche cultivateur et propriétaire de troupeaux, intelligent, lettré, très influent dans la région, et Mademba Thiam, à Gankète, né vers 1868, riche cultivateur, qui s'est signalé, en 1905, aux côtés de son maître par son opposition à la perception de l'impôt. Marabout intelligent, lettré et influent, Mademba a fait construire à Gaukel, en 1912, une grande mosquée très fréquentée depuis cette date par les habitants de la région. Il a épousé une femme de Yamar Mbodj, l'ancien chef supérieur du Oualo et notre allié dans les guerres contre les Trarza.

Les autres chefs de groupements omarïa sont : A Thissé (canton de Keur Bacine), Amadou Cissé, né à Diamaye (Diambour) vers 1843 ; il a reçu l'ouerd, au Soudan, de Cheikh Omar lui-même. C'est un cultivateur aisé et un maître d'école influent.

A Dagana même, Amadou Alfa, Poulo, né vers 1882 à Wandou-Fandou, cultivateur, pasteur et maître d'école ;

TIERNO AMADOU BARO,
DE THIÈS.

et Matar Diop, Ouolof né vers 1860, à Mbane, cultivateur et maître d'école. Tous deux ont été initiés par Amadou Chekou, fils d'Al-Hadj Ọmar.

A Balandé (Keur Bacine), Momar Lorka Diop, Ouolof, né à Pété (Diambour), vers 1866, intelligent et instruit, cultivateur, assesseur du Tribunal de province de Keur Bacine.

∴

Dans le cercle de *Louga*, le Tidianisme omari est entre les mains de Chekou Amadou, le fils du Mahdi.

Les principaux chefs de groupements sont :

A Doundaji Guèyène (Diolof), Dam Amina, né vers 1843, et Mamour Guèye, né vers 1855, tous deux maîtres d'école ;

A Kholkhol (Diolof), Amara Atta ;

A Mboula, Abdou Si ; à Sival, Lamine Dème, né vers 1893 ; à Nguitje, Ba Bakar Koundoul, né vers 1860 ; tous maîtres d'école et disciples du Cheikh de Donaye, ayant fait partiellement leurs études chez lui et en ayant reçu l'ouerd ;

A Diarry (Diolof), Demba Sokhna, né vers 1858, disciple de Lamine Ka, d'Agnam ;

A Nguitje, Biram Atta, né vers 1870, disciple d'Ibra Khoudïa, de Golléré (Fouta).

Les provinces de Nguik-Mérina, Diambour et Gandiolais ne contiennent en fait de collectivités omarïa, que des familles ou des groupements infimes, qui ne sont pas susceptibles d'être relevés.

∴

Le Cercle de *Tivaouane* (Cayor), partagé entre les confessions d'Al-Hadj Malik, de Bou Kounta et d'Amadou Bamba, et centre du peuple ouolof, laisse peu de place au Tidianisme omari et toucouleur.

On ne peut guère citer, comme marabout ayant quelque influence, que Tierno Ba Bakar Si, Toucouleur du Damga, installé à Ngaye-Mekhé, où il tient une école florissante.

Au Tidianisme omari on peut rattacher par ses affinités Alfa Ạbdoul Bousso, de Tivaouane, Toucouleur, né vers 1868 à Golleré (Podor). Il a fait toutes ses études chez les Cheikh omari, Modi Mamadou Alimou, à Golleré et Boki Diavé, mais il a reçu l'ouerd d'un Chérif d'Arabie, nommé Saliou Makkiou (Salah Al-Makki). Ce Saliou vint d'Arabie au Soudan, vers 1875. Il séjourna plusieurs années à Nioro et à Ségou, chez Amadou Chékou, fils d'Al-Hadj Ọmar, dont il fut le conseiller islamique. A la chute de l'empire de Ségou, il vint à Saint-Louis et visita le Sénégal. C'est à Saint-Louis qu'il conféra l'affiliation tidianïa à Ạbdoul Bousso. Il ne quitta le Sénégal que vers 1905, et prit par le Maroc le chemin de l'Orient. Il mourut à Fez, en 1906.

Au départ de son maître, Alfa Abdoul Bousso est venu s'installer à Tivaouane, et y a ouvert une école florissante.

C'est un marabout lettré, pieux et sympathique.

*
* *

Les groupements omarïa de *Thiès* sont en petit nombre et peu importants. On peut citer : Bakari Dramé, Sarakollé, né à Kounguel (Bakel) vers 1878, cultivateur et maître d'école, dans le quartier de Diakhao, à Thiès même. Il a amené avec lui sa femme Diara Soumaré, Sarakollée aussi, de Gagny (Guidimaka). Bakari relève de Cheikh Hassan Tendigoré, dont il a été question plus haut. Son influence s'étend aux Sarakollés, Malinkés et Bambaras de la région de Thiès ;

Tierno Baba Ali Sidi Ba, né vers 1867, et Tierno Sow, tous deux originaires de Mbolo Ali (Saldé) et maîtres d'école à Thiès, quartier de Mbambara. Le premier, colporteur et fabricant renommé de gris-gris et d'amulettes, relève de

Tierno Amadou Baro,
de Thiès, et ses principaux disciples.

Tierno Mour Kébé, qui, par Tierno Ạli Longo, se rattache à Al-Hadj Ọmar; le second relève de Tierno Samba, de Mbolo Ali ;

Tierno Haw, Toucouleur, né vers 1868 à Pété (Saldé), cultivateur et maître d'école. Il relève de Tierno Bokar Alfa, de Pété ;

Tierno Amadou Baro, né à Kaffrine (Saloum) vers 1863. Il a fait ses études à Rufisque, chez Ibra Cissé, qui lui a conféré l'ouerd tidiani. Ce marabout se rattachait à Al-Hadj Ọmar par Tierno Yoro Ndiaye, cheikh toucouleur à Rufisque. Le Cheikh Baro a recueilli chez lui Mamadou Cissé, neveu de son marabout et l'emploie comme professeur adjoint. C'est un Cheikh intelligent et lettré. Il est en relations avec les Ida Ou Ạli qui reçoivent chez lui l'hospitalité à leur passage ;

Habibou Ndaw, Ouolof, né vers 1873. Il a fait ses études à Saint-Louis, chez Birama Ngom, mais a reçu l'ouerd tidiani de Ndiougou Mati, Ouolof du Saloum, qui avait été admis parmi les disciples d'Al-Hadj Ọmar à Nioro. C'est un marabout et un cultivateur lettré;

Ousman Diop, né vers 1855, Ouolof dù Saloum-Saloum, où il a fait ses études. Il a reçu l'ouerd de Sakoki Gadiaga, originaire du Cayor, qui le tenait de Mour Kébé, de Saint-Louis, disciple d'Al-Hadj Ọmar.

*
* *

Le *Baol* (Diourbel) renferme trois ou quatre groupements omarïa de petite importance. Le plus important est à Diourbel même et comprend quelques familles toucouleures sous la direction, à Diarème, d'Amadou Fal, cultivateur originaire du Dinguiraye (Kita); et de Tierno Bokar, Toucouleur, né vers 1866, assesseur au Tribunal du cercle de Diourbel. Ces deux marabouts ont reçu l'ouerd d'Amadou Chekou, à Nioro (Sahel).

A citer encore Mamadou Aliou, Toucouleur, originaire d'Oréfundé (Bosséa). Il est assesseur du Tribunal de subdivision.

∴

Le *Sine-Saloum* (Kaolak) est, hors le Fouta, la région où se fait sentir le plus vivement l'influence omarïa. Cette situation tient à la présence des nombreux petits groupements que les révolutions religieuses du Fouta, à la fin du dix-huitième siècle, y a amenés, et que la Diaspora toucouleure y a essaimés, à la suite des luttes que les successeurs politiques ou religieux d'Al-Hadj Omar livrèrent aux Français, tant sur le Haut-Sénégal que sur le Niger.

Le plus important de ces groupements est celui d'Al-Hadji Nias.

Al-Hadji Abdoulaye Nias, fils de Mamadou, est un Ouolof, né vers 1845 au village de Béli dans le Diolof (Louga). Il fit ses études coraniques chez Matar Fal Ndiaye, à Bamba Laghem. Il suivit dans le Niom (Rip), son père qui émigrait du Diolof, lors d'une grande famine locale; et vécut près de lui, à Niacin, village que créa Mamadou Nias. Trois ans après, il vint lui-même fonder le village de Taïba (Oualo-Rip) et y resta six ans. C'est à ce moment, vers 1890, qu'il fit le pèlerinage islamique. A cette époque, vers 1894, il eut des difficultés avec l'élimane du Rip, Mandiay Ba, neveu de Ma Ba : l'élimane voulait faire chez lui des réquisitions exagérées de mil. Comme le marabout ne pouvait les fournir, l'élimane fit savoir qu'il ferait arrêter son fils. Les Nias n'attendirent pas l'exécution de ces menaces; ils passèrent aussitôt en Gambie anglaise. Ma Ba pilla complètement Taïba, et incendia la mosquée.

En Gambie, le marabout s'installa à Keur Samba dans le Bambouk. Après un séjour de quatre ans, il remonta vers le Bambouk anglais et s'établit à Samo. C'est pendant ce retour, vers 1903, qu'il fit un second voyage à Fez. Il

Al-Hadji Abdoulaye Nias
et ses deux fils aînés :
Al Hadji Momar, Tamsi Bou Bakar.

partit avec son fils Momar pour Marseille; de là, il expédia Momar à la Mecque, et vint l'attendre à Fez, à la zaouïa des Tidianïa, chez Taïeb Sefiani. Le père et le fils rentrèrent, l'année suivante, en Gambie.

En 1910, Al-Hadji Nias, qui s'était pourvu depuis plusieurs années de l'autorisation de rentrer au Sénégal, est venu se fixer à Kaolak, où il a construit un magnifique carré, dans le nouveau village indigène. Il y vit en cultivateur paisible et en maître d'école renommé.

Al-Hadji Nias entretient des relations avec la plupart des rameaux tidianïa. Il est en correspondance avec la zaouïa de Fez, où les chefs marocains de l'ouerd sont ses amis. A Fez, en 1900-1901, il a fait la connaissance d'Ahmed ben Çaïh, de la zaouïa mère d'Ạïn Mahdi. Celui-ci lui a fait visite en 1909, dans la Gambie anglaise, et en 1913 à Kaolak. A la Mecque, en 1890, il a connu le Cheikh Moḥammed ould Cheikh, des Ida Ou Ạli du Trarza, qui faisait à cette date le pèlerinage avec les disciples de Ma El-Ạïnin. Comme ce Maure restait à la traîne, faute d'argent, Nias lui a payé le voyage du retour; et depuis ce jour il est en relations avec les Tidianïa Ida Ou Ali. Enfin il vit en excellents termes avec Al-Hadji Malik, de Tivaouane, chez qui il est descendu et a vécu, plusieurs années, à son retour de pèlerinage. Leurs grands-parents étaient unis par un lien de cousinage.

Al-Hadji Nias a reçu l'ouerd tidiani de Chek Mamadou Diallo, originaire du Fouta Diallon, à Keur Mamadou Néné (Oualo-Rip), vers 1875. Celui-ci le tenait de Tierno Amadou, fils de Bou Bakar, qui était un lieutenant et disciple d'Al-Hadji Omar.

Al-Hadji Nias a plusieurs enfants. Les deux aînés sont :

Al-Hadji Momar Nias, né en 1880 à Mbitayène (Rip). Il est l'élève et le talibé de son père qui lui a appris le Coran et un peu de droit coranique. Il parle presque suffisamment le français et a été nommé assesseur du Tribunal de cercle

Il est cultivateur, et en saison sèche, marchand de chevaux et de kolas. Il a fait le pèlerinage de la Mecque, en 1900 et celui du tombeau du fondateur des Tidianïa, à Fez, en 1901, avec son père.

Tamsir Bou Bakar, né vers 1890, élève et disciple de son père. Il n'a jamais quitté le carré paternel.

L'influence d'Al-Hadji Nias s'étend surtout aux provinces du Sine, du Saloum et du Rip. Mais on rencontre aussi ailleurs plusieurs petits groupements inféodés à son Tidianisme.

Dans le Saloum central (Kaolak), Serigne Ndar, à Keur Serigne Ndar, village qu'il a fondé; Alfa Bokar à Niguèguène; Matoufa Ndiaye à Mbadio; Ma Fatma Kountèye à Diakar; Tamsir Demba, à Banar. La plupart de ces Sérignes sont maîtres d'école.

Dans le Bas-Saloum (Foundiougne), le représentant d'Al-Hadji Nias est Al-Hadji Matar, Ouolof, né vers 1860, domicilié à Ndiaye Ndiaye, où il tient une école coranique. Il dirige plusieurs groupements de talibés, tels que ceux de Momar Koumba, Samba Thiané et Amdalla Bouri, Ouolofs, cultivateurs et maîtres d'école à Ndiassan ; Ali Guèye Touré, Ouolof, cultivateur, à Keur Ali Guèye ; Ma Koumba, Ouolof, cultivateur à Passi.

A Foundiougne même, Al-Hadji Nias a comme talibés Bou Bakar Touré, Ouolof du Pakalla ; Abdoulaye Thiam, Ouolof de Diakh Sar, et Matar Dramé. Ces marabouts font quelque peu l'école coranique dans leur quartier et y jouissent d'une petite influence.

A Sorom, c'est Ibra Diang qui représente le Cheikh. Ouolof, cultivateur et maître d'école, il a lui-même dans le district un certain nombre de talibés dont les principaux sont: Saliou Cissé, et Ma Nian, Ouolofs.

Dans le Sine, sérère et fétichiste, Nias ne possède que quelques rares talibés, placés sous la direction de son dis-

Al-Hadji Momar Nias,
fils d'Al-Hadji Nias.

ciple Amadou Thiam, Ouolof, cultivateur né vers 1873, qui a reçu l'ouerd du Cheikh à Taïba, dans le Oualo (Rip).

Dans le Rip, le représentant de Nias est son élève et disciple, Souleïman Ba, imam de la mosquée de Nioro et maître d'école, et par ce membre de la famille des Ba, il jouit d'une certaine influence sur une partie de leur clientèle politique.

L'influence du Cheikh Nias s'étend, comme il a été dit en dehors du Sine-Saloum. Ses principaux disciples, chefs de petits groupements, sont :

Dans le Baol (Diourbel), à Tiakho, canton du La, Biram Niang, Ouolof, né vers 1878, maître d'école.

Dans le Diolof (Louga), à Mblakhé, Mbaké Cissé, Ouolof, né vers 1872, maître d'école.

Outre Al-Hadj Nias, les principaux marabouts, chefs de groupements omarïa, sont : *a*) Al-Hadji Bitèye, Ouolof, né à Tiohone, dans le Diolof, cultivateur et maître d'école à M'bitéyène ou Darou, près Kaolak. Venu jeune à Ngaye (Saloum), il dut évacuer le pays, lors des guerres de Ma Ba, et vint alors s'installer à M'bitéyène (Oualo-Rip), puis à Nioro, et enfin à M'bitéyène-Darou (Laghem). Il a fait le pèlerinage de la Mecque avec son fils, Al-Hadji Momar, en 1881.

Il se rattache à Al-Hadj Omar par Tierno Alioun Dème, et Tierno Mamadou Diallo, celui-ci disciple du marabout toucouleur.

En dehors de son groupement de M'bitéyène, il compte quelques talibés dans le Saloum, tels Mas Bilay, Ouolof, à Kossi ; Mamadou Tal, à Damga Sambou ; Paté Mamil, à Keur Paté Malik ; et Abdou Mbow, à Mbowène ;

b) Tierno Fili, Toucouleur, maître d'école, à Kountal (Saloum oriental), disciple de Mamadou Demba, de Kaédi ;

c) Al-Hadji Ma Penda, à Ndiaman (Bas-Saloum). Il compte parmi ses disciples le bout du Saloum maritime, Diène Koumba Ndiaye, Ouolof ;

d) Mar Guèye, à Foundiougne même, et Sérigne Mas Ka, à Marang, tous deux Ouolofs du Bas-Saloum et se rattachant à Al-Hadj Ọmar par Tierno Mamadou Diallo, du Fouta Diallon.

Dans le Sine :

Al-Hadji Amadou Diallo, Toucouleur, à Fatik, né dans le Fouta-Diallon, alors que son père Alfa Mamadou y remplissait des fonctions politiques et militaires, au nom d'Al-Hadj Ọmar. Il a fait ses études à Nioro (Sahel) et a reçu l'ouerd de son père. Il est cultivateur et marabout, et a fait le pèlerinage de la Mecque, en 1908, par Bordeaux-Marseille-Alexandrie. Son groupement religieux comprend des Ouolofs et des Toucouleurs.

Amadi Cissé, dit Sérigne Pakalla, Ouolof, cultivateur à Fatik, né vers 1850. Il a reçu l'ouerd de son père, Amadou Cissé Pakalla, qui se rattache à Al-Hadj Ọmar, par le Lebbou Ạbdoulaye Samba et le Toucouleur Tierno Aliou Dongo.

Ọusman Bakhoum, Toucouleur, né vers 1882, à Ndiawlé. Il a reçu l'ouerd d'Amadou Chekou, fils d'Al-Hadj Ọmar, à Nioro (Sahel), vers 1890.

Omar Bouka, Toucouleur, né vers 1860, à Nguindine. Il est aussi disciple direct d'Amadou Chekou.

Ciré Bakhoum, Toucouleur, à Diawlé, né vers 1884. Il est cultivateur et se rattache à Al-Hadj Mortada, de Nioro, fils d'Al-Hadj Ọmar, par le marabout toucouleur Tierno Alfa Demba, de Mboumba (Podor).

On a signalé ailleurs l'intense propagande islamique que les missionnaires de Cheikh Sidïa font auprès du chef des Sérères. Les marabouts locaux s'y emploient aussi de toutes leurs forces. Il en est qui s'intitulent eux-mêmes les marabouts du Bour et font le jeûne et les prières à sa place. Quoique le Bour rie de ces pratiques, il ne laisse pas de leur donner chaque année un cheval ou une vache. Si le protocole de la cour des Bours interdit la présence des marabouts

La Mosquée d'Al-Hadji Nias.
a Kaolak.

aux fêtes officielles, ceux-ci tournent la difficulté en venant se placer à la suite ou aux côtés des cortèges ou des carrés. En attendant l'heure propice, ils s'insinuent dans les bonnes grâces des fils et neveux du Bour.

Dans le Rip:

Mandiaye Ba, né vers 1860, fils aîné de Mamou Ndari Ba. On sait qu'après la mort du grand marabout Ma Ba, premier élimane du Rip, la scission se produisit entre son fils Saër Matti, et son frère Mamou Ndari. Saër Matti s'appuyait sur l'Islam et sur les rebelles; Mamou Ndari fit alliance avec les Français; il travailla à leur établissement dans le pays, fit campagne à leurs côtés contre son neveu Saër (colonne Coronat, 1887), et plaça le Rip sous le protectorat de la France. Il mourut en 1889, et son fils aîné, Mandiaye Ba, lui succéda et fut reconnu par les Français comme élimane du Rip.

Mandiaye exerça ce commandement jusqu'en 1901. Il laissa fomenter dans la région la révolte de N'diouma, agitateur musulman, qui vint brûler le poste de Malème. Il fut révoqué pour cette négligence. Il est demeuré chef du village de Nioro.

Mandiaye Ba a été remplacé, en 1901, par son frère cadet, Ousman Ba, inféodé au Tidianisme d'Al-Hadj Malik.

Mandiaye a gardé de son père et grand-père l'ouerd d'Al-Hadj Omar. Il porte toujours le titre d'élimane, et possède sur son clan du Rip une autorité aussi politique que religieuse,

Samba Cissé, né vers 1866, de la famille des Cissé Ndiarmer, domicilié à Thissé, dans le Kayemor. Samba est le parent du chef, Biram Cissé qu'il a accompagné dans ses guerres contre Saër Matti et les Ba. Apparenté à la plupart des familles du Kayemor, il a une grande influence dans cette région, où il compte des disciples religieux et des clients politiques.

∴

Le bassin de la Haute-Gambie est le terrain de transition entre le Tidianisme du Fouta toucouleur et les diverses obédiences religieuses du Fouta-Djallon. Il comprend les provinces du Niani, du Ouli, formant le cercle du *Niani-Ouli* (Maka Colibentan), du Niocolo, du Badon, du Bélédougou, du Sirimama, du Dentilia, du Bafé, qui forment le cercle de la *Haute-Gambie* (Kédougou).

La grande majorité de ces populations est fétichiste. L'Islam présente ses adeptes dispersés par petits groupements dans certains villages. Il semble toutefois être en progression, au moins dans certaines provinces ; alors qu'on évaluait en 1906 le coefficient islamisé de ces provinces au tiers environ de la population totale, il apparaît aujourd'hui que ce chiffre en atteindrait la moitié. Mais ces conversions sont locales et l'ensemble de la population reste attaché à ses croyances traditionnelles.

C'est d'abord parmi les Peuls qu'on trouve les musulmans : on en compte une douzaine de villages ; mais c'est surtout parmi les Sarakollés, les Mandingues, et les Mandingues Ouolofs, dits « Sourouas ». Ceux-ci affichent plus de pratiques extérieures que les Peuls, mais ils sont restés franchement animistes et s'enivrent notamment avec une parfaite désinvolture.

L'influence du Fouta Diallon se fait déjà sentir ; c'est de ces provinces en effet que sont venus les Peuls musulmans et d'ailleurs ceux aussi, plus nombreux, qui ne le sont pas et que descend aujourd'hui le prestige de la lumière islamique. Plusieurs jeunes gens du pays y vont faire leurs études.

Les marabouts en vedette actuellement sont pourtant des Toucouleurs et des Sarakollés venus du fleuve.

C'est sur ces deux assises : élément peul originaire du

Fouta Diallon, et marabouts toucouleurs et Sarakollés du Fouta Sénégalais, que repose l'islamisation de cet arrière-pays de la colonie.

∴

Niani. — Le Niani est peuplé d'éléments immigrés : Toucouleurs, Ouolofs, Mandingues et Peuls, arrivés depuis un siècle au plus dans le pays.

Parmi les Toucouleurs, tous ne sont pas musulmans. On rencontre un certain nombre de villages à cheval sur la frontière gambienne, qui se flattent d'être restés fétichistes. Les uns paraissent être le produit des migrations du dix-huitième siècle ; leurs fondateurs se seraient enfuis du Fouta Toro, lors des révolutions suscitées par les marabouts ; les habitants des autres déclarent eux-mêmes être venus du Boundou, dans le courant du dix-neuvième siècle. D'abord établis sur les rives de la Gambie, ces Toucouleurs ont peu à peu reflué vers le nord.

Le chef suprême du Niani, ou Moïssa, résidait à Ndiambour. Il n'eut jamais qu'une influence restreinte sur les villages voisins. Chacun d'eux avait son chef, meïssa ou bour ; bour de Kounguel, meïssa du Kaloukadougou, etc...

C'était le meïssa Ali qui commandait le Niani, en 1889 à Ndiambour, quand le capitaine Brequelot y vint établir l'organisation française. Il mourut, en 1891, et fut remplacé par son frère Souan Lamine. Depuis, les « meïssa » se sont succédé, nommés ou agréés par nous, et tantôt musulmans, tantôt fétichistes. Le Niani est actuellement sans chef. Le chef du Kaloukadougou est Sidi Ndiaye, de la famille des bourbas du Diolof, ancien interprète.

Outre le Kaloukadougou, le Sandougou a été détaché du Niani et constitué en canton autonome.

Limité à l'ouest par la rivière Sandougou, à l'est par le marigot de Danga, au sud par la Gambie, le Sandougou était habité, au début du dix-neuvième siècle, par les Mandingues. Son histoire authentique ne commence qu'au moment où Maka Cissé, Torodo des environs de Kara Ntaba (Niani) vint avec quelques partisans prendre le village mandingue de Oualia. Enhardi par ce succès, il revint l'année suivante et s'empara de Niankoï, auquel il donna le nom de Dinguiraye. Les Mandingues firent alors place à une importante migration de Torodos du Boundou, du Fouta et du Niani. Ousman Celli s'établit à Oualia sur la Gambie. Le captif libéré de Maka, Ali Maka, fonda Niacine et groupa autour de lui les Peuls, émigrés de la rive gauche de la Gambie; enfin des Mandingues du Kantora (Haute-Casamance) chassés par Alfa Molo, vinrent dans le Ouli s'établir auprès du marigot de Danga et fondèrent Touba Kouta.

Le Sandougou actuel se trouve donc partagé en deux parties : l'une habitée par des Torodos, à l'ouest; l'autre, à l'est, occupée par des Mandingues.

Le district torodo fut d'abord commandé par son fondateur, Maka Cissé, dont le renom de sagesse et de justice, à défaut d'instruction, lui valut d'être considéré comme un marabout. C'est grâce à son dévouement, et à celui de son captif, Ali Maka, que nous sommes parvenus à nous débarrasser de notre ennemi, le marabout sarakollé Mamadou Lamine, en 1887.

A la tête du district mandingue fut d'abord placé Guibo Mamadi, connu sous le nom de Guibéma. Quoique vivant au milieu d'une population fétichiste, Guibéma se convertit à l'Islam.

La plus grande partie du Sandougou a été cédée à l'Angleterre par le protocole du 10 août 1890. Son chef actuel est depuis février 1898, Samba Ngaye.

Le Niani, ainsi d'ailleurs que le Ouli, ont une importance géographique spéciale. Ils sont le terrain de croisement des routes de la Haute-Gambie et Haute-Casamance vers les pays ouolofs et surtout des routes du Haut-Sénégal vers la

Gambie et la Basse-Casamance. C'est par là que sont passées les invasions guerrières ou pacifiques du haut pays, et les siècles derniers encore ont vu les migrations mandingues qui venaient travailler, par la parole, le commerce et les armes à l'islamisation de ces régions et installer leurs campements de marabouts dans les vallées moyennes de la Casamance et de la Gambie. De 1854 à 1856, c'est Al-Hadj Ọmar qui descend du Fouta-Diallon et suit son étoile vers le Fouta-Toro. De 1885 à 1887, c'est Mamadou Lamine et ses bandes sarakollées.

Dans ces dernières années encore, on a pu constater le passage d'agitateurs musulmans : les Fodé Souleïman Bagaya, les Hassan Tendigoré, les Fodé Ismaïla. Il faut ajouter que leurs prédications de guerre sainte n'ont guère de succès parmi ces populations fétichistes, ou à peine teintées d'Islamisme. C'est ce qui a permis d'ailleurs de suivre l'évolution de ces marabouts et d'arrêter leur vol au moment opportun.

Les chances de succès d'une prédication islamique sont encore plus rares par le fait des coutumes d'émigration qui fleurissent dans le pays. Dès le mois de mai, un grand nombre des jeunes gens du pays vont travailler dans le Bas-Sénégal. Les autres restent sur place quelque temps encore, et mettent en culture les lougans familiaux; puis, en août, rejoignent leurs camarades.

Tous ne rentrent qu'après la traite, vers février, quand la vente des arachides a permis aux cultivateurs ouolofs ou sérères de leur payer leur salaire ou quote-part de récolte. Cette absence des jeunes gens de leur pays pendant la plus grande partie de l'année rend presque impossible toute action maraboutique sérieuse.

A Maka même, à quelque distance de Pakéba, et en plusieurs autres points du Niani, on trouve des ruines assez curieuses : un certain nombre de colonnes en agglomérats ferrugineux, dont plusieurs sont encore debout. Chacune présente une longueur de 3 à 4 mètres; le diamètre varie entre 0 m. 75 et 0 m. 90. Le milieu est légèrement renflé. Il est assez difficile d'après leur emplacement de déterminer la forme du monument ou le dispositif des alignements primitifs. Un cercle empierré à Pakéba, de la dimension d'une case ordinaire, laisse supposer que cet endroit était autrefois employé aux pratiques fétichistes. Les habitants actuels n'ont aucune notion sur l'origine et le but de ce monument. Un marabout insinue que ce devait être les tombeaux de saints mahométans. La légende fera son chemin.

Les groupements islamisés du Niani se partagent entre les obédiences tidianïa, d'Al-Hadj Ọmar, et qadrïa, de Cheikh Sidïa.

Celle-ci qui s'est exercée directement par le maître au temps de Sidïa Al-Kabir, le siècle dernier, ne s'exerce pas qu'indirectement et par l'intermédiaire de Karam (Ba Karamoko Koutoubo) de Touba (Fouta Diallon). C'est dans l'élément mandingue que se recrute cette clientèle religieuse. Elle a été étudiée plus haut dans le chapitre consacré à Cheikh Sidïa.

Quant aux principaux groupements tidianïa, ils sont toucouleurs et dirigés par Tierno Amadou Dème, Alfa Amadi et Tierno Boubou.

Tierno Amadou Dème, Toucouleur, né à Douloumadji (Fouta-Toro) vers 1845, est venu dans le Niani en 1887. C'est un disciple de Modi Mamadou Alimọu, de Boki-Diavé. Il est maître d'école à Koussalan. C'est un illuminé, qui passe parfois trois jours de suite enfermé dans sa case où il reste en prières, sans prendre de nourriture. En 1911, au sortir de l'une de ces extases, il dit aux habitants de son village : « Préparez vos armes, car il y aura bientôt la guerre ici. » Lui-même n'a pas nié par la suite avoir tenu ces propos. Cet état d'âme faisait de lui un homme qui pouvait devenir dangereux du jour au lendemain. Il vient de mourir dans les derniers jours de 1914; son groupement en est un peu désorganisé.

Alfa Amadi, né à Aéré (Fouta Toro) vers 1854, est venu dans le Niani vers 1875. Il a suivi les cours d'Alfa Demba, de Vindougueli (Fouta Toro), puis ceux d'Alfa Bokar de Bathurst. Il a été cadi de 1898 à juillet 1906, puis chef de la province de Niani de 1906 à septembre 1909. Après une interruption, il fut renommé chef du Niani le 1er avril 1914, et finalement cassé en janvier 1915. Il demeure à Pakéba Alfa Amadi (Sandougou), village qu'il a créé. La nomination d'Alfa Amadi est un des nombreux exemples, qui tendent à disparaître, du commandement d'un Musulman exercé en pays fétichiste. C'est un facteur intense d'islamisation et de désorganisation sociale des peuples animistes.

Tierno Boubou est aussi un Toucouleur, qui a fait ses études chez Tierno Yoro Mbal, de Nguiguilone, et par ce maître se rattache à Thierno Mamadou Almiou, disciple d'Al-Hadj Ọmar. Il est installé à Silamé.

*
* *

Le *Ouli* paraît avoir été peuplé par des immigrations malinkées, vers le seizième siècle. Le chef du pays porte le nom dynastique de Mansa et a sa résidence à Sine, capitale ordinaire de la province.

Le pays a été ravagé dans la deuxième moitié du dix-neuvième siècle par les invasions successives des marabouts du Niani, du Rip, du Saloum, du Diolof, par les incursions de Bou Bakar Saạda, l'almamy du Boundou, et surtout par l'aventure de Mamadou Lamine (1886-1887).

Un grand nombre de Peuls, Coladios émigrés du Fouta-Diallon, sont venus peupler le Niani, s'installant généralement à côté du village malinké et lui payant une légère redevance. Il y a en outre un fort groupement de Sarakollés à Nettéboulou, fondé vers 1840, sur les rives de la Haute-Gambie, et dont le commerce est très florissant.

Les Sarakollés sont musulmans. Les Malinkés et Peuls sont fétichistes. Ils sont adonnés aux liqueurs fortes, avec une passion qui paraît être un rempart invincible pour l'Islamisme.

Les Malinkés ont une mythologie très ancienne dont l'extrait ci-après, concernant le gros village de Dialacoto, donnera un aperçu (1).

Lors de la fondation de Dialacoto, Koly Dimba avait reçu du chef du Ouli, Dalaly, le dieu Macan qui devait protéger et conserver les habitants du nouveau village. Macan consistait en une pierre plate et était le mari d'un dieu femelle (également une pierre, actuellement à Sine) avec laquelle il ne pouvait s'accorder. Le divorce, prononcé par un autre dieu, explique l'exil de Macan.

L'idole fut enterrée au centre du village. Un petit Sanié, couvert d'un toit en paille, en indique la place. C'est là que le Faramba, entouré des vieillards du village, vient immoler des poulets, quelquefois des chèvres. Aussitôt immolée, la victime est jetée dans le Sanié. La façon dont l'animal dispose ses membres en mourant, traduite par les augures, donne la réponse.

Ce dieu proscrit, quoique le plus ancien, n'a pas le monopole de la vénération des gens du village. Un iguane qui habite dans les environs, près d'une source, constitue le dieu Bambo. Chaque année, on lui sacrifie un taureau. Trois grandes raies perpendiculaires, l'une dorée, l'autre argentée, l'autre rouge, tracées par la nature sur la tête de l'animal, sont, disent les vieillards, un signe de grande puissance. Le fait est que la génération actuelle ne l'a jamais vu, ce qui n'empêche pas que son culte soit religieusement suivi.

Un troisième dieu, Berro, n'est autre chose qu'un tas de pierres qui se trouvent amoncelées contre la case du Faremba. Suivant ce dernier, lors de la création du village, un gros serpent était sorti de terre à cet endroit. Koly Demba plaça sa famille sous sa protection et fit mettre près du trou autant de pierres que d'habitants. A chaque nouvelle naissance, une pierre est apportée, et les parents offrent à l'idole du riz pilé dans du lait. Il est de règle, lorsqu'on veut consulter des

(1) *Rapport du Capitaine* Roux, *commandant le cercle de Bakel*, 1er avril 1892.

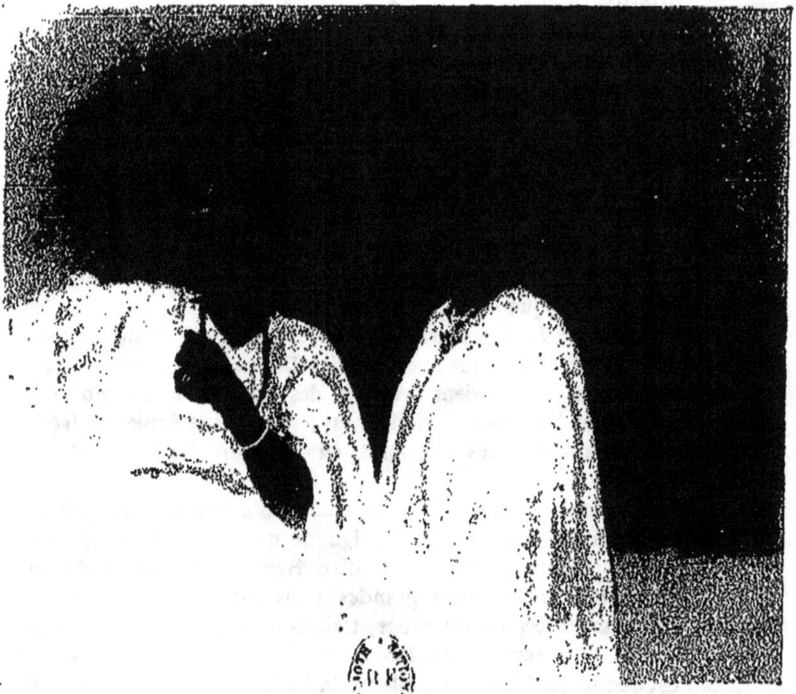

FEMMES SARAKOLLÉES

ancêtres, d'aller porter la même offrande au serpent, qui probablement comme l'iguane, ne se montre plus depuis longtemps.

Les idoles varient avec les lieux, et il est assez curieux de voir le scepticisme des habitants d'un village envers les dieux du village voisin.

Le Ouli ne contient que deux ou trois groupements islamisés, dignes d'être cités. On y trouve surtout des individualités ouolofes, sarakollées et toucouleures, qui se réclament de l'Islam, mais, sauf le salam, n'en pratiquent nullement les préceptes, la morale ou le droit.

Les principaux de ces marabouts sont :

A Coumba-Koutou, Al-Hadji Bou Bakar, dit Alfa Bou Bakar, né vers 1872, Il est cultivateur, et tient à l'occasion une école coranique que fréquentent 4 ou 5 élèves, dont ses trois fils. Il a fait le pèlerinage de la Mecque en 1909. C'est un disciple de Tierno Maka du Fouta Toro et de Bou Kounta (Tivaouane). Il vient de créer un nouveau village à Tamba-Kounda, le point terminus actuel du Thiès-Kayes et le futur siège du Cercle, et paraît avoir été attiré là par l'appât des cadeaux que les nombreux ouvriers musulmans de la voie, tous nantis de salaires élevés, ne manqueront pas de lui faire,

Le chef du Ouli, d'ailleurs fétichiste, est Maïssa Ouali, depuis juillet 1905. C'est le dernier des Mansa traditionnels, d'abord notre allié, en 1886-1887, dans la guerre contre Mamadou Lamine, et aujourd'hui à notre service.

***

Le Ouli actuel, peuplé de Peuls et de Malinkés-Mandingues, ne correspond pas exactement au Ouli de jadis, dont ont été détachés et constitués en cantons autonomes le Netteboulou et les Provinces orientales.

Le Netteboulou, Sarakollé musulman, a pour chef depuis janvier 1905 Mouri Moussi.

Sous le nom de « Provinces orientales » on comprend les trois cantons de Gamou, Tenda et Damentan. Leur chef commun est Amadou Ndiaye, Ouolof, ancien élève de l'école des fils de chefs de Saint-Louis, intelligent et énergique, qui, bien que musulman, conduit ces provinces fétichistes avec un tact parfait.

Le Gamou n'a d'existence que depuis le milieu du dix-huitième siècle, époque où le village du même nom fut fondé par Toumou Kourou Dramé, venu de Niagassola, Fossa Takoura, Mandingue venu du Bafing, et par les captifs qui les accompagnaient. Une seconde bande de captifs évadés, conduits par Takourou, vint renforcer le village naissant. Les Dramé et les Takourou sont restés les deux familles dirigeantes. Quand les Français entrèrent en relations avec le Gamou, vers 1887, c'était Oussouby Takourou qui était le chef du pays. Il le plaça sous le protectorat de la France, le 9 novembre 1888. Ses fils, Fossa et Goulou, qu'on essaya d'utiliser après lui, ne donnèrent rien de bon. Ces Malinkés sont ivres-morts dès l'aurore, et il est presque impossible d'entamer le moindre palabre avec eux. Le reste du canton de Gamou est peuplé de captifs évadés de toutes les régions environnantes, Bambaras, Toucouleurs, Ouolofs, etc. L'autorité locale les défendait contre les représailles de leurs maîtres, et Bou Bakar Saąda lui-même, le célèbre almamy du Boundou, put forcer, en 1884, la première enceinte du tata de Gamou, mais dut battre en retraite devant l'opiniâtreté de ses défenseurs. Il y perdit son chef de premier rang et conseiller intime Ọumar Koli.

Le Tenda était placé, à notre arrivée dans le pays, sous l'autorité du faremba de Badi. C'était, en effet, Badi qui était le centre de la région ; et c'est son faremba qui signa le traité du 9 novembre 1888, qui plaça le pays sous le protectorat de la France. Le nom de Tenda Touré, que les indigènes donnent quelquefois au Tenda, est celui de la famille des Touré qui l'a fondé. Elle a été remplacée depuis par les Toumoro, famille à laquelle appartenait Koulé Modi, le faremba aveugle de 1888.

Le Tenda a été successivement pillé par Bou Bakar Saada en 1882, et par Moussa Molo, chef du Firdou, en 1885. Dans ces deux circonstances, Badi a été chaque fois détruite. Ce n'est que depuis 1888 que, confiants dans notre protection, les gens du Tenda sont venus se réinstaller dans leurs anciens villages.

Le Tenda est habité par environ 3.000 Mandingues, dont un quart environ se disent Musulmans. Ces derniers sont groupés dans le village de Diénoudiéla. Ces villages ont conservé en grande partie leurs anciens saniès en troncs d'arbres. Seuls Niangané et Sanséko avaient un tata en terre. Ces fortifications étaient rendues nécessaires par les incursions des Peuls du Tamgué (Fouladou).

Ici comme en Casamance, les fétichistes se disent Soninké Il ne faut pas voir là une dénomination originelle. Soninké s'oppose simplement à Musulman et signifie « animiste et buveur d'alcool ». Les Malinkés fétichistes, eux-mêmes, qui se savent Malinkés, se désignent sous le nom de Soninkés, pour se distinguer de leurs frères ou voisins devenus Musulmans.

Le Damentan, situé sur la rive gauche de la Gambie, entre ce fleuve et son affluent, la rivière Grey (ou Koulountou) en bordure du Cercle de la Casamance, est un canton de date toute récente. Il a été fondé vers 1880 par un marabout mandingue, Arfa Nioboli, venu du Gabou, son pays d'origine. Il s'était d'abord établi à Kouttang dans le Badiar, mais menacé dans ce village par Bou Bakar Saada et Alfa Ibrahima, almamy du Labé (Fouta-Diallon), il vint s'établir dans la forêt de Damentan, et fonda le village actuel auquel il donna le nom d'Ilias. Le nom de Damentan, plus connu, a prévalu. Sous la protection de ce premier centre, d'autres villages se sont formés dans la forêt.

Aujourd'hui le Damentan est peuplé de Diakankés venus de la Haute-Casamance et de Mandingues émigrés de Touba Kouta. Les Musulmans y sont en minorité. La lutte avec les sauvages Koniaguis et Bassaris voisins a cessé depuis notre intervention effective dans le pays.

Outre les indigènes islamisés locaux, on trouve dans les Provinces orientales quelques familles toucouleures, musulmanes, d'immigration récente.

* * *

Le Niani-Ouli a été troublé en 1908 par quelque effervescence, due à l'illuminisme d'un marabout sarakollé, Fodié Souleyman Bayaga. Ce Fodié, né vers 1848 à Komodougou, dans le Boundou, était un disciple de Mamadou Lamine. Réfugié en Gambie anglaise auprès du chef Sanbarou, à la suite de la mort de son Cheikh, il vint se fixer dans le Damentan, au village de Touba qu'il créa vers 1906. Sa dévotion extérieure lui attira une foule de talibés, et il en profita pour convertir de vive force les Peuls fétichistes de Tabadian, leur imposer tribut et leur faire subir toutes sortes de vexations.

Au commencement de 1908, il se construit à Tabadian-Touba une mosquée en murs de pierre, très épais, véritable forteresse d'où il brave l'autorité de l'administrateur et des chefs indigènes. Cette mosquée est détruite, et il se réfugie quelque temps en Gambie, mais il revient peu après et la reconstruit immédiatement ; puis, levant le masque, il se déclare le Mahdi, enflamme les Sarakollés de la région, massacre les Peuls de Tabadian, et y cerne l'administrateur, accouru pour rétablir la paix. « Vous n'avez rien à redouter des Blancs, clame-t-il ; Dieu, plus fort qu'eux, changera les balles de leurs fusils en eau, et nous les vaincrons. »

Une opération de police s'imposait, elle amena le 12 octobre la destruction des fortifications de Tabadian et la mort du marabout et de ses principaux fidèles. Il faudra de longues années encore, avant que ces Sarakollés, dispersés dans les régions de la Haute-Gambie et de la Haute-Casamance, échappent à l'emprise des marabouts fanatiseurs.

∴

Les provinces du Bélédougou ou Dentilia, du Sirimama, du Badon et du Bafé sont à peine islamisées. On y rencontre au milieu de populations peules et malinkées, fétichistes et adonnées à l'alcool, quelques villages sarakollés-diakankés et peuls du Fouta guinéen, attachés à la religion du Prophète. Les Malinkés, originaires du canton mandingue du Bambouk, sont les plus répandus. Les rares maîtres d'école qu'on y trouve s'ingénient à apprendre à leurs élèves l'écriture de la langue diakankée en caractères arabes. Les principaux sont :

Dans le *Bélédougou*, dit aussi Petit-Bélédougou pour le distinguer de la province du même nom, sise au nord du Bafing (Soudan), à Makhama, village poulo, isolé au milieu de centres malinkés :

1° Ibrahima Diallo, fils de Tierno Fili, né à Médina Tiangué (Cercle de Yambéring, Guinée) vers 1870, Poulo. Il est établi depuis 1902 en Haute-Gambie, et fait le cultivateur, le pasteur et le maître d'école. En octobre 1911, il construisit sans autorisation une mosquée à Makhama, dans l'unique but de supplanter le chef du village, Lassana Diallo, qui est aussi l'imam de la mosquée publique. La mosquée fut détruite à l'instigation de Lassana, qui entendait rester le directeur spirituel de son village.

2° Modi Abdoul Diallo, né vers 1840, Poulo, maître d'école. Ces deux marabouts, tidianïa, ont fait leurs études dans le Fouta Diallon, et relèvent de Sara Bandé, leur maître. Ils y ont conservé quelques relations familiales et religieuses.

Dans le *Dentilia* : A Diakha Médina, *a*) Mbalou Fodé, chef de ce village, où il est né vers 1874, fils de Tiguida Fodé, originaire de Sengalou. De race diakankée, il relève d'Alfa Ousman, Cheikh qadri du Fouta Diallon. Nbalou Fodé, cultivateur et marabout est un homme lettré, intelligent et sympathique ; *b*) la famille d'Ansoumané, fils de Sokona Amadi, avec qui fut signé le premier traité en 1888.

A Samé-Kouta, Bourahima Cissé, né vers 1882, disciple de Fodié Chékou Silla, marabout tidiani de la Gambie anglaise.

A Dar Salam, Seïkou Kébé, né vers 1870, et à Balori, Fama Gassama, né vers 1872, tous deux disciples tidianïa de Fodié Anthoumané du Boundou.

Les clans malinkés-mandingues qui peuplent le Dentilia sont, par ordre d'arrivée dans le pays : les Danfaka, les Cissé, les Kamara, les Sissoko, les Daba.

Avec le *Niocolo*, sis au pied des plateaux guinéens, on entre franchement dans la zone d'influence religieuse du Fouta-Diallon. Au milieu de populations malinkés fétichistes, venues successivement depuis le dix-huitième siècle (clans des Sadiogo, des Kamera, des Dabo, des Keïta), on rencontre de nombreux villages peuls, descendus du Fouta, ayant apporté avec eux leur esprit religieux très développé, et quelques groupements sarakollés et bassaris.

Le *Niocolo* a été rattaché à la France par les deux traités que le capitaine Oberdorf signa au nom du général Galliéni, le 26 janvier 1887, à Dikoy, et le 30 janvier suivant, à Ibely, avec les chefs locaux.

L'occupation effective n'ayant pas suivi, le pays tomba sous la domination des almamys du Labé (Fouta-Diallon). L'almamy Alfa Yahya le soumit entièrement et le partagea en deux cantons : Niocolo-Fi et Niocolo-Bâ, auxquels il donna un chef et un percepteur spéciaux.

La mission Houet (1900) mit fin à cet état de choses, et le marabout Fodé Nba, chef du Niocolo-Fi, fut reconnu chef de l'ensemble de cette province fétichiste.

Il a été remplacé à sa mort en 1906, par Aliou Ba, actuellement en fonctions.

Le principal de ces gouvernements peuls islamisés est dirigé par un Poulo, originaire du Fouta Diallon, mais né à Ibely (Niocolo), et ayant fait ses études dans le Fouta toucouleur : Alfa Amadou ; ses maîtres ont été les Cheikhs omarïa les plus renommés du Fouta : Tierno Abdoul Elimane, de Seno-Palil (Damga) ; Modi Mamadou Alimou, de Boki-Diavé (Saldé) ; Tierno Yoro Baba, de Nguiguilone (Bosséa). Alfa Amadou a fait quelque temps partie du tribunal de province. Il est cultivateur, maître d'école et imam à Ibély. C'est un marabout relativement instruit.

Les autres groupements du Niocolo sont moins importants. On peut citer :

A Sokoto, Tierno Pale, Tidiani, disciple de Modi Mamadi, du Fouta Diallon ;

A Sarré-Fitaré, Talibé Diallo, fils d'Amira Diallo, né vers 1866 à Savia (Cercle de Labé-Guinée), y ayant fait ses études chez le Cheikh tidiani Mamadou Baydiawa, dont il dépend. Il dirige une petite école, et sert de secrétaire au chef de province.

A Kédougou, Mamadou Sadio, Poulo, né vers 1870, fils d'Abdoulaye Ba, cultivateur, pasteur, maître d'école et almamy du village. Marabout intelligent et lettré, il fait suivre l'école française à ses enfants. C'est un Tidiani, disciple de Chekou Doula Ba, du Fouta ; — et Salif Bandé, fils de Mamadou Diénaba, né vers 1868, cultivateur et chef de village, disciple qadri de Sara Bandé, du Fouta-Diallon et auxilaire dévoué de la France. Kédougou est surtout un centre de Sarakollés islamisés.

A Samé-Kouta, village très islamisé et relevant soit du Qaderisme de Karamoko Koutoubo, du Fouta-Diallon, soit du Tidianisme de Fodé Anthoumané de Boundou (Fouta toucouleur), les marabouts suivants. Dans la première catégorie : Bakaï Gassam, né vers 1870 ; Gaye Fofana, né vers 1872; Toura Kaba Diakité, né vers 1875; et, en outre, Madi Satan, né vers 1868 à Samé-Kouta même, disciple d'Arfan Boulay du même village. Il est marabout, pasteur et grand fabricant de gris-gris. Il est allié à la famille des Ba, par suite de son mariage avec la fille de Fadiemba, ancien chef de la province. Il est en relations religieuses avec les marabouts du cercle de Mali (Guinée). Dans la deuxième catégorie: Arfan Modi Diakhaté, né vers 1855; Djino Sonarvé, né vers 1872; Assaka Fodé, né vers 1872; Sitaffa Gassama, né vers 1863; Dianké Fodé, né vers 1876, et Arfan Salouma, né vers 1882.

L'influence de Fodié Anthoumané s'étend aussi au village de Laminia, où les deux maîtres d'école, Ibrahima Cissé et Mamadou Kamara, nés vers 1865, sont tous deux ses disciples.

Comme le fait remarquer le commandant du cercle, M. de la Roncière, la plupart de ces marabouts sont considérés comme étant de race peule; mais, en réalité, s'ils dérivent bien par leurs ancêtres de la race pure, ils en sont actuellement très éloignés par le sang et le type, à la suite d'alliances nombreuses dans l'élément nègre. C'est à cette cause qu'on doit attribuer leur indifférence religieuse. L'élément pur des Peuls du Fouta commence à peine à descendre de ses montagnes, et cette migration vers le Nord ne se fait guère encore que par infiltrations.

Les provinces du Bélédougou, du Dentilia, du Sirimama, du Badon, du Bafé et du Niocolo, constituent le cercle actuel de la Haute-Gambie (chef-lieu: Kédougou).

∴

On doit compter encore parmi les talibés omarïa le groupement des Toucouleurs du Kabada, du canton Nord de la Moyenne-Casamance, sur la frontière gambienne.

Cette colonie toucouleure est dérivée des villages de même

origine qu'on trouve dans le Saloum et le Niani. Elle a été renforcée par des partisans de l'armée d'Al-Hadj Omar, descendant du Fouta-Diallon, en 1854.

Les Toucouleurs ont eu une existence assez pénible à côté des Mandingues qui les dominaient sans peine. Aussi ont-ils toujours été les alliés des Peuls du Fouladou, ennemis héréditaires des Mandingues. Ils font campagne avec les Peuls contre le marabout mandingue Fodé Kaba.

Lors de notre installation dans le Kabada, le premier chef reconnu fut Alfa Ibrahima, marabout d'un âge avancé et d'une influence considérable parmi les siens (1899). Il est mort ces dernières années.

Le marabout le plus en vue maintenant est Mamadou Kiffa Diallo, à Tankon, né vers 1805, Toucouleur du Fouta-Toro, Tidiani Omari. Il a été quelque temps chef de province, mais a démissionné à cause des soucis que lui créait cette charge, et parce qu'il était obligé de prendre des mesures qui nuisaient à son prestige maraboutique. Son influence déborde le Kabada et s'étend même dans le Kian et en Gambie.

Mamadou Souley, Toucouleur originaire de Nioro, interprète du poste d'Inor (Moyenne-Casamance), relève d'Al-Hadji Mortada, fils d'Al-Hadj Omar.

*
* *

Il ne reste plus à signaler comme relevant de l'obédience omarïa qu'une petite filiale, dont le siège est à Dakar et qui est dirigée par Chekou Kane.

Elle a été fondée par le père de ce marabout : Tierno Hammad Kane, fils d'Ibrahim, Toucouleur, né vers 1810, à Mbolo-Birane (Fouta-Toro) et très connu dans tout le Bas-Sénégal sous le nom de Tierno Amar Kane.

Il fit ses études dans le Fouta et vint à Dakar vers 1840.

Il s'y installa en cultivateur et y épousa Fatimatou Cissé, Leboue, fille de l'imam Samba Benta Cissé.

Vers 1865, il alla s'établir à Sakal, près de Rufisque. Il y créa un village florissant, ouvrit une école, et défricha de nombreux lougans. Il fut pendant vingt ans le marabout le plus influent de la région de Rufisque, et a beaucoup contribué à y répandre l'instruction islamique. Il avait d'ailleurs conservé une petite communauté à Dakar, et venait souvent la visiter.

En 1886, il fit le pèlerinage de la Mecque, mais son grand âge ne put résister aux fatigues du voyage, et il mourut à la Mecque même. Il y a été enterré.

Tierno Amat avait reçu l'ouerd tidiani, vers 1838, dans le Fouta même, d'un marabout nommé Souleïman, qui était lui-même disciple d'Ạbbas, talibé d'Al-Hadj Ọmar. Ayant en même temps reçu les pouvoirs de moqaddem, il devait conférer l'ouerd jusqu'à sa mort au nom d'Al-Hadj Ọmar.

Tierno Amat laissait de nombreux enfants. L'aîné, Al-Hadj Amadou Kane, qui l'accompagnait dans son pèlerinage, revint seul et prit sa succession spirituelle.

C'est lui, plus connu sous le nom de Chekou Kane, qui est aujourd'hui le chef de cette filiale omaria.

Il est né en 1864, à Dakar, et a fait ses premières études avec son père à Sakal. Plus tard, il étudia la grammaire et la théologie chez Tierno Yoro Ndiaye, à Bargny, et le droit chez Al-Hadj Amadou Ndiaye Ma Bèye à Saint-Louis. Il compléta son instruction chez Tafsir Diaga Guèye, à Yol. Al-Hadj Malik de Tivaouane étant venu faire une saison de cours à Dakar, il y a une vingtaine d'années, le marabout les a suivis assidûment.

A son retour de la Mecque (1887), il délaissa Sakal et s'installa à Dakar, où il se lança aussitôt dans le commerce. Chekou Kane, est en effet le type du marabout commerçant, fin, avisé, mielleux. Il a des boutiques à

Dakar, Rufisque et Conakry. Il a des intérêts chez plusieurs traitants de Sierra-Leone et de Grand-Bassam, à qui il fournit des marchandises. Il exporte là-bas des chevaux, des vêtements marocains : djellabas de drap, chéchias, babouches, des comestibles, et en rapporte des noix de kola. Sa fortune paraît considérable, car il possède des immeubles à Dakar, Rufisque et Conakry.

Il a trois femmes lebboues et une dizaine d'enfants, dont l'aînée, Fatimatou, est mariée à Ibrahim Kane, greffier du Tribunal musulman de Dakar, et le suivant, Mamadou Lamine, né en 1903, est déjà professeur adjoint à l'école coranique de son oncle, Haddi Kane.

En sa qualité de chef de la famille, Chekou Kane concentre en ses mains, partiellement au moins, l'autorité du père, Tierno Amat. Ses frères et principaux disciples, chefs de petits groupements, inféodés à sa Voie, sont :

A Dakar même, son frère, Haddi Kane, né vers 1886, qui tient une florissante école coranique d'une cinquantaine d'enfants, garçons et filles, avenue Gambetta, derrière la douane. C'est Chekou, qui est le directeur spirituel et le maître des études de cette école, qu'il n'a pas le temps, vu son commerce, de tenir lui-même.

Deux autres maîtres d'école, Al-Hadji Mamadou Lamine, Dème, et Tierno Amadou Moktar Diop, Lebous, représentent à Dakar l'influence de Chekou Kane.

A Rufisque, Abdoulaye Dieguel, Lebou, cultivateur, et les frères de Chekou lui-même, Tahir Kane, maître d'école et cultivateur et Modi Taba (Modjtaba, en arabe), commerçant, chargé des voyages sur la côte.

A Khombole (Baol), Hamidou Kane, et Mostafa, frères du Cheikh, cultivateurs, entourés de petits groupes de talibés.

A Thiès, Tamsir Madou Kindiaye, Ouolof de Rufisque, maître d'école. C'est un disciple de Chekou Ndiaye qui reçut l'ouerd de Tierno Amat.

Dans le Sine, au village de Mbaïa-Kadiaw, Mamadou Ndaw, Ouolof, né vers 1878 ; il est le disciple d'Al-Hadji Mbaké Tandiang, de Tivaouane, qui comptait parmi les principaux talibés de Tierno Amat et en reçut l'ouerd à Sakal.

Chekou Kane possède encore quelques disciples à Conakry et Sierra-Leone. Ce sont des Ouolofs de Dakar, installés là-bas comme traitants, courtiers, mécaniciens.

Il jouit à Dakar d'une certaine influence, et est choisi actuellement comme arbitre des nombreuses successions que l'épidémie de peste vient de créer en ville ou dans la presqu'île.

Il a aménagé dans son immeuble du 92 de la rue Vincens, et en arrière de sa boutique, une belle chambre en façon d'oratoire, et y récite journellement la prière tidianïa, à laquelle assistent tous les fidèles du quartier.

IV. — La famille d'Al-Hadj Ọmar au Sénégal et en Arabie.

On a pu remarquer jusqu'ici que les groupements omarïa étaient tous dirigés par des disciples ou sous-disciples du maître. Il arrive parfois aussi que des invidualités omarïa se tournent vers le Tidianisme d'Al-Hadj Malik. Mais, dans un cas comme dans l'autre, les fils et petits-fils d'Al-Hadj Ọmar passent inaperçus. Il est assez curieux de constater que, contrairement à ce qui se passe dans les autres confréries, la famille du fondateur de la Voie n'a conservé au Sénégal qu'une influence très minime, aussi bien dans le Fouta qu'ailleurs. La seule raison plausible paraît être que c'est surtout hors du Sénégal que s'est développée l'influence du Cheikh. Dès que le conquérant eut entraîné le Fouta (1858-1860) dans son orbite politico-religieuse, il passa dans la vallée du Niger, et c'est là qu'il rayonna à travers le Soudan et le Sahel. A sa mort, les provinces sénégalaises échappèrent complètement à l'autorité de son fils, et l'empire toucouleur d'Al-Hadj Ọmar ne fut plus que le royaume de Ségou d'Amadou.

Dans la diaspora toucouleure, on retrouve les fils et petits-fils du grand Cheikh, dispersés dans toute l'Afrique noire et jusqu'en Arabie. Au Sénégal, ces membres de la famille du fondateur de la Voie sont de simples marabouts perdus au milieu des autres. Ils sont au nombre de cinq : deux hommes : *Najirou* et *Saïdou Nourou Tal* ; trois femmes : *Sana Chekou*, *Afsatou*, *Dienaba Tal*.

Najirou, appelé aussi Naguirou et Nacirou, déformations de Nacer, est fils d'Al-Hadj Omar ; il est né à Ségou vers 1860, au temps de la splendeur de son père. Sa mère, Fatma Bilé, était une femme des Bambara-Massassi. A la prise de Ségou, il s'en fut chez ses frères Madani et Aguibou, à Sigasso et à Bandiagara. Dès cette date, il était rallié à la France. Il prenait part en 1898 à la mission *Voulet-Chanoine* et fut blessé au poignet.

Najirou vint au Sénégal, vers 1900. Après un séjour d'un an à Podor, il comprit que le Fouta toucouleur ne connaissait pas les enfants d'Al-Hadj Omar, et s'en vint à Hamdallaye (Niani). Il a vécu depuis ce temps dans cette région. Il est maintenant installé au petit village de Kountiaw, en amont de Mac-Carthy, sur la frontière gambienne. Il vit dans un état voisin de la misère, avec quelques lougans et un petit troupeau, sans Talibés, ni serviteurs. Il a cependant trois femmes, dont deux Ouolofes et une Toucouleure.

Najirou est adonné au vin, aux liqueurs fortes, et déclare lui-même que le vin, l'alcool et les spiritueux sont excellents pour la santé et d'ailleurs permis par la loi. Seul l'abus est répréhensible. On ne saurait dire qu'il s'enivre. Il est assez mal vu par sa famille et par plusieurs marabouts, plus rigoristes que lui.

Il se déplace assez souvent dans tout le Bas-Sénégal et on le voit à Dakar et à Saint-Louis, tous les deux ou trois ans. Il fréquente Moussa Molo à Mac-Carthy. Il jouit d'une certaine considération dans le Niani-Ouli, le Rip, la Haute-Gambie anglaise et le Fouladou, ayant partiellement hérité du prestige qu'exerçait son père sur les Socés du pays. Ma Ba et plus tard Moussa Molo, ont même marché quelque temps dans le sillage du Tidianisme omari. Mais cette considération est purement honorifique, et son influence religieuse ne s'exerce guère que sur son petit groupement de Kountiaw, et sur quelques talibés isolés qu'il a à Dakar, Rufisque (Bodyé-Ndiaye) et à Saint-Louis.

Najirou vit péniblement et cherche à accroître ses revenus en offrant ses bons offices d'agent de renseignements tantôt à l'autorité française, tantôt à l'autorité anglaise.

Saịdou Nourou est le fils de Nourou Tal, fils lui-même d'Al-Hadj Ọmar. Il est né en 1882 et a fait ses études d'abord à Nioro (Sahel) puis à Boghé (Chamama maure) chez Amadou Moktar, cadi du lieu et talibé de son grand-père. Il a épousé Khadiatou, fille d'Al-Hadj Malik. Il vit tantôt à Saint-Louis chez son beau-frère, Bou Bakar, fils d'Al-Hadj Malik, tantôt chez le cadi de Boghé. Saịdou n'exerce absolument aucune influence au Sénégal, et cherche par des tournées et voyages à faire à sa baraka un prestige suffisant pour lui permettre de vivre convenablement.

A ce fils et à ce petit-fils d'Al-Hadj Ọmar, il faut joindre Al-Hadji Mortada, actuellement installé à Nioro (Sahel), qui jouit au Sénégal de plus de considération que son frère Najirou ou que son neveu Saïdou Nourou. Il est resté en relations avec beaucoup de familles toucouleures du Fouta qui l'avaient connu soit à Dinguiraye, où il est né vers 1849, soit à Ségou, soit à Nioro. Il fait quelquefois des voyages au Sénégal pour y vendre du bétail ou pour mettre au pâturage ses troupeaux, dans le Sahel. Sa mère était Zeïnab, esclave haoussa. A la chute de l'empire de Ségou (1890) il s'est réfugié dans le cercle de Nioro où depuis il a toujours vécu, d'abord à Kouniakalé, et maintenant à Nioro même. En 1911, il a fait le pèlerinage de La Mecque avec une suite de Toucouleurs de Nioro et du Fouta. En août 1914, il est venu au Sénégal chercher sa sœur Sana, sans succès d'ailleurs, et y est resté un an, retenu par des opérations commerciales. Son fils aîné et compagnon ordinaire est Amadou Mortada. Le père et le fils paraissent définitivement fixés à Nioro, cultivateurs et pasteurs, au milieu de leur colonie toucouleure. Ils ne savent d'ailleurs que cette langue et ne comptent des talibés que dans le Sahel. La considération dont jouit Al-Hadj Mortada est grande dans les milieux omarïa, mais son influence religieuse est nulle.

Dans l'entourage d'Al-Hadji Mortada et sous son autorité vivent : sa sœur Safiatou à Nioro, sa sœur Aminatou à Kouniakalé, sa sœur Safra à Kayes, et son petit neveu Madani, fils de Habibou Allah, fils d'Amadou Chékou, fils d'Al-Hadj Ọmar. Madani vit à Nioro même, chez Mortada, et fait du commerce dans le Sahel, la Gambie et la Casamance. Il affecte de considérer le chérif Younous, de Sandiniéry, comme son maître, et a passé quatre mois chez lui en 1914.

Les filles d'Al-Hadj Ọmar qui habitent le Sénégal sont au nombre de deux : Sana Chekou à Kaolak, et Afsatou à Podor. A signaler aussi une fille d'Amadou Chekou : Dienaba Tal.

Sana Chekou habite Kaolak, chez Madi Touré, Ouolof, disciple d'Alfa Kassoum Touré, Ouolof, qui fut le talibé d'Al-Hadj Ọmar. Elle est née à Dinguiraye vers 1860. Sa mère était une Diallonkée, Mariama Alfa Youssouf. Elle a vécu à Ségou, chez son frère le sultan Amadou Chekou ; et après 1890, à Kayes. Elle a été mariée successivement à Ạliou Habi, Toucouleur, son parent, qui fut tué lors des guerres d'Amadou Chekou ; à Lamba Alfa décédé, et à Mouar, actuellement incarcéré à Dakar. Elle vit tranquille chez Madi Touré qui l'a recueillie et est heureux d'entourer de soins cette fille du grand-maître de l'ordre.

Ạïsatou habite dans le cercle de Podor. Elle est née à Dinguiraye vers 1865. Sa mère était une Diallonkée : Néné Daba. Elle vint à Ségou, puis à Kayes, et descendit avec Sana le Sénégal jusqu'à Podor. Elle s'établit là, tandis que Sana poussait jusqu'au Saloum.

Diénaba Tal habite Diourbel, où elle est mariée à un Bambara musulman, originaire de Ségou, et installé depuis longtemps dans le Baol. C'est une femme intelligente et adroite, qui circule à travers le Baol, le Sine-Saloum et le Niani-Ouli, faisant un peu de commerce.

Ces trois filles et petite-fille d'Al-Hadj Ọmar n'ont aucune influence au Sénégal.

*
* *

Les autres enfants d'Al-Hadj Ọmar sont dispersés, soit au Soudan, soit sur la route de l'Orient, qu'ils prirent avec Amadou, après la prise de Ségou. Amadou Chekou mourut à Mey Koulki (Sokoto) en 1898. Son frère Bassirou lui succéda à la tête des bandes toucouleures. Il prit part aux luttes contre les Anglais, aux côtés du sultan de Sokoto, et fut pris et déporté à Lokodja. Son frère Al-Hadji Mortada dit que, libéré par la suite, il est allé s'installer en Égypte. Il fut remplacé par un autre frère, Ma Bassirou, qui passait à Fort-Lamy en 1906 avec son oncle Tierno Ạliou, frère d'Al-Hadj Ọmar; Amadou Élimane Bousso, alkadi (cadi) de Nioro; Ạliou Ọusman, frère de Tidiani, ancien sultan de Bandiagara ; Amadou Ọumarou Elimane, et quelques suivants. On a perdu leurs traces, mais tout porte à croire qu'ils sont établis à la Mecque ou à Médine.

Alfa Hachmi, frère de Tidiani et neveu d'Al-Hadj Ọmar, était passé deux ans auparavant, inaperçu, avec Ciré Ạli, marabout très influent. Leur tentative d'établissement dans la vallée du Nil étant restée infructueuse, ils passèrent la mer Rouge et s'installèrent les uns à la Mecque, les autres à Médine. Ils y sont toujours, tenant école, et vivant péniblement. Le sultan de Constantinople leur avait accordé à plusieurs reprises des subsides. Les administrateurs des Habous locaux les leur ont continués. Quant aux bruits invraisemblables, que l'orgueil des pèlerins, revenus de la Mecque, fait courir sur leur compte, à savoir la considérable réputation de science d'Achmami (Al-Hachmi) et sa nomination comme imam de la grande mosquée de La Mecque, ils sont ridiculement inexacts.

Cette petite colonie toucouleure est restée en relations épistolaires avec plusieurs marabouts du Fouta et de Bandiagara. L'élimane Gambi, Alfa Bokar, leur a envoyé à plusieurs reprises de l'argent par des pèlerins.

Ces irréductibles paraissent définitivement installés en Orient. Ils ont eu d'autant moins de peine à se fixer là-bas qu'ils sont nés et ont été élevés au Soudan, loin de la patrie toucouleure, qu'ils ne connaissent pas : ils étaient déjà des déracinés. Il n'y aurait aucun avantage à faciliter le retour au Sénégal de cet élément fanatique, si la nouvelle situation de l'Orient, en les réduisant à une misère profonde, les contraignait à tourner les yeux vers le berceau de leurs familles.

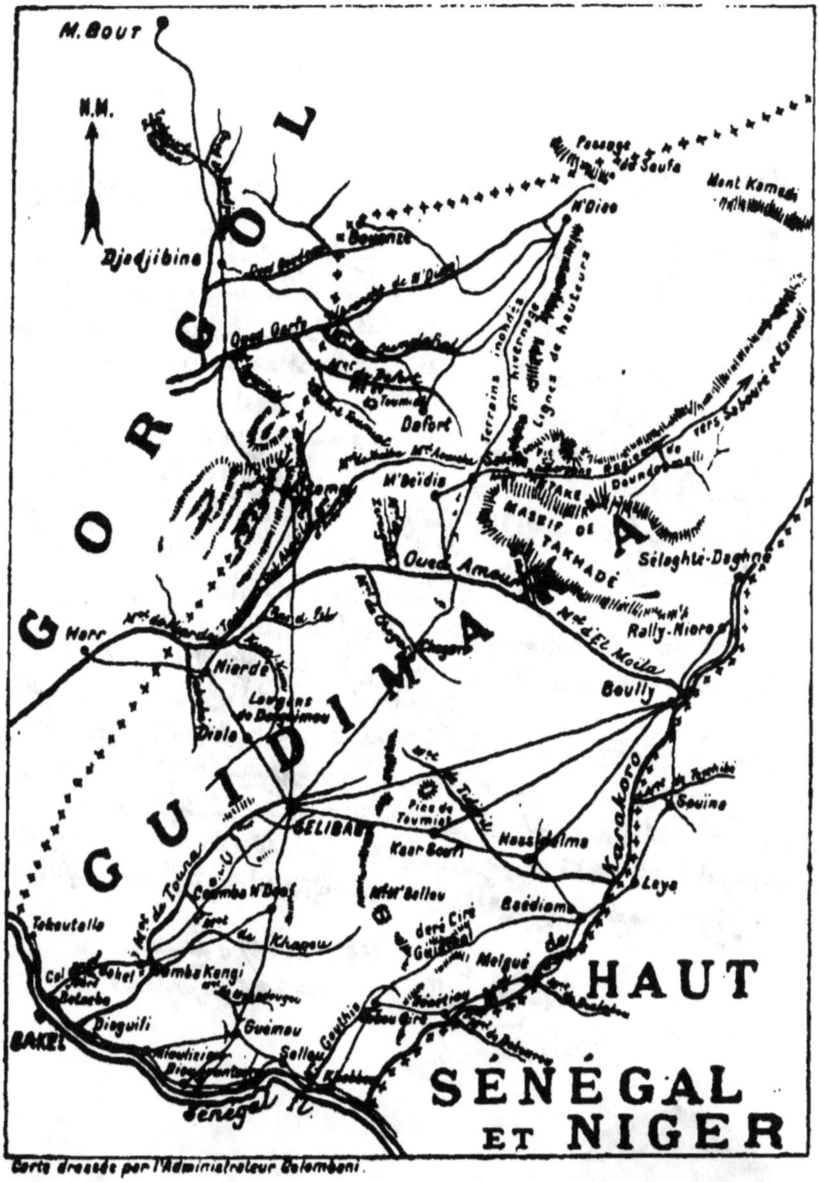

Carte dressée par l'Administrateur Colombani.

Carte du Guidimaka.

الحمد لله الملك القدوس الذي له الملك والأمر وصلى الله وسلم على سيدنا محمد خاتم النبيين وعلى روح الله وكلمته عيسى
بن مريم عليهما الصلاة والسلام

أما بعد فسلام يفوح بالمسك والعنبر ويعلو الكافور والسلام الى كبير الافرنج وخليفتهم المحترم النصارى
امير اند زوماجين جنرال موجه اعلامك بأن كتابك وصل الي في ٢٧ فبراير وقت [illegible] وبشرني وسمعت
جميع ما قلت لي فيه فجزاك الله خيرا والذي كنت أشرته اليك في الكتاب الأول كون كتارا [illegible]
مبعوثا في [illegible] بكاول ومشتهاه [illegible] فهي كلها [illegible] كاملي لا [illegible] فلذلك
لم نترك [illegible] البهاو [illegible] ويغصبون اموال اهلها وهم سكوت [illegible] فلا قدرة
لهم على ترك تلك المظالم والتعدي مع انها قبيلة منفردة بعينها [illegible] من جملة بوشنو
[illegible] ثم [illegible] في جملة سنكال الى [illegible] فلذلك الفرنسيين [illegible] والقوم المشهور
[illegible] واصلحها وكانت من فوتة وقد [illegible] على [illegible] واصلحها وكانت من فوتة [illegible]
اسماعيل [illegible] واصلحها وكانت من فوتة [illegible] بوسيتاب [illegible] واصلحها لانها قبيلة
فلذلك كتبت اليكم هذا الكتاب الاول [illegible] لا [illegible] عليهم وان كنتم ما [illegible] وارجو من الله
ثم [illegible] هذا الامر [illegible] من [illegible] فيها لانها قبيلة [illegible]
[illegible] اهل البلد [illegible] ذلك [illegible] جدا جدا جدا
وكيفية [illegible] جدا [illegible] الابيض والاخضر [illegible]
فرانسي [illegible] ولو كان معه عشرة رجال [illegible] البلد [illegible]
فعلت [illegible] ينضم الى جماعة فرانسيس [illegible]
والسر [illegible] باقية في ملك فوتة [illegible] الفرانسيس فلا [illegible] من [illegible]
[illegible] مع ان جنرال [illegible] فخر الاماكن [illegible] بن الامام عبد القادر [illegible] والسلام

كتب [illegible] في ٢٧ فبراير عام 1887
٦ [illegible] جماد الاخر عام ١٣٠٤ بعد الهجرة

الشيخ محمد

S. Chikhou Mamadou

ANNEXES

Lettre du Cheikh Mamadou, de Makhama.

Louange à Dieu l'unique !

De la part du Cheikh soussigné au Gouverneur du Sénégal, lequel est le roi des rois et le représentant de Dieu en ce monde, salut le plus complet.

La lettre a pour but de te faire savoir que j'ai reçu ta lettre le 27 février, à 10 heures, et ai compris tout ce que tu m'y dis; que Dieu te récompense en bienfaits.

Ce que je t'avais entamé dans ma première lettre, c'est ceci :

Sache que le Guénar du Damga commence à l'ouest à Gaoul et se termine à l'est à Demba N'Kané. Que cette région forme un corps dépourvu d'une tête, c'est pourquoi les Bosséa ne cessent jamais d'aller chez eux piller les habitants, et ceux-ci n'osent rien faire pour se défendre, parce que leur position les couvre de peur.

Et en plus c'est une tribu unique dans l'ensemble des Bosséa, et je crois certainement que tout le Sénégal, jusqu'au Dialiba (Niger), appartient au Gouvernement français.

Et nous avons vu que la Lam-Toro, son pays du Toro qu'il administre, dépendait du Fouta; Ibra Almamy, son pays du Lao qu'il administre dépendait du Fouta; Ismaëla, son pays des Irlabès qu'il administre, dépendait du Fouta et même encore le Bosséa d'Abdoul Boubakar qu'il administre dépendait du Fouta.

Ce pays du Bosséa est sa propre tribu, et non pas les Guénars qu'il y enclave et qu'il saccage à tout moment, parce qu'ils ne sont pas de sa tribu. C'est pourquoi je vous ai écrit ma première et ma seconde lettre pour vous éclairer et vous demander si celà vous est inconnu.

J'ai maintenant espérance en Dieu et en vous pour que vous en confiez ce côté pour que je vous en fasse l'organisation voulue en défendant les malfaiteurs d'y entrer, parce que j'appartiens à cette tribu et d'une famille qui la commande et les habitants m'aiment, m'aiment et m'aiment. Il m'est facile par des moyens d'obtenir cela et même très facile. Voici ces moyens :

C'est de m'envoyer un manteau vert, un sabre, un pavillon français et un officier accompagné seulement de dix hommes qui ferait avec moi l'inspection du pays. Le pays serait resté sous l'entier protectorat de la France. Ma chefferie enracinée, aucun pillard n'y entrerait plus : cela, c'est mon vœu et mon espérance.

Si ce pays doit rester perpétuellement à la merci des gens du Bosséa, le protectorat de la France y restera toujours balancé, et moi, en ce cas-là, je n'en voudrais pas à cause du mépris imposé à ses habitants et qu'un noble ne peut supporter.

Cependant le général Faidherbe avait donné le commandement à un de mes cousins, du nom d'Amadou, fils de feu Abdoul-Kader Limamou.

Fait à Makhama, le 26 Djoumadi et-tsani (dit en ouoloff Mam-ou-kor) 1306 de l'Hégire, qui correspond au 27 février 1889.

MAMADOU.

(*Traduction Hamet Fall; mars 1889.*)

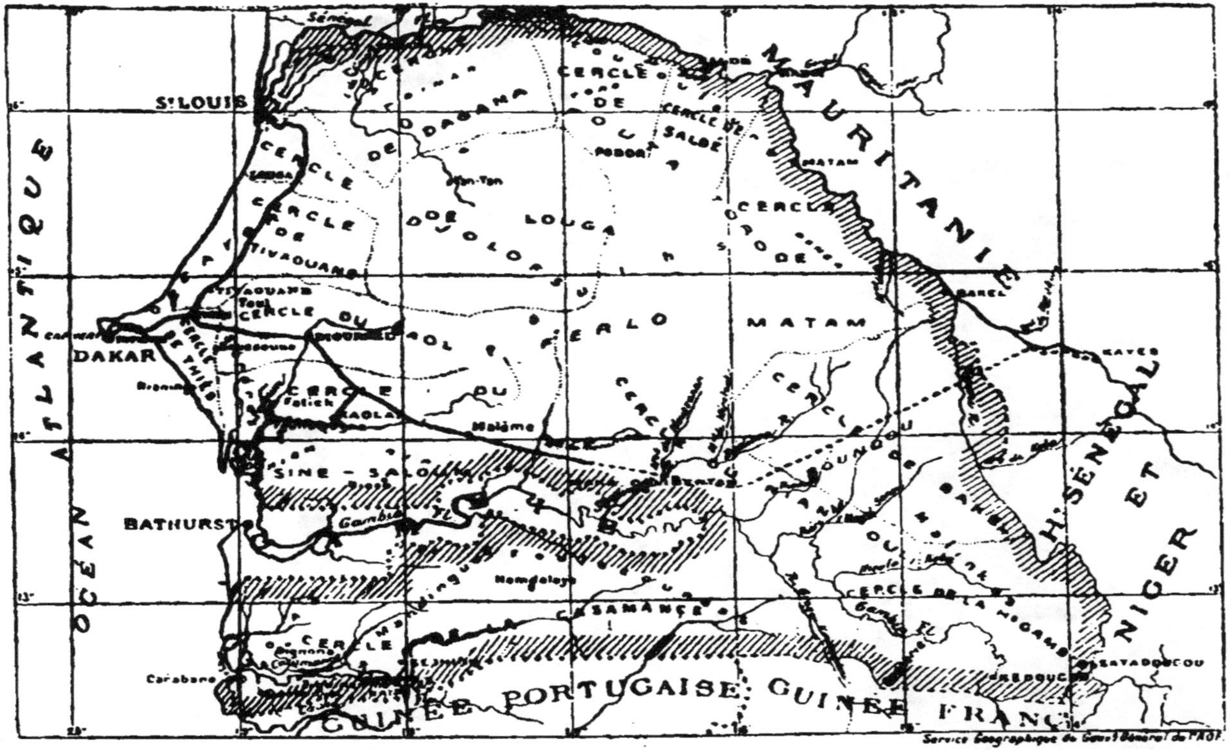

CARTE ADMINISTRATIVE DU SÉNÉGAL.

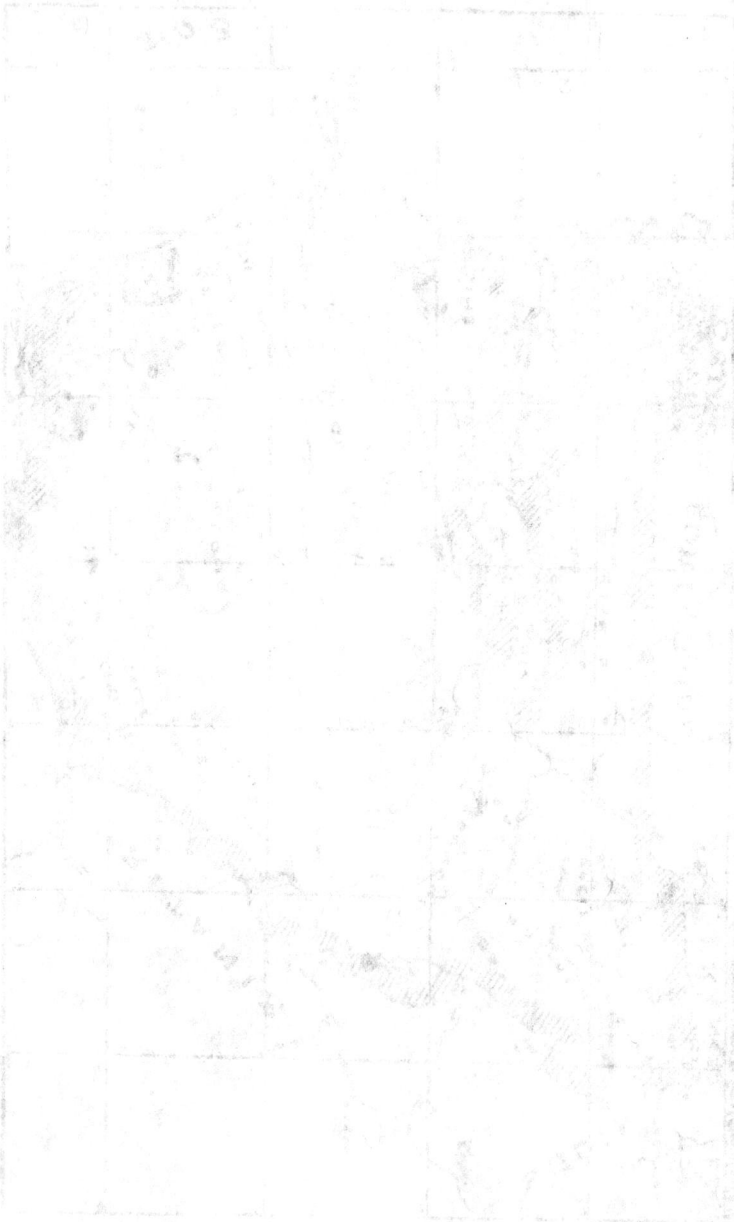

CHAPITRE III

LE GROUPEMENT TIDIANI D'AL-HADJ MALIK

(TIDIANÏA OUOLOFS)

CHAPITRE III

LE GROUPEMENT TIDIANI D'AL-HADJ MALIK

(TIDIANÏA OUOLOFS)

I. — Personnalité et famille d'Al-Hadj-Malik.

Al-Hadj Malik Si, est né, vers 1855, au village de Dowfal, de l'agglomération de Gaïa, à l'est de Dagana. Son père était *Ousman Si*, fils de Modj Si, fils de *Mamadou Si*, et sa mère *Faouad Welé*, Ouolofe. Le clan des Si est d'origine toucouleure, mais comme les ancêtres d'*Al-Hadj Malik* sont installés depuis plusieurs générations en pays ouolof et y ont épousé des femmes de ce peuple, le marabout et les siens se considèrent maintenant comme devenus Ouolofs. Ils ont d'ailleurs perdu en grande partie l'usage de la langue toucouleure.

Le jeune Malik fit sa première éducation à Gaïa, auprès de sa famille maternelle qui y est toujours installée. Ce fut son oncle maternel, *Tierno Malik* qui lui apprit à épeler les premières sourates du Coran. Très jeune, vers l'âge de huit ans, il fut emmené par son oncle paternel *Amadou Si* dans le Diolof, à Sine, près de Sagata. Revenu à Gaïa, il suivit les cours de *Ngagne Ka*, maître d'école ouolof, partit avec son maître dans le Fouta Toro, et resta avec lui à Tiarène cercle de Matam) pendant plusieurs mois. Il revint encore à Gaïa, et après un séjour assez court alla enfin achever l'étude du Coran dans le Fouta, chez le marabout Ouolof, *Abbou Biteye*, à Longué (Cercle de Saldé).

Malik avait dix-huit ans. Sachant parfaitement toutes les sourates du « Livre », il commença immédiatement la théologie et l'exégèse avec les *Aqaïd* de Senoussi ; ce fut à Gaïa, puis à Ndougo, chez le maître ouolof *Mour Sine Kane*. L'année suivante il entamait le droit à Bokol, près Gaïa, chez San Mosse Ndiaye. La *Rissala* devint son livre de chevet. Il poursuivit ses études de droit chez *Modou Batchou* à Keur Kodé, près de Louga, et chez *Mour Kale Seye*, à Keur Taïba Sèye (Louga).

Le premier cycle des études fini, vers l'âge de 25 ans, *Malik* débarquait à Saint-Louis. Un professeur alors réputé, *Al-Hadj Amadou Ndiaye*, le comptait aussitôt au nombre de ses élèves et lui enseignait la littérature et la grammaire.

Après deux ans de ces études profanes, *Malik* tint à finir le droit ; il vint dans le Djambour, chez *Birahima Diakhate* (Louga) et y étudia la première partie de Khalil, puis chez *Mamadou Wad*, à Nguig, à l'Est de Sakal.

Il achevait Khalil l'année suivante chez le professeur ouolof *Ma Silla Mane* dans le Mbakol (Cayor).

Le *curriculum* des études de Malik était enfin achevé ; il avait trente ans et possédait le maximum de bagage scientifique que peut acquérir un marabout noir. On trouvera quelque aridité dans cette sèche nomenclature de professeurs, de villages et de livres, mais le fait est à signaler, car ces déplacements perpétuels sont la caractéristique de la pédagogie des pays noirs. Le jeune talibé est essentiellement instable, et sans peut-être pérégriner aussi facilement que Malik, il n'estime pas son savoir suffisant s'il n'est pas

Al-Hadj Mâlik,
de Tivaouane.

allé picorer quelques bribes de Coran ou de droit auprès d'une demi-douzaine de marabouts, de races et de provinces différentes.

Malik n'avait pas attendu la fin de ses études personnelles (1885), pour commencer lui-même à enseigner. Depuis 4 ou 5 ans déjà, il faisait épeler le Coran à de jeunes enfants et gagnait ainsi sa vie. Il continua par la suite et pérégrina dans les villages du Cayor, du Diolof et du Oualo, s'arrêtant quelques mois dans les bourgades importantes et y ouvrant une école.

En 1889, il précise lui-même : l'année de la mort de *Faidherbe*, il fit le pèlerinage aux lieux saints de l'Islam par la route classique Dakar-Marseille et Marseille-Alexandrie-Suez-Djedda.

Rentré de la Mecque, il ouvrit une école à Saint-Louis, y végéta quelques années, ne s'y plut pas, retourna dans le Diolof et le Oualo et finalement s'établit, vers 1895, dans le Cayor, à Marné, près de Kelle. Ce n'était pas encore le lieu de ses rêves. Après un séjour de sept ans, soit vers 1902, il vient se fixer à Tivaouane, escale qui commençait alors à prendre son essor économique. Cette fois, son installation était définitive : son école compta bientôt plus de cent élèves ; il dut s'adjoindre des professeurs ; son influence se répandit le long de la voie ferrée ; c'était le succès, qui n'a fait que croître depuis cette date.

Al-Hadj Malik avait reçu l'ouerd tidiani de son oncle maternel *Ma Youra Ouale*, dès l'âge de 18 ans, à l'heure où, le Coran achevé, il ouvrait le premier livre de théologie. Cette affiliation le rattachant au double courant du Tidianisme de l'Afrique occidentale : d'abord celui des Chorfa maures Ida Ou Ali, les maîtres et les introducteurs de cette voie en Mauritanie ; *Ma Youra* avait en effet reçu sa première initiation de Cheikh *Mouloud Fal*, l'Ida Ou Alaoui ; ensuite celui d'*Al-Hadj Omar*, le propagateur du Tidjanisme toucouleur en pays noir ; *Ma Youra* s'était fait confirmer une deuxième fois l'ouerd par *Al-Hadj Ọmar*, lors d'un de ces voyages au Fouta.

Le jeune Malik Si suivit ce pieux exemple. Vers 1888, il alla séjourner un mois chez les Ida Ou Ạli du Trarza et se fit conférer à nouveau l'ouerd de *Si Ahmed Tidjani* par l'un d'entre eux, Mohammed Ạli, d'origine Id Eïkoub, mais devenu Ida Ou Ạlaoui par son habitat et ses mariages.

*
* *

Al-Hadj Malik a quatre femmes légitimes et un certain nombre de concubines. Cette abondance de femmes paraît être, chez les marabouts et chefs indigènes du Sénégal, beaucoup plus une question de mode, de snobisme en quelque sorte, qu'un besoin génésique. Un personnage d'un certain rang considère comme un devoir de sa situation d'avoir plusieurs femmes légitimes et quelques concubines, comme sous d'autres cieux, on croit devoir posséder des équipages de luxe.

Les quatre épouses sont :

Roqiatou Ndiaye, Ouolofe;

Yassin Dieng, Ouolofe, toutes deux domiciliées à Saint-Louis, où le Cheikh ne va que rarement, ce qui prouve une fois de plus que ce luxe conjugal n'est qu'une question de façade ;

Safiatou Niang, Ouolofe, qui habite Tivaouane avec le Cheikh ;

Sokhna Gueye, Ouolofe, qui habite Dakar.

*
* *

Les enfants du Cheikh sont au nombre de 14, dont 6 fils et 8 filles. Il importe de connaître chacun des fils, dont les aînés commencent à jouer un rôle dans la confrérie. Ce sont :

Amadou Si, 33 ans, habitant Tivaouane avec son père et professeur à la zaouïa. *Amadou* ne paraît pas très intelli-

AL-HADJ MALIK,
de Tivaouane, et deux de ses petits-fils, en voiture.
Au fond, sa mosquée.

gent, et c'est ce qui paraît avoir arrêté le Cheikh dans son désir de le choisir dès maintenant comme Khalifa et successeur spirituel ;

Ba Bakar Si, 28 ans, lettré d'esprit ouvert. Il habite Saint-Louis où il tient une école coranique et représente spirituellement et temporellement son père. *Ba Bakar* est sympathique et dévoué ; il est appelé à jouer un rôle religieux important, et doit donc être entretenu dans ses bonnes dispositions ;

Les autres garçons : *Mamadou Mansour*, 14 ans ; *Abdoul-Aziz*, 9 ans ; *Mamadou Habibou*, 7 ans ; *Qusman*, 2 ans, n'ont pas encore quitté le domicile paternel à Tivaouane.

*
* *

Parmi les huit filles d'*Al-Hadj Malik*, il faut citer :

Fatimatou, mariée à *Malik Sar*, Ouolof, mais d'origine toucouleure, de Podor, cultivateur et maître d'école coranique. Elle habite Boudi, près de Mérinaghen, chez son mari ;

Aïssatou, mariée à *Amadou Ndiaye Sar*, fils de *Ndiaye Sar*, ancien cadi de Saint-Louis. Elle habite Saint-Louis chez son mari, qui est maître d'école coranique ;

Khadiatou, mariée à *Saïdou Nourou*, fils de *Nourou Fal*, fils d'*Al-Hadj Qmar*, le conquérant toucouleur. Ces alliances entre les familles des grands marabouts sont fréquentes ici. A défaut de solidarité spirituelle, qui ne saurait exister, car chacun attire à soi les talibés, sans souci du voisin, ces liens conjugaux entretiennent l'harmonie extérieure entre les dirigeants islamiques, et empêchent les fidèles de se tirer réciproquement dans les jambes. *Khadiatou* et son mari *Saïdou* habitent tantôt Saint-Louis, chez leur frère *Ba Bakar Si*, tantôt Boghé, sur le fleuve, où *Saïdou* tient une petite école coranique à l'ombre du cadi *Amadou Moktar*, ancien talibé de son grand-père ;

Fatimata, mariée avec *Abdou Fati Niang*, Ouolof de *Mbakol*, cultivateur habitant non loin de Niakène ;

Achiatou, mariée avec *Youssouf Diop*, Ouolof, cultivateur à Diagsao (Tivaouane);

Les trois autres filles du Cheikh sont encore en bas âge, et vivent chez lui à Tivaouane.

*
* *

Al-Hadj Malik a eu de nombreux frères. L'aîné, frère utérin, *Abdoul Bah Fal*, décédé il y a quelques années, a laissé plusieurs enfants que le Cheikh a recueillis dans sa zaouïa.

Les trois suivants, consanguins, et plus jeunes que le Cheikh, portent tous trois le nom de *Mamadou Si* ; on les distingue par les noms de leurs mères : *Mamadou Benta*, *Mamadou Amina* et *Mamadou Khodia*. Ils sont tous professeurs à la Zaouïa de Tivaouane, ainsi que *Mamadou*, autre frère consanguin.

Le dernier enfin est *Momar Si*, frère consanguin du Cheikh et son représentant honoraire à Gossas.

*
* *

Grand et vigoureux, de poil déjà blanc, *Al-Hadj Malik* souffre d'une cataracte double qui l'a rendu presque aveugle ; malgré son désir d'en finir, il recule indéfiniment la date de l'opération chirurgicale qu'on lui a maintes fois proposée.

Lettré fort remarquable, particulièrement versé dans les sciences juridiques et littéraires, *Al-Hadj Malik* paraît être le marabout le plus instruit du Sénégal. Le fait avait déjà été constaté en 1908 par M. *Destaing*, lors d'une visite que l'éminent directeur de la Médersa de *Saint-Louis* fit dans les principales écoles coraniques du Sénégal. Depuis cette époque le Cheikh, qui professe et travaille toujours, a continué de justifier sa haute réputation.

Il a composé un très grand nombre d'opuscules, ayant trait au droit, à la théologie, au Çoufisme, à la biographie du Prophète, ainsi que divers petits poèmes sur des événements heureux ou malheureux touchant ses amis ou des marabouts voisins. Ces ouvrages sont de longueur inégale, allant de quatre à vingt-cinq pages. Ils sont remarquables par la pureté de la langue arabe, par une certaine élégance de style, rare chez les lettrés noirs, et aussi par leur tendance toujours très sympathique à notre cause. Le fond laisse plus à désirer : ce sont surtout des commentaires et paraphrases, mille fois rebattus, d'ouvrages classiques arabes. Les lieux communs de la littérature profane ou religieuse de l'Islam y fleurissent abondamment.

Le plus important de ces ouvrages, « L'Or pur », *Kholaç adh-Dhahab*, long poème tantôt rimé, tantôt rythmé, et consacré à la biographie du Prophète (*Sira*).

Vingt-six de ces opuscules, ainsi que « L'Or pur » ont été imprimés en 1914-1915, à Tunis, chez les éditeurs *Bel-Hassen* frères, sous les auspices du Gouvernement général. Le Cheikh, qui n'avait jamais espéré feuilleter ses œuvres, réunies en un beau volume, a témoigné une joie enfantine de se voir imprimé, et a commandé personnellement mille exemplaires.

On trouvera en annexe la liste des œuvres d'*Al-Hadj Malik*.

II. — La Zaouïa d'Al-Hadj Malik, a Tivaouane.

La Zaouïa d'*Al-Hadj Malik* est sise à Tivaouane même, dans la ville indigène. Elle comprend plusieurs carrés : l'un affecté au Cheikh et à ses femmes et enfants en bas âge; l'autre à ses enfants déjà grands ; le troisième aux professeurs et talibés ; le quatrième enfin aux pèlerins, passagers, parents des enfants, etc. Les constructions légères, baraques de planches, recouvertes de tuiles, et cases de chaume, qui constituent ces carrés, sont séparées entre elles par d'interminables barrières de tôle ondulée, beaucoup moins gaies que les tapades ordinaires des villages noirs.

La mosquée des Tidianïa, ou plus exactement la mosquée d'*Al-Hadj Malik*, est située dans la même rue, en face de la Zaouïa. C'est là que le Cheikh vient plusieurs fois par jour faire ses dévotions et présider aux prières coraniques du matin et du soir. Tous les fidèles y sont naturellement admis, mais n'y viennent pratiquement que les disciples du Cheikh. A l'intérieur on aperçoit des chromos, des versets du Coran et le Dikr tidiani peints en tableaux sous verres, des objets hétéroclites dont une pendule arrêtée, accrochée aux murs. Un petit mirador, isolé dans la cour et recouvert de chaume, sert de minaret. C'est là que le muezzin vient lancer, par-dessus la rue, aux talibés en étude, l'appel à la prière.

La Mosquée des Tidjanes d'Al-Hadj Malik,
a Tivaouane.

∴

Toutes les sciences islamiques sont enseignées à la Zaouïa au moins dans leurs rudiments. Il ne faut jamais oublier en effet que nous sommes ici en pays noir et que les mots et les choses d'Islam n'ont pas le même sens que dans la société mauritanienne.

On y trouve d'abord et surtout l'enseignement du Coran, suivant les méthodes de la pédagogie classique. Vers seize ou dix-huit ans, le jeune talibé est sensé savoir par cœur le Coran ; son instruction est achevée. Il quitte alors la Zaouïa, s'il ne l'a fait plus tôt, et retourne chez ses parents pour cultiver les terres paternelles, faire du commerce ou ouvrir dans son village une école maraboutique.

Quelques-uns pourtant, poussent plus avant leurs études : le cycle officiel se déroule ainsi qu'il suit :

Théologie et exégèse : *Rissala*, Lakhdari, Hafnaoui.

Grammaire : *Djaroumïa*, *Alfiya*, *Molhat al-Irab*, *Lamiyat al-Afal*.

Droit : *Rissala*, *Tohfa*, Khalil.

Littératures : Séances, *Moallaqat*, poètes islamiques.

Logique : *Anouar*, *Sollam* de Lakhdari.

Il n'y a pourtant pas de cours comme dans nos facultés ou dans les universités d'Orient ; et, dans la pratique, les élèves ne suivent pas méthodiquement cette gradation.

Ils sont partagés par groupes de six à quinze entre les divers professeurs de la Zaouïa. Chaque professeur infuse à son petit cénacle, outre le Coran, le bagage de science qu'il possède, et où il s'est spécialisé. Après quoi, on va trouver le professeur voisin.

C'est ainsi que le premier des *Mamadou Si*, frères du Cheikh, est remarquable par sa science de la *Rissala* juridique.

Mamadou Ndiaye, son cousin, par la grammaire avec l'*Alfiya* et la *Djaroumiya*.

Amadou Niang, son neveu, frère germain *d'Abdou Fati* son gendre, par sa connaissance parfaite du Coran.

Le dernier est *Yama Ndiaye*, intendant de la Zaouïa et *missus dominicus*. Il parle à peu près le français.

Le Cheikh donne lui-même l'enseignement supérieur à plusieurs groupes d'élèves : aux uns il commente un livre de droit, aux autres un ouvrage de grammaire, rarement les deux à la fois.

∴

Les élèves sont en nombre très variable, suivant les circonstances et surtout la saison ; l'irrégularité n'est pas d'ailleurs leur moindre défaut. Ils évoluent de 80 à 250. Par leurs origines ils appartiennent à tous les peuples sénégalais islamisés : Toucouleurs, Lebbous, Sarakollés, Socés-Mandingues, et surtout Ouolofs de toutes provinces : Diambour, Diolof, Cayor, Baol et Saloum. Quelques-uns sont originaires de Gambie et de Casamance. Chérif *Younous*, de Banghère (Casamance-Sedhiou) y a eu successivement ses quatre fils : *Almamy*, *Aliou*, *Youssoufou* et *Bachirou*. *Bachirou* est maintenant à Saint-Louis, enseignant comme maître adjoint chez *Ba Bakar Si*, fils du marabout.

On ne trouve pas d'élèves de provenance soudanaise ou guinéenne : le Cheikh déclare qu'il n'y tient pas, à cause des difficultés des langues étrangères.

∴

L'enseignement est gratuit, c'est-à-dire que les parents ne sont pas astreints en principe à verser une certaine rétribution pour l'instruction et la vie matérielle assurées à leurs enfants. La plupart d'entre eux toutefois, à défaut de pension fixée, rémunèrent le marabout de ses bons soins sous forme de cadeaux divers. Les étudiants d'ailleurs, doivent, suivant la coutume sénégalaise, leur labeur matériel au Cheikh, à certaines époques de l'année. Ils travaillent aux champs pendant l'hivernage, grattent la terre, sèment, font la récolte et gagnent ainsi leur propre vie.

*
* *

La bibliothèque de la Zaouïa est abondante. Elle comprend plusieurs centaines de livres, achetés en grande majorité aux commerçants marocains de Saint-Louis, de Dakar et des escales, mais venus aussi du Maroc (Fez et Merrakech), d'Alger (Ahmed Turki, rue Randon) et d'Orient (le Caire, Beyrouth, Damas.). D'autres proviennent de dons du Gouverneur général. A côté d'innombrables Corans on trouve quelques Bibles, dons de missionnaires chrétiens.

Il est inutile de donner le catalogue détaillé de ces ouvrages. Il ne diffère en rien de la liste classique des bonnes bibliothèques arabes d'Occident.

Le Cheikh possède en outre en manuscrit la plupart des œuvres aujourd'hui connues des Cheikhs maures.

Le *Kitab al-Minnah fi Ịtiqad Ahl Sounnah*, du Cheikh *Sid Al-Mokhtar* le Kounti ;

Le *Kitab at-Taraïf oua-at-Talaïd* du Cheikh *Mohammed*, fils du précédent ;

Les *Chiam Zaouaïa* et les *Hollal as-Siarah* du Cheikh *Mohammed ibn Saịd Al-Yadali ;*

Le *Idâdât al-Djannah* de *Mohammed ibn Ạbbas Al-Moqarri*, de Chingueti.

*
* *

L'affiliation (*ouerd*) que le Cheikh donne personnellement ou par ses vicaires est l'initiation ordinaire de la Voie des Tidianïa. Les oraisons, prières et litanies spéciales (*dhikr*, *oudifa*) n'ont rien qui les distingue de celles récitées par les autres groupements tidianïa, et qui sont bien connues. Tous ces groupements : Malikïa, Omarïa, etc., parties intégrantes pourtant d'une même confrérie, vivent indépendants et complètement autonomes, affectant même de s'ignorer. Il y a là un phénomène spécial aux pays noirs, et qui s'explique, comme il a été dit plus haut, par ce sentiment inné chez les noirs qu'on ne peut vivre sur la terre et espérer les félicités de l'autre monde qu'en se groupant derrière un homme fort, saint et béni de Dieu. Ce n'est pas une idée ou une doctrine commune qui constitue le lien intime qui réunit les indigènes : c'est un homme. C'est ce qui explique que des groupements religieux, rameaux d'une même Voie et que rien ne distingue entre eux, peuvent vivre, côte à côte, sans se rapprocher et se connaissant à peine.

La chaîne spirituelle d'*Al-Hadj Malik* est double : maure et noire. Par son oncle *Ma Youra Oualé*, qui lui donna l'initation première, elle se rattache soit au grand conquérant toucouleur *Al-Hadj Omar* et par lui à *Mohammed Al-Rali* et à *Si Ahmed Tidjani*, soit à Cheikh *Mouloud Fal*, des Ida Ou Ali, et par lui à *Mohammed Al-Hafed*, l'introducteur du Tidianisme en Mauritanie et à *Si Ahmed Tidjani*.

∴

La caractéristique de la Zaouïa de Tivaouane, c'est qu'elle constitue une véritable université populaire. Elle a formé une quantité considérable de maîtres d'école coraniques qui se sont répandus à travers le Bas-Sénégal, ont formé à leur tour une nouvelle pléiade de maîtres et ont ainsi contribué à répandre largement les rudiments de l'enseignement musulman. Les élèves et talibés d'*Al-Hadj Malik* ne sont pas en général plus instruits que ceux des autres marabouts, mais ils sont plus nombreux à savoir quelque chose.

La clientèle du Cheikh de Tivaouane est surtout une clientèle de petits marabouts, propagateurs d'instruction à la planchette. Ces résultats cadrent bien avec la haute culture intellectuelle du Cheikh. L'enseignement d'*Al-Hadj Malik*, d'abord ambulant, puis fixé à Marné et enfin définitivement implanté à Tivaouane, cœur du Cayor, a été un des gros facteurs de la diffusion de la science coranique, et partant un agent de plus intense islamisation, au Sénégal, pendant le dernier quart de siècle.

III. — L'influence d'Al-Hadj Malik.

L'influence exercée par *Al-Hadj Malik* s'étend à tout le Sénégal, sauf pourtant aux régions du Haut-Fouta toucouleur. Elle est particulièrement sensible dans tout le Bas-Sénégal, de Saint-Louis au Saloum. Ce marabout paraît être à l'heure actuelle le Cheikh religieux le plus important et le plus considéré de la colonie, comme il en est le plus lettré et le plus sympathique. Beaucoup de points litigieux en matière religieuse, morale ou culte, lui sont soumis. C'est lui notamment qui, s'il y a doute, fixe le jour de l'ouverture ou de la rupture du jeûne pour le Ramadan. Dans beaucoup de mosquées de la colonie, on entend les fidèles chanter aux heures de la prière, les cantiques ou pieux récitatifs de prose rythmée ou de vers qu'il a composés.

***

A Tivaouane même, *Al-Hadj Malik* est considéré par les indigènes de l'escale comme leur marabout par excellence. C'est lui qui, les vendredis et les jours de fête, vient à la mosquée publique présider la prière solennelle et faire en ouolof le prône accoutumé. Les autres jours, il préside la prière dans la mosquée de son ordre, et c'est le deuxième imam, *Atou Ndiaye*, Ouolof de Rufisque, qui remplit ces fonctions à la mosquée publique. C'est encore lui qui, dans les occasions solennelles, est appelé à faire les prières des morts. La Zaouïa des Tidianïa Malikïa, la sainteté du maître, la renommée des études, l'affluence des pèlerins sont l'orgueil des indigènes de Tivaouane.

∴

Le Cayor (cercle de Tivaouane) est la terre d'élection du Tidianisme d'*Al-Hadj Malik*. La plupart des maîtres d'écoles coraniques sont affiliés à sa Voie. Il serait fastidieux de les énumérer ; il importe pourtant de faire connaître les plus importants, qui sont eux-mêmes chefs de petits groupements locaux.

A Tivaouane même et villages environnants, *Ba Bakap Dior*, *Bekkaï Tabane*, *Assane Diop*, *Khali Niang*, *Makoudïa Ndiaye*, *Matar Dior*, *Samban Dia*, *Othman Ndiaye*, *Mbarik Gueye*.

A Ngaye-Mékhé, *Mokhtar Dia*, né en 1870, Ouolof, ancien élève de la Zaouïa de Tivaouane, actuellement imam de la mosquée de son village.

Dans la province du Guet : à Khadi Ouolof, *Ndramé-Gueye ;* à Darou, *Massemba Coki ;* à Bakhia Dia, *Aliou Dia* et *Ba Bakar Dia ;* à Mérina, *Ndiaye Guiran*.

Dans la province du Saniakhor : à Mérina Ngaye, *Amadou Gaye ;* à Buder, *Malik Kane ;* à Ngana Sal, *Momra-Sal*.

Dans la province de Mbakol : à Gmahal Dakhar, *Matar Silla ;* à Yolma, *Mallé Diané*, riche propriétaire et personnage très influent dont la renommée s'étend à tout le Cayor ; à Ndongo, *Aliou Ndongo ;* à Doukoumane, *Moussa Mané ;* à Souraguène, *Ousman Sourang ;* à Ayenouman, *Momar Sanoum ;* à Longhor, *Amadou Mbaye ;* à Méoundou, *Makoudïa Diakhate ;* à Mérina Aïssata, *Amar Diakhate ;* à Ndène, *Yeri Diakhate ;* à Taïba, *Abdou Fati ;* à Ndiok, *Mandiaye ;* à Khattar, *Guibril Seye ;* à Mérina Amar, *Mo-*

mar Amar ; à Khatta Layène, *Balla Leye ;* à Ramatou Lèye, *Madenba Dieng ;* à N'Guembé, *Amadou Binta.*

Dans la province du Mboul : à Ndarol, *Amadou Ndiang, Momar Dia* et *Balla Diop ;* à Ndop, *Demba Gadiaga ;* à Dawakh, *Balla Gadiaga ;* à Bitive, *Ibrahima Seye ;* à Thièye-Thièye, Cheikh *Thioro Fal ;* à Leyène Yérou, *Amadou Diop ;* à Ndek, *Massamba Diop ;* à Coki, *Massamba Mariama ;* à Goumba, *Amar Abioulaye.*

En résumé, sauf deux importantes fractions, rattachées l'une au Mouridisme d'*Amadou Bamba*, représenté par son frère *Ibra Fati*, l'autre à l'obédience de la famille *Bou Kounta*, la masse des indigènes islamisés du Cayor se réclame d'*Al-Hadj Malik*, soit directement, soit la plupart du temps par l'intermédiaire des petits marabouts précités.

∴

L'influence d'*Al-Hadj Malik* est également très forte dans le cercle de *Louga* que le Cheikh a parcouru de longues années, soit comme étudiant, soit comme professeur.

Ses représentants, Cheikhs locaux donnant l'ouerd, et ordinairement maîtres d'école, sont :

A Louga même : *Malik Sal, Amadou Bane, Momar Diakhate, Tierno Li,* et *Alassane Seye.*

Dans la province du Diambour méridional : à Thiekène, *Massata Sek ;* à Keur Soulèye, *Moussa Lo* et *Masseye-Seye.*

Dans la province du Diambour septentrional : à Guet-Ardo, *Adiouma Ba ;* à Pété Warak, *Isma Vèllé ;* à Mangadé, *Ngounta Diop ;* à Keur Séni Dieng, *Abdou Khoudia ;* à Affé Dieng, *Abdou Codou.*

Dans le Nguick-Mérina ; à Ndiamadj, *Amadou Gaye ;* à Keur Ibra Niang, *Amadou Khari ;* à Nguick-Sakal, *Mayoro Sal ;* à Mpal, *Raouan Ngom ;* à Keur Maïssa Mboup, *Ndiaga Ndiop.*

Dans le Gandiolais : à Ndiassib, *Amadou Niang ;* à Thiarène, *Amdalla Sar ;* à Mouït, *Momar Diang* et *Ma Diop ;* à Soukoundou, *Mame Alle.*

Dans le Dolof : à Mboïnan, *Aliou Fal ;* à Mboula, *Moktar Diop ;* à Ndiayène, *Amadou Bousso ;* à Minvel, *Ibra Diaw ;* à Kotiédia, *Mamou Niang ;* à Molakhé, *Maniang Dieng*, *Abdou Dia*, *Dialle Biteye* et *Daouda Dia*, maître réputé dans toute la région ; à Ndotje, *Samba Rouba*, *Abdoulaye Gueye*, et *Biram Diop ;* à Ndiané, *Baba Sokna ;* à Négué, *Modi Amina ;* à Gouloum, *Soulet Diaw ;* à Ndandiam, *Ibra Mbaye* et *Ndiaye Seïnou ;* à Khoumbé, *Macoumba Cisse ;* à Sine, *Saër Si ;* à Sagata, *Alle Samba.* A ce chiffre déjà respectable, il faut ajouter tous les maîtres d'école des villages de Ndiayène Sapenda, Loumbal, Maïlakh, Goliam et Nguet, ainsi que la plupart des maîtres de Doundoji Parba, Doundoji Théko et Gassé, ce qui représente un total approximatif de vingt-cinq marabouts.

A signaler spécialement à Maïlakh, du canton de Passe, *Mbousso Thiane*, riche cultivateur ouolof dont la famille est d'origine toucouleure. Il a pris part jadis aux guerres de Saër Matty. Par la suite il a subi une peine de deux ans d'internement pour intrigues politiques, et paraît aujourd'hui assagi.

.˙.

C'est encore l'influence d'*Al-Hadj Malik* qui est prépondérante dans le Oualo (Cercle de *Dagana*), province par où, avec *Faidherbe*, a commencé notre politique musulmane au Sénégal et avec elle notre action islamisatrice officielle. Le 2 juin 1856, *Faidherbe* annonce aux notables du Oualo que l'Empereur s'est déclaré Brak et maître de leur pays. C'est la première mainmise officielle de la France. En 1871, *Valière* proclame l'annexion. En 1890, *Clément Thomas* établit le protectorat. Depuis ce temps de nombreux partages et reconstitutions de cantons sont encore intervenus. A la faveur de ces changements de régime l'autorité traditionnelle et héréditaire du Brak disparaît : les seigneurs tièdos s'effacent ; les cadis s'emparent du pouvoir judiciaire, c'est le prélude de ce qui successivement se passera dans toutes les provinces du Sénégal. En brisant l'armature traditionnelle et les vieux cadres de la société indigène, nous ouvrons la brèche par où passe l'Islam. Une politique conservatrice s'impose ici, si l'on ne veut que le marabout devienne partout l'autorité prépondérante. C'est dans la caste noble des Sel Baor, anciens grands électeurs des Braks du Oualo, qu'il faut choisir les chefs de canton et jusqu'à un certain point les chefs de village. Ils jouissent dans tout le pays d'une autorité incontestée et peuvent seuls faire échec aux Sérignes.

Al-Hadj Malik est aujourd'hui le marabout le plus influent du Oualo, qui est d'ailleurs sa province originelle. Il y est représenté dans le canton de Foss-Golodjina par la totalité des quinze marabouts maîtres d'école. Les plus importants sont : à Mbarik, *Matar Lo ;* à Khouma, *Amadou Diouf*, et à Thiaggo, *Fali Maram*.

Dans le canton de Ross-Mérinaghen : à Nguith, *Moutoufa Diop*, riche cultivateur ouolof du Oualo, dont l'influence de la famille est considérable dans la région, et plusieurs autres maîtres d'école.

· Dans le canton de Keur Bacine : à Nguedj, *Oumar Diop*, Ouolof, du Diambour, marabout lettré et cultivateur ; il est assesseur au tribunal de province de Keur Bacine.

A Dagana même, *Ndiago Fal*, *Djibril Alfa*, *Ma Gueye*, *Abdoulaye Diba* et *Ma Diagne*, tous Ouolofs cultivateurs et petits maîtres d'école.

*
* *

Sur la rive droite du fleuve, le canton ouolof de Keur Mour (Chamama mauritanien) paraît inféodé à l'obédience d'*Al-Hadj Malik*. Son chef *Samba Diene Diop*, fils de *Mour*

Diop, est l'élève et le disciple du Cheikh de Tivaouane ; *Samba Diene* et ses gens sont beaucoup plus occupés de cultures que de pratiques religieuses.

* * *

En pénétrant dans le *Fouta* toucouleur, l'influence d'*Al-Hadj Malik* diminue d'intensité. Ces trois provinces du Dimar (cercle de Dagana), du Lao et du Toro (cercle de Podor) qui constituent le Fouta occidental, servent de point de concentration et de champ de rivalités aux trois branches de notre Tidianisme africain : au nord, le Tidianisme maure des Ida Ou Ali ; au sud, le Tidianisme ouolof d'*Al-Hadj Malik*; à l'est, le Tidianisme toucouleur d'*Al-Hadj Omar*. Aussi ne faut-il pas s'étonner d'y voir un éparpillement de toutes ces influences et un émiettement de rameaux secondaires. C'est une mosaïque de Tidianïa, se réclamant tous des obédiences les plus diverses et se faisant avec beaucoup de grâces extérieures une concurrence qui n'est jamais très âpre.

Les représentants officiels du marabout sont : dans le Dimar, *Alioun Diop*, de Dowfal, lettré et élève de la Zaouïa de Tivaouane, considéré comme un des fidèles et intelligents disciples du maître.

Dans le Lao-Toro, *Baba Ndiong*, domicilié à Podor. Il dirige une communauté de deux cents affiliés toucouleurs qui lui est très dévouée. Il parle fort bien le français. C'est un homme très sûr, qui rend journellement à l'administration des services signalés. Soucieux de garder son indépendance de chef religieux, il a toujours refusé de se poser en fonctionnaire, et n'a pas accepté la place d'assesseur au Tribunal de cercle qu'on lui offrait. Il dirige à Podor l'école coranique la plus florissante de l'escale ; et la plus grande partie de ses élèves suit en même temps l'école française.

Quelques autres marabouts de moindre importance, en général, maîtres d'école, relèvent encore d'*Al-Hadj Malik*, soit directement, soit par l'intermédiaire de *Baba Ndiong*. On peut citer *Mamadou Si*, Toucouleur, à Dimatch et *Al-Hadj Baïdi*, Toucouleur, maître d'école à Aéré.

Dans le cercle de Saldé, on ne compte guère parmi les disciples d'*Al-Hadj Malik* que la famille de *Tierno Baïla Dia*. Ce marabout, Toucouleur, né à Agnam, réside à Dakar où il a un certain prestige et tient une école coranique très florissante, tantôt à Diorbivol. Il a suivi quelque temps les cours du Cheikh à Tivaouane, et a reçu son ouerd.

En amont, dans le cercle de Matam et de Bakel, on ne rencontre plus de talibés malikites.

∴

Telle est l'influence d'*Al-Hadj Malik* dans le Haut-Sénégal. Il convient d'étudier maintenant cette influence dans la partie méridionale de la colonie.

Le cercle de *Thiès* comprend un grand nombre de ressortissants de la Zaouïa de Tivaouane. Le représentant officiel du Cheikh est à Thiès, *Tamsir Momar Diour*, né en 1878, Lebbou originaire de Rufisque, fils de *Malik Ndiour*. Il est maître d'école à Thiès depuis 1902 et imam de la mosquée locale de Mbambara.

Les autres principaux disciples, chefs eux-mêmes de petits groupements, sont :

A Thiès même: *Alioun Diouf*, Ouolof né en 1877, maître d'une petite école coranique de douze élèves ; *Tamsir Cissé*, Ouolof, né en 1868, et depuis 1900 à Thiès, où il tient une petite école d'une dizaine d'élèves ; il se rattache aux maîtres par son marabout *Mamadou Cissé* de Bakala ; *Tamsir Makane Diop*, Ouolof, maître d'école.

A Pout, *Mbaye Faye Diop*, Sérère, d'une famille islamisée depuis deux générations, cultivateur.

A Keur Ngoye, *Dembra Ngoye Diakhate*, Ouolof, né en 1841, cultivateur, fondateur et chef du village qui porte son nom, et où il réside depuis plus de trente ans.

∴

Dans le cercle du Baol (Diourbel), *Al-Hadj Malik* a des représentants officiels dans la plupart des cantons, et compte des affiliés surtout parmi les Ouolofs, mais aussi parmi les colonies locales de Toucouleurs et de Lebbous.

Dans le canton de Dondolle, ce représentant est *Amadou Sar*, dit aussi *Ibrahima Sar*, de Gor Sar; né en 1876, Ouolof du Baol. Sa famille qui y est établie depuis longtemps aurait joué un certain rôle avant notre arrivée. Ce marabout domicilié, à Gath, est très influent dans la région et exerce même son prestige sur les villages fétichistes sérères. Cultivateur et marabout, il vit de ses champs mis en valeur par ses talibés. A citer encore dans le même canton, *Ndiaga Silla*, maître d'école à Ndoukoumane.

Les autres chefs des groupements tidianïa malikïa sont :

Dans le canton de Fandène, au Baol occidental, *Momar Fal*; c'est un Ouolof, cultivateur et marabout, né vers 1860 à Krioro Sadio. Son père, *Ibra Sadio Fal*, était lui-même marabout.

Dans le canton de Diak, *Balla Sek*, à Ngomène; *Matar Faye*, à Parraré; *Momar Sar*, à Khombole, tous maîtres d'écoles coraniques.

Dans le canton de Guéoul, *Moussa Niang* à Gayame; *Momar Saye* à Fasselle; et *Momar Niang* à Diarro.

A Bambey, *Segga Diallo*, traitant ouolof, et *Ibrahima Kebe*, maître d'école, Sarrakolé de Bakel.

Dans le canton de La, à proximité du centre du Mouridisme bamba, Mboké-Darou-Touba, le petit village de Yessi est complètement inféodé au Tidianisme d'*Al-Hadj Malik*.

A Diourbel même, c'est un Lebbou, *Nbaye Ndoye*, frère de l'ancien imam de la mosquée de Dakar, *Hassan Ndoye*, qui est le Cheikh des Malikïa. Il est assisté dans cette direction par *Tierno Kandié*, Ouolof du Saloum-Saloum, qui distribue l'ouerd et paraît le chef des Malikïa du canton de Mbayar. Le groupement des affiliés de Diourbel compte une centaine de personnes environ, étrangères au pays en général : laptots, employés de commerce, traitants. Ils possèdent une petite mosquée qui leur est spéciale, case crépie entourée d'une tapade de bambous. Des fonds avaient été réunis pour la construction d'une belle et spacieuse mosquée, mais ils ont été dilapidés par le trésorier. Ils ont en outre une caisse de prévoyance privée avec laquelle on nourrit les pauvres et les étrangers. Cette communauté est quelquefois visitée par un fils ou un délégué d'*Al-Hadj Malik*; mais, vu la proximité de Tivaouane et la facilité des communications par voie ferrée, ce sont les chefs locaux eux-mêmes ou leurs envoyés qui vont rendre hommage au Cheikh de l'ordre, et lui porter des cadeaux. Le Sérigne *Makhoudia Ndiaye*, élève et parent d'*Al-Hadj Malik*, est maître d'école dans les villages voisins.

*
* *

Le cercle du *Sine-Saloum* (Kaolak) compte de nombreux adeptes Malikïa. Ces pays sont la terre de prédilection du prosélytisme musulman et les missionnaires de *Cheikh Sidïa*, de *Saad Bouh*, d'*Amadou Bamba*, d'*Al-Hadj Malik*, font assaut de zèle pour attirer à l'Islam et à eux les peuples sérères, nones et peuls encore fétichistes.

Les Mandingues et une partie des Ouolofs ont embrassé le Qaderisme; les Toucouleurs et l'autre fraction Ouolofe sont Tidianïa.

LES FILS ET NEVEUX MATERNELS
DE COUMBA NDOFEN DIOUF,
BOUR DU SINE, CHEF SUPÉRIEUR DES SÉRÈRES.

C'est à Dioga Ba, fils de *Mapaté Ba*, originaire du Fouta-Toro, que le pays doit sa première islamisation (début du dix-neuvième siècle). Les conquêtes de son fils *Ma Ba*, qui renverse le Bour traditionnel du Rip vers 1855, et instaure le pouvoir religieux en prenant le titre d'*Élimane Rip*, achèvent l'islamisation des indigènes ouolofs et mandingues de la région. L'orgueil de *Ma Ba* qui se flattait de fonder un empire puissant, sur les traces d'*Al-Hadj Ọmar*, le conduisit à sa perte. Malgré ses alliances avec les damels du Cayor, dont il provoqua l'opportune et politique islamisation, il est taillé en pièces à plusieurs reprises par les bours fétichistes Sérères du Saloum et du Sine, ainsi que par les colonnes françaises, et finalement (1867) vaincu et tué à Maroutte par *Coumba Ndoffen Diouf*, bour du Sine.

Son frère *Mamou Ndary* et les fils de ce dernier, lui succèdent dans l'élimanat du Rip, jusqu'à ce qu'enfin notre occupation effective eût transformé le régime politique du pays. Aujourd'hui la nombreuse lignée des *Ba*, obéissant au proverbe familial : « Quand un *Ba* ne peut être guerrier, il doit être marabout », s'est partagée entre le Mouridisme d'*Amadou Bamba* et le Tidianisme d'*Al-Hadj Malik* et d'*Al-Hadj Ọmar*.

Plusieurs d'entre eux relèvent directement du Cheikh de Tivaouane. D'autres n'en relèvent qu'indirectement, se rattachant à *Chérif Younous*, de Sandiniéry (Casamance). C'est le cas d'*Ọusman Ba*, fils de *Mamou Ndary*, chef du canton de Oualo-Rip et Président du Tribunal de subdivision.

Les autres Cheikhs de la région, soumis à l'obédience d'*Al-Hadj Malik*, sont :

Dans le Saloum (Résidence de Kaffrine, de Kaolak et de Foundiougne) :

Abdoulaye Sakho, à Diobène ;

Malik Sar, à Thiarène ;

Baba So, à Dioumbène Madis ;
Abdou Kane, ancien cadi, à Kaolak ;
Madiabel Drame, à Médina ;
Malik Ndiaye et *N'diagou Ndiaye*, à N'gambi ;
Tamsir Moussa, à Pakathiar ;
Abdoulaye Kadié, à Darou Salam.
Tous maîtres d'école coranique.

Mar Sar, Ouolof, cultivateur, assesseur du Tribunal de subdivision du Bas-Saloum, et maître d'école à Foundiougne, qui se rattache au Cheikh par son père et marabout *Ibrahima Sar*. On peut remarquer en passant que le Bas-Saloum est assez peu islamisé. Il n'y a guère que le canton de Niombato qui, par son élément ouolof, suit la religion du Prophète. Le reste de la province est sérère et fétichiste.

Sérigné *Demba Cissé*, Ouolof du Pakala, élimane de Foundiougne et cultivateur. Il compte quelques talibés.

Omar Dramé, cultivateur qui se rattache au Cheikh par le vieux marabout, aujourd'hui décédé, Saïr Codé, de Diagane.

Le plus important de ces Cheikhs locaux est *Abdou Kane*, Toucouleur ouolofisé, de Saint-Louis, ancien cadi supérieur du Sine Saloum. Il reçut d'abord l'ouerd d'*Abdoulaye Samba*, marabout ouolof, puis de Chérif Salihou Mekkiou, marabout de passage au Sénégal, qui, devenu aveugle, s'en retourne à Fez, plus tard d'*Al-Hadj Malik*, de l'obédience de qui il relève aujourd'hui. *Abdou Kane*, fin lettré arabe, tient une école florissante à Kaolak ; il est en même temps traitant et cultivateur. Il a des talibés dispersés dans plusieurs villages du Sine et du Saloum. Il a sa mosquée particulière à Kaolak et y préside, au milieu de ses élèves, la prière du soir. Des indigènes des environs viennent se joindre à eux, par piété et par goût des cantiques et des pieuses mélodies qui s'y chantent. Ses deux fils aînés sont : *Mamadou Kane*, 17 ans, et *Bou Bakar Kane*, 15 ans.

Abdou Kane
et ses deux fils aînés,
Mamadou Kane et Bou Bakar Kane.

Dans le Sine, à Dilassane, *Tierno Souleye*, Toucouleur, ancien assesseur du Tribunal de province du Sine, maître d'école. Il a reçu l'ouerd d'*Al-Hadj Malik* lui-même, vers 1885, à Yarndé (Cayor). Il a groupé autour de lui une cinquantaine de talibés dont les principaux sont : *Abdoulaye Diop*, *Al-Hadji Drame*, de Foundiougne, qui porte le titre de Hadji, encore qu'il n'ait pas fait le pèlerinage, *Ibra Dia*, tous Ouolofs du Saloum-Saloum et maîtres d'école ; Mamadou Niang, Toucouleur, à Mbaba Kadias.

A Dilassane encore, Ba Bakar Niang, Ouolof, cultivateur qui a reçu l'ouerd à Tivaouane même, vers 1895, à la fin de ses études. Il a quelques talibés dans la région.

A *Khodiel*, *Amadou Baro*, cultivateur qui a reçu l'ouerd d'Al-Hadj Baïdi d'Aéré (Lao) à Démette, et par ce Cheikh se rattache à *Al-Hadj Malik*.

A Ndaïri, *Abdoulaye Niang*, Ouolof, cultivateur qui a reçu l'ouerd de Momar Benta, frère du Cheikh, en 1892, à Tivaouane.

A Dianguel, *Bou Bakar*, Peul, cultivateur, qui a reçu l'ouerd ainsi que son frère, *Momar Sem*, du Cheikh lui-même, à Saint-Louis, vers 1900.

A Gossas, *Tierno Baba*, Toucouleur, cultivateur et maître d'école ; *Ibrahima Ndiaye*, parent du Cheikh et maître d'école ; *Al-Hadji Fal* et *Momar Benta*. Le village qui les réunit et qui sera étudié plus loin porte le nom même du Cheikh, Keur *Al-Hadj Malik*.

∴

Le Cheikh compte un certain nombre d'affiliés en Gambie et en Casamance.

En Gambie anglaise, son représentant est Ballo Diop, Ouolof, riche cultivateur et marchand de kolas. Il se rattache au Cheikh par son marabout *Gormak Ndiaye*, de Gambie, récemment décédé.

En Casamance, le Chérif *Younous* est chef d'un groupement Tidiani qui, s'il ne dérive pas directement d'*Al-Hadj Malik*, a tout au moins de grandes affinités avec lui. Curieux aventurier, originaire du Ouadaï et qui a parcouru l'Afrique noire et maure avant de venir se fixer à Banghère, dans le cercle de la Moyenne-Casamance, le Chérif *Younous* est étudié ailleurs. Il suffit de dire ici qu'il est en relations très étroites avec la Zaouïa de Tivaouane, dont il sait que le dévouement nous est cher et où il a mis successivement ses quatre fils en pension. L'influence d'*Al-Hadj Malik* sur le Chérif *Younous* et sur son groupement est très appréciable.

A Sedhiou, enfin (Moyenne-Casamance), Aladji Daour Guèye, maître d'une florissante école coranique de vingt élèves, qui tous fréquentent l'école française.

***

Saint-Louis, Rufisque et Dakar méritent une mention spéciale, à cause du grand nombre de talibés que le marabout y compte.

A Saint-Louis, un quart environ des maîtres d'écoles coraniques relèvent directement ou par ses fils ou grands vicaires, de son obédience. Les principaux sont : à Saint-Louis-ville, *Tamsir Abdoulaye Cicé*, maître d'une école florissante de cinquante élèves ; *Moussa Diop*, Ouolof, ancien cadi de Tivaouane ; *Al-Hadji Gari Ndiaye*, Ouolof, Makhants Kébé, Ouolof du Cayor ; Diouga Vene et Abdou Rahim, Ouolofs de Dagana ; — à Guet N'dar, *Bouli Gueye*, *Tierno Ka* et *Amadou Ndieye* ; — à N'dar Toute, *Mbaye Silla* et *Gakou Goye*.

Le groupement des Malikïa de Saint-Louis possède une mosquée privée, sise au quartier du Nord, 19, rue Saint-Jean. Elle est construite en planches sur soubassements

La Mosquée d'Abdou Kane.
a Kaolak.

maçonnés, et couverte de tuiles. Elle date de 1903 et est l'œuvre d'un traitant revenu à Dieu, *Abdoulaye Sek*. On s'y rassemble en principe deux fois par jour, après les Salams du matin et du soir, pour y réciter les oraisons de la confrérie, sous la présidence de l'imam *Amadou Lamine Kébé*, ou du gardien *Ali Ba*, Toucouleur de Boghé et maître d'école.

A Rufisque, c'est *Alassane Nbeng*, Ouolof de Saint-Louis, maître de l'école coranique de beaucoup la plus florissante de la ville avec ses 70 élèves, garçons et filles, qui est le Cheikh local des Malikïa. Assez lettré, il est sympathique et dévoué. Dans la banlieue de Rufisque, il faut citer *Amar Nbeng*, de Keur Ndiaye Lo, Lebbou, dont l'école a formé plusieurs petits maîtres de la région, tels qu'*Abdou Diouf* et *Elimane Diagne*, de Thialène. Le Cheikh est aussi représenté dans la région de Rufisque par un marabout, *Al-Hadji Amadou Fal*, traitant lebbou, — qui n'appartient pas à son ordre. Cet indigène relève d'un vieux marabout de Tivaouane, *Al-Hadji Mbaki Tendiama*, complètement indépendant. *Al-Hadji Amadou Fal* est l'imam de la mosquée des Lebbous, à Rufisque, et par conséquent celui des Malikïa, puisqu'ils se réunissent là.

Dakar est le séjour d'une colonie très importante de talibés d'*Al-Hadj Malik*, placés sous la direction du Lebbou Mbour Ndoye. Ici, comme ailleurs, c'est parmi les maîtres d'école qu'ils se recrutent. Les plus importants sont : *Guibril Diègne*, né en 1850, Lebbou de vieille famille, ancien élève de la Zaouïa de Tivaouane, imam de la mosquée publique de Dakar ; *Amadou Lamine*, du quartier Santiaba, disciple tidiani d'Al-Hadj Malik et de Saad Bouh ; *Saliou Cissé*, Ouolof du Cayor qui a tenu quelque temps une école à Grand-Bassam (Côte d'Ivoire) ; *Tierno Demba Sow*, Toucouleur de Matam ; *Fédar Diop*, commerçant en kolas, Ouolof de Dagana, imam occasionnel de la mosquée de Dakar ; *Malew Tane Badiane*, du quartier de Hok, Lebbou;

Mokhtar Gueye, à l'avenue Gambetta; *Bou Bakar Bah*, quartier de Hok, Toucouleur, né dans le Saloum, dioula et maître d'école; *Abdou Diop*, Ouolof du Saloum. Goura Low, quartier de Santiaba, Ouolof de Saint-Louis; *Amadou Saïdou Kane*, 38, rue du Docteur-Theze, Toucouleur de Podor; *Tierno Baïla Dia*, Toucouleur de Diorbivol, qui est l'hôte d'*Al-Hadj Malik* quand celui-ci vient à Dakar. Son école, sise avenue de la République, est très florissante. Ce marabout a la réputation de connaître les recettes magiques efficaces pour la guérison de tous les maux; enfin *Ibrahima Kane*, ancien élève de la Médersa de Saint-Louis, greffier du tribunal musulman.

Le groupement des Malikïa de Dakar possède une mosquée privée, sise avenue Gambetta. C'est une grande et jolie construction en bois, peinte en vert, recouverte de tuiles et entourée de galeries latérales. Elle est flanquée à l'angle sud-ouest d'un petit minaret en planches. Elle est éclairée à l'électricité. On y trouve épars les mêmes objets qui traînent dans les cases noires: pendules et machines à coudre détraquées, bidons de pétrole, etc... Dans un coin, un canari, rempli d'eau et surmonté d'un pot de fer, sert aux ablutions. Une cour la précède, complantée de beaux ficus, à l'ombre desquels viennent palabrer, tous les soirs, sur le sable, les adeptes malikïa. L'imam est *Mbour Ndoye*, Lebbou.

*
* *

Pour conclure il est nécessaire d'attirer l'attention sur un point qui n'est pas sans importance. Sauf pour quelques Toucouleurs et Mandingues, c'est parmi les Lebbous et surtout parmi les Ouolofs que se recrute la clientèle religieuse du Cheikh de Tivaouane. Elle groupe même tout spécialement l'élément lettré et vernissé de ces populations.

La Mosquée d'El-Hadj Malik,
a Dakar.

Beaucoup de vieilles familles ouolofes de Saint-Louis et de Dakar, lebboues de Rufisque et Dakar, et leurs enfants traitants dans les escales des voies ferrées et des fleuves, se flattent de l'avoir pour marabout ; et comme ces familles comptent dans leur sein, par le fait de leur naissance et de leur résidence dans les quatre communes de plein exercice, les électeurs sénégalais, il se trouve qu'*Al-Hadj Malik* jouit d'une influence très réelle sur une fraction notable du corps électoral de la Colonie. Il n'a, semble-t-il, usé sur ce terrain que fort discrètement de son pouvoir occulte, mais les candidats avisés n'ont pas été sans remarquer cette situation de grand électeur, directeur de consciences, et l'ont maintes fois assiégé de leurs sollicitations et de leurs promesses.

∴

Al-Hadj Malik ne paraît pas jouir d'une de ces grosses fortunes qu'on voit dans les mains des autres Cheikhs sénégalais. Nul doute que s'il avait voulu aiguiller ses talibés vers le travail agricole ou le négoce, il posséderait aujourd'hui de grandes richesses, mais il n'a jamais voulu exploiter sa baraka d'une façon intensive, et il s'est contenté d'en tirer des profits normaux, appliquant avec mesure le principe biblique : « Le prêtre doit vivre de l'autel. »

Ses villages de cultures sont peu nombreux. On n'en peut citer que trois considérables : l'un à Gossas, un autre près de Sent Ebciné, le dernier à Degsao.

Celui de Gossas, le Keur *Al-Hadj Malik* (Sine), est le plus important. Il comprend deux quartiers : celui des Ouolofs sous la direction d'*Al-Hadji Fal*, et celui des Lebbous sous la direction de *Bara N'diaw*. Ces deux indigènes sont chacun dans leur domaine, chefs de cultures et vicaires du Cheikh pouvant, conférer l'initiation de la Voie. Les personnalités notoires habitant le Keur sont : *Momar*

Si, frère consanguin du Cheikh et en quelque sorte son représentant honoraire ; Sérigne *Niang Ndiaye*, intendant général et délégué du Cheikh auprès du Bour Sine ; *Ibrahima Ndiaye*, parent du Cheikh et maître d'école ; *Sek Ndiaye*, cultivateur.

Le second village de culture du Cheikh est Keur Gaye Sèye, près de Sent Ebcine (Cayor). Il est dirigé par *Mouri Khadie Si*, cousin du Cheikh. Ce marabout est très lettré.

Le dernier est à Degsao, près de Pire (Cayor). Il y a là des cultures très florissantes. Le chef de ce groupement est *Momar Amina*, frère du précédent. C'est un lettré fort distingué, poète à ses heures.

Le Cheikh possède encore des fermes et établissements agricoles :

A Pal (Cayor). Le chef est *Rouhan Goum*.

A l'est de Sakal (Louga). Les Cheikhs sont : *Ber Niang*, qui est aussi le chef du village, et *Mamadou Khari Niang*, son parent.

A Ndiadié (Sakal). Le Cheikh local est *Abdoul-Qader Dia*, Toucouleur.

A l'est de Louga. Le chef est *Mour Baye*.

A l'ouest de Goumba. Le chef est *Abdou Salam Low*, Toucouleur.

A Ndande et Kemeber. Le chef est *Malik Salam*, marabout lettré.

A Fassel près de Pire. Le chef est *Abdallah Gueye*.

A Ngoumène, sur la route de Tiavouane à Thiès. Le chef est *Ma Gueye Gueri*.

Le Cheikh possède en outre quelques immeubles dans les grandes villes du Sénégal. D'abord à Tivaouane même, il a sa Zaouïa et les dépendances. Il possède à Saint-Louis une belle maison dans le quartier de *Lodié*, près de la mosquée, et, à Dakar, deux immeubles de moindre valeur.

Ses troupeaux de bœufs ne dépassent pas le chiffre normal des troupeaux des riches propriétaires du Cayor.

Quant au numéraire, il est difficilement appréciable. Il ne semble pourtant pas que le Cheikh entasse dans ses coffres des sommes considérables, car il est reconnu qu'il n'accepte que des petits cadeaux et que ces dons sont absorbés par l'entretien des étudiants et des pèlerins. Il a d'ailleurs la réputation de n'accepter aucun cadeau de ses talibés quand il les sait endettés ou qu'il apprend qu'ils ne sont pas encore acquittés de leur impôt.

∴

Les relations qu'*Al-Hadj Malik* entretient avec les Cheikhs de la confrérie voisine sont empreintes de la plus grande cordialité.

Avec les Tidianïa Ọmarïa, il est dans les meilleurs termes, et il cherche visiblement à se concilier les bonnes grâces des sectateurs de l'autre rameau du Tidianisme sénégalais. En mariant sa fille *Khadia* à *Saïdou Nourou Tal*, il a donné une preuve manifeste de son désir d'entente. Il est à présumer d'ailleurs que cette politique opportuniste, en face de l'émiettement du Tidianisme Ọmari, est fortement intéressée.

Les Tidianïa Ida Ou Ạli sont, en leur qualité de marabouts maures, des personnages tout à fait vénérables aux yeux du Cheikh noir. On sait qu'il a fait chez eux vers 1888 une retraite d'un mois, et qu'il s'est fait confirmer l'ouerd par un des leurs, le Cheikh *Mohammed Ạli*. Aujourd'hui, sans être à leur dévotion, ni leur envoyer des cadeaux réguliers, il fait toujours bon accueil à leurs envoyés, les héberge aussi longtemps qu'ils le veulent, et leur fait des dons occasionnels.

Les rapports avec le groupement de *Bou Kounta* et avec les mourides d'*Amadou Bamba* sont plus froids. Dans le premier cas, la faute en fut à *Bou Kounta* qui se renferma toujours à Ndiassane, dans son exploitation agricole, et ne voulut entretenir avec ses confrères voisins, même quand ils étaient aussi immédiats qu'*Al-Hadj Malik*, aucune relation amicale, ou même officielle. Depuis la mort de *Bou Kounta*, les angles se sont adoucis ; et chacun vit chez soi sans acrimonie, mais sans grande sympathie non plus.

Au contraire, Tidian'ïa d'*Al-Hadj Malik* et mourides d'*Amadou Bamba* sont en fort mauvais termes. Est-ce une question de conflit économique ? C'est sur la voie ferrée du Cayor et surtout sur celle du Thiès-Kayes qu'ils se rencontrent et se heurtent dans leurs opérations domaniales, agricoles ou commerciales. Est-ce une question de rivalités sociales ? Les talibés d'*Al-Hadj Malik* sont en général des bourgeois des trois capitales du Sénégal ou des propriétaires terriens ouolofs, tandis que la clientèle d'*Amadou Bamba* se recrute parmi les anciens tiédos, ou parmi les esclaves du Cayor et du Baol qui, émancipés, se sont hâtés de se remettre sous le joug, en s'offrant le luxe d'un suzerain religieux. Est-ce plus spécialement la faute de la concurrence déloyale des vicaires d'*Amadou Bamba* ? Le Mouridisme se signale en effet par une recrudescence d'apostolat, qui s'exerce non seulement sur les Sérères fétichistes, mais même sur les autres musulmans, en l'occurrence les adeptes Malik'ïa. Toutes ces causes jouent probablement à la fois dans cet état d'animosité réciproque. Les Cheikhs bien entendu affectent entre eux une parfaite correction de manières. Ils se sont offert à plusieurs reprises de petits poèmes de circonstance sur les événements heureux ou malheureux qui les atteignent. Ils sont d'ailleurs tous deux de lointaine origine toucouleure, et quelque peu parents par les femmes.

Al-Hadj Malik n'entretient aucune relation officielle avec les Cheikhs *Saạd Bouh* et *Sidïa Baba* du Trarza. Il se borne à recevoir correctement leurs parents et envoyés, quand ils passent à Tivaouane et qu'ils viennent lui rendre visite ou lui demander l'hospitalité.

En dehors de l'Afrique occidentale, les relations d'*Al-Hadj Malik* s'étendent aux dirigeants de la Zaouïa tidianïa de Fez. Elles paraissent avoir commencé par l'intermédiaire de commerçants marocains affiliés eux-mêmes à cette zaouïa, et que leur piété a incités à relier entre eux ces rameaux du Nord et du Sud, blanc et noir, de la Voie tidjanïa. Le « chef de la Porte tidianïa », *Larbi Berrada*, le « serviteur de la Porte tidjanïa», *Ahmed Sefiani*, et leurs «frères» *Momammed El-Ạbed El-Araci* et *Mohammed ben Mohammed Sefiani*, comme ils s'intitulent eux-mêmes dans leurs mandements, écrivent de temps à autre au Cheikh de Tivaouane pour lui faire part d'événements religieux, et surtout pour solliciter ses dons. C'est ainsi qu'en décembre 1913 ils lui demandèrent l'envoi de subsides, destinés à payer l'agrandissement de la Zaouïa-mère et les travaux de réfection nécessaires. Le Cheikh jugeait inutile de faire des quêtes à ce sujet parmi ses talibés et se contentait d'envoyer son offrande particulière.

Al-Hadj Malik a reçu pour la première fois, en 1914, un envoyé officiel du Cheikh suprême des Tidjanïa. Cet envoyé, du nom d'*Ahmed Ibn Çaïh*, l'Ạbdallaoui, venait de faire la tournée du Maroc et avait visité les tribus Branès, Tsoul et Riata, ainsi que les grandes zaouïas des villes. Il ne fit ici aucune quête, vendit quelques ouvrages de Çoufisme et en laissa la plus grande partie au Cheikh en partant. Il semble qu'il était envoyé par le grand chef des Tidianïa à l'effet d'étudier la situation locale, et de se rendre compte de la valeur religieuse, morale et matérielle, de ces groupements noirs qui se réclament de son ordre. Des relations épistolaires, assez espacées d'ailleurs, se sont établies depuis cette date entre les dirigeants d'*Ạïn Mahdi* et la Zaouïa de Tivaouane.

∴

Il importe, en terminant, de caractériser l'heureuse tendance dans laquelle s'exerce l'influence d'*Al-Hadj Malik*. En ces pays où l'on n'est pas sans quelque méfiance du Tidianisme, qui par sa branche omarïa et toucouleure ne s'est guère fait connaître à nous que comme le lien religieux de nos plus irréductibles ennemis, on est heureusement surpris de voir que ce rameau ouolof, sous l'inspiration de son chef, n'a que des sentiments de sympathie et des actes de dévouement à notre égard. Il se rapproche en cela de la branche-mère d'*Aïn Mahdi* (Sud Algérois) et de Témacin (Sud Constantinois) qui ont toujours fait montre envers la France d'une attitude généreuse et loyaliste.

Il a été donné à plusieurs reprises et dans des circonstances tout à fait impromptues de constater les heureuses directives données par le Cheikh à ses talibés. On peut citer entre autres le texte ci-dessous d'un de ses mandements à ses frères de la Voie tidianïa et à tous ceux qui vivent dans la paix de l'Islam, au Sénégal, à la date du 14 Ramadan 1330 (8 septembre 1912) :

Adhérez pleinement au Gouvernement français. Dieu (qu'il soit béni et exalté !) a accordé tout particulièrement aux Français la victoire, la grâce et la faveur. Il les a choisis pour protéger nos personnes et nos biens. C'est pourquoi il nous faut vivre en parfaits rapports avec eux. Qu'ils n'entendent rien sur notre compte qui ne puisse les réjouir.

Avant leur arrivée ici, en effet, nous vivions sur un pied de captivité, de meurtres et de pillages. Musulmans et infidèles se valaient sur ce point. S'ils n'étaient pas venus nous serions toujours en cet état, et maintenant plus encore certainement.

Or celui qui jette sur les Français un regard éclairé de la sagesse divine, celui qui considère comme Dieu leur a accordé la victoire et la paix, celui-là ne peut contrevenir à leurs ordres.

Mes frères, ne vous laissez pas séduire par les paroles des sots qui vous disent : « Voici qu'approche le jour de la chute de la puissance française. » Ce sont là des ombres pernicieuses. Une science affermie en Dieu démontre tout le contraire.

Ne vous estimez pas malheureux de vous acquitter des impositions qu'ils ont établies. Pour tout esprit sain, en effet, il est clair que c'est là une contribution qu'ils vous demandent et non une charge qu'ils vous imposent.

Méfiez-vous bien au contraire des lourdes charges que certaines gens font aujourd'hui peser sur vous sous le nom de « dons pieux ». Notre Cheikh et intercesseur *Ahmed ben Mohammed Tidjani* (que Dieu le Très-Haut soit satisfait de lui !) ne nous a-t-il pas interdit ces dons, sauf quand ils plaisent aux âmes ?...

Faites confiance aux Français, comme ils vous font confiance. La rémunération du bienfait est-elle autre que le bienfait ? Ne vous laissez pas séduire par des apparences de textes. Attachez-vous fortement à la sagesse divine ; vos cœurs jouiront de la paix. L'heure pour celui qui sait l'employer est bénie, sinon elle est néfaste. Sachez que les Français ont donné pleine assistance à notre religion et à notre pays. Nous le comprendrions, si nous étions intelligents.

Si j'en avais le temps, je vous aurais fourni encore sur ce sujet des preuves tirées des versets du Coran et des traditions du Prophète ; mais ce que j'ai dit est suffisant.

C'est là en effet le thème ordinaire de l'enseignement oral et des mandements du Cheikh :

Les Français se sont imposés à nous par leurs bienfaits de justice, la sécurité intérieure, la paix générale, le développement des transactions et du bien-être, etc., et par leur respect profond pour notre religion. Les souverains musulmans que nous avons connus en pays noir n'ont pas été capables de nous assurer cet heureux état, aussi bien dans le domaine spirituel que dans le domaine matériel.

C'est tout à fait le raisonnement qu'il faut pour convaincre les Noirs, qui ne s'embarrassent pas dans des spéculations supra-sensibles.

Ce loyalisme s'est manifesté une fois de plus au cours des graves événements qui viennent de se dérouler. Dès le début des hostilités, *Al-Hadj Malik* ne manqua pas d'inaugurer des prières spéciales dans sa Zaouïa de Tivaouane pour le triomphe des armes françaises. Elles étaient récitées tous les jours avec régularité, après les exercices de la confrérie. Par la suite, ses exhortations, ses circulaires, ses instructions confidentielles ont toujours prêché le calme, la confiance et l'obéissance et ont fortement contribué à les maintenir dans la Colonie.

Musulmanes sénégalaises.

ANNEXES

Poème d'Al-Hadj Malik sur son pèlerinage a la Mecque.

Œuvres d'Al-Hadj Malik.

بسم الله الرحمن الرحيم

مستودع الله رب الكعبة الله　　وكل انا حواها يا كعبة الله

بجاه المستجير الى الرحمن خالقنا　　وشافعي غدا يا كعبة الله

والوالدين مع الاحباب والقربا　　وكل راجي دعائي كعبة الله

جئت البراري كما خضت البحور الى　　ان طفت حولك الحمد لله

لا تجعل ترجاي رب منعكما　　توفقنا ربنا في طاعة الله

الحمد لله رب العلمين على　　زيارتي قبل موتي قبره الله

زرت الحبيب الذي لولاه ما برز الـ　　ـكون وما انعموا من نعم الله

زرت الحبيب الذي ترجى شفاعته　　عليه الف تحيات من الله

زرت الحبيب الذي عمت رسالته　　عليه الف سلامات من الله

زرت الحبيب الذي اسرى الاله به　　لقاب قوسين او ادنى من الله

زرت الحبيب الذي ابقى مراقده　　لدى الحصير ويقضي وجهة الله

زرت الحبيب الذي دنى الحبيب ولم　　يا مرحبا خلعته في حضرة الله

زرت الحبيب الذي منه الالوف غنوا　　كما به هلك الالاف في الله

POÈME D'AL-HADJ MALIK SUR SON PÈLERINAGE A LA MECQUE.

Au nom de Dieu Clément, Miséricordieux !

Je confie à Dieu, mon maître, sa sainte Kaaba et tout ce qui l'environne. O Kaaba d'Allah,

Par toi, je me suis placé sous la protection du Clément, notre Créateur. Secours-moi demain (au jour du jugement), ô Kaaba d'Allah,

Et avec moi, mes parents, mes amis, mes proches, et tous ceux qui demandent mes prières ; ô Kaaba d'Allah,

J'ai traversé les continents, j'ai parcouru les mers jusqu'à ce que j'aie pu (accomplir le geste rituel de) tourner autour de toi, grâces à Allah !

O mon maître, ne repousse pas mes prières. Fais-moi mourir, ô notre maître, dans l'obéissance d'Allah !

Gloire à Dieu, maître des mondes, qui m'a permis de visiter, avant ma mort, le tombeau de l'élu d'Allah (Mahomet).

J'ai visité l'Ami (le Prophète). Sans lui, le monde n'aurait pas été créé et ne serait pas couvert des bénédictions d'Allah.

J'ai visité l'Ami dont nous espérons la pitié. Sur lui mille bénédictions de la part d'Allah.

J'ai visité l'Ami dont la mission prophétique est universelle. Sur lui mille saluts de la part d'Allah !

J'ai visité l'Ami qu'en une nuit Dieu fit monter à deux longueurs d'arc près, et moins encore, du trône d'Allah.

J'ai visité l'Ami qui laissa son compagnon (1) en passant devant la Plume divine, et qui continua sa route vers Allah.

J'ai visité l'Ami qui s'approcha de l'Aimé (Dieu) et qui ne fut pas glacé d'effroi (2) devant Allah.

J'ai visité l'Ami par qui des milliers de personnes ont péri en l'honneur d'Allah.

J'ai visité l'Ami, qui ne tirait jamais vengeance pour sa personne, mais qui vengeait pour Dieu les droits d'Allah.

(1) L'ange Gabriel.
(2) Comme Moïse devant le Très-Haut.

زرت الحبيب الذي ما كان منتفعا لنفسه بل للعوالم من الله

زرت الحبيب الذي قد فاز بالبشرى من زاره وجبت زورته لله

زرت الحبيب الذي كانت صحابته متابعيه بإرضاء من الله

زرت الحبيب الذي كانت صحابته تكفي لنصر الدين الفرقان لله

زرت الحبيب الذي ما بين منبره وقبره روضة من جنة الله

زرت الحبيب الذي ما الخلق يحدهم إذ جاءهم قدما قدح من الله

زرت الحبيب الذي في ليلة انطفأت نار المجوس إخمادا من الله

زرت الحبيب الذي غار المياه به وكل الكفار هالهم من الله

زرت الحبيب الذي كانت شريعته ما قبلها ناسخة من شرعة الله

زرت الحبيب الذي ضم بلاد شيعته بحين سماه في عصره خيرة الله

زرت الحبيب الذي ما زاره أحد إلا وقد نال الفخر أنا من الله

زرت الحبيب الذي عاد ويشملهم يوم القيامة إذ لا أمر إلا لله

زرت الحبيب الذي يعطي بعد حبه لولاه ما كان إيجاد من الله

حكا ولا نعمة إلا منه أولها من نعمة تابعة من رحمة الله

عليه أفضل صلاة مع من شكروا وعم من عملوا من آل بيت الله

عليه والآل والأصحاب فالصحبة ألفا صلاة وتسليم من الله

هـ

J'ai visité l'Ami qui a dit : « La récompense de celui qui me visite, c'est ce qui a été promis aux pèlerins : le ciel d'Allah. »

J'ai visité l'Ami dont les compagnons ont été désignés au contentement d'Allah.

J'ai visité l'Ami dont les compagnons nourrissaient les corbeaux de la chair de leurs ennemis pour Allah.

J'ai visité l'Ami dont la chaire et le tombeau sont séparés par un jardin du paradis d'Allah.

J'ai visité l'Ami dont la créature n'aurait pu dire la louange, si la louange ne lui était pas venue tout d'abord d'Allah.

J'ai visité l'Ami ; la nuit de sa naissance, le feu des Zoroastriens (adorateurs du feu) fut éteint tout à coup sous le souffle d'Allah.

J'ai visité l'Ami ; cette même nuit les eaux (des adorateurs de l'eau) furent taries. Tout cela arriva par la faveur d'Allah.

J'ai visité l'Ami dont la loi religieuse a abrogé les lois précédentes, par ordre d'Allah.

J'ai visité l'Ami, dont l'attouchement de la main droite a guéri maintes et maintes maladies. Admirez cette puissance du Bien-d'Allah (nom de Mohamed).

J'ai visité l'Ami que personne n'a jamais visité sans avoir obtenu son pardon par la grâce d'Allah.

J'ai visité l'Ami que ses ennemis, au jour du jugement, environneront, couverts d'humiliation par ordre d'Allah.

J'ai visité l'Ami dont j'ai assez chanté la louange : sans lui rien n'existerait de ce qui a été créé par Allah.

Toute aide, tout secours vient de sa puissance, par la miséricorde d'Allah !

Sur lui mille bénédictions de tous ceux qui le prient, comme de tous ceux qui l'oublient, parmi les créatures d'Allah.

Sur lui, sa famille et ses compagnons, sur eux tous, mille bénédictions et mille saluts d'Allah (1) !

(1) Ce poème est écrit en mètre « bassit ». Il est monorime en « Allah ».

قايمة كتب الحلاج هذا الخط

عدد ١ دعاوى السبعي

عدد ٢ فتحة البر بر

عدد ٣ الكوكب المنير

عدد ٤ ري الظمآن

عدد ٥ علمي العروض والتصوف

عدد ٦ علمي العروض والقوافي

عدد ٧ خطبة العيديين

عدد ٨ نعمة علي الجماني

عدد ٩ فاكهة الطلاب

عدد ١٠ ابن بروف

عدد ١١ ومرج مدخل

عدد ١٢ وسيلة المغربي

عدد ١٣ مرثية رابعة

عدد ١٤ رسالة الحيضة

Œuvres d'Al-Hadj Malik

1. Prières Sifi (Liturgie).
2. Pont du disciple spirituel.
3. L'astre brillant.
4. L'abreuvoir de l'altéré.
5. Les sciences de la prosodie et de la mystique.
6. Les sciences de la prosodie et de la versification.
7. Prône pour les deux fêtes (Liturgie).
8. Bénédiction de celui qui pardonne les pécheurs.
9. Le fruit du chercheur.
10. Des éclairs ont brillé...
11. Celui qui veut l'entrée...
12. Intercession de ceux qui rapprochent de Dieu.
13. Elégie funèbre en R.
14. Missive exquise.
15. Louange des intercesseurs (Liturgie).
16. Correction des cœurs (Morale).
17. Ces deux pieds.
18. Prière des pécheurs (Liturgie).
19. Prière du désir sur l'ordonnance rythmée des beaux noms de Dieu.
20. Oh! plût à Dieu! plût à Dieu!
21. Visite la terre de Fez.
22. O toi qui repousses...
23. De la réputation de ceux qui imposent des conditions.
24. Prière du vendredi (Liturgie).
25. Gloire à Dieu qui a envoyé pour le raffermissement.
26. Contre le péché de prononciation des maladies.
27. L'or pur, sur la vie du Prophète. (Biographie du Prophète.)

عدد ١٥ شكر الوسايط

عدد ١٦ زجر القلوب

عدد ١٧ فيما لي هاتان

عدد 18 وسيلة الجرميس

عدد ١٩ وسيلة الضنى في نظم اسماء الله الحسنى

عدد ٢٩ يا الجني ليتني

عدد ٢١ زار ارض فاس

عدد ٢٣ با احد او بعد

عدد ٢٥ في رد من فتنة الشروك

عدد ٢٣ خطبة يوم الجمعة

عدد ٢٤ الحمد لله الذي ارسل لا فامة

عدد ٢٥ في رد منكر لفظ الا سقم

عدد ٢٦ خلاف الذي هب في سنة النبي صلى الله عليه وسلم

CHAPITRE IV

LES MOURIDES D'AMADOU BAMBA

CHAPITRE IV

LES MOURIDES D'AMADOU BAMBA

Mourid est un vocable arabe qui signifie « aspirant, postulant ». Dans le langage mystique le mouride est le disciple qui désire être uni à Dieu d'abord, obtenir ensuite la qualité de cheikh spirituel. On l'emploie plus souvent dans le langage ordinaire pour désigner « l'étudiant, le disciple ». Les Mourides sont donc synonymes dans ce cas des *tolba* ou *talibés*.

Au Sénégal, depuis un quart de siècle environ, on a fini sous cette forme (et aussi sous la forme « Mourites » et « Morites ») par désigner spécialement l'ensemble des adeptes de cette confrérie islamique nouvelle, que dirige le Sérigne Amadou Bamba.

Le Mouridisme devient alors le corps des doctrines religieuses, des prescriptions morales, des pratiques cultuelles auxquelles sont attachés les Mourides. C'est cette division qui est adoptée ci-dessous pour étudier l'organisation de cette secte ou confession nouvelle :

Section première. — *Les personnes* (*Les Mourides*).

Section II. — *Le corps de doctrines et pratiques religieuses.* (*Le Mouridisme.*)

Section III. — *Conclusions.*

SECTION PREMIÈRE

LES PERSONNES (*Les Mourides*).

I. — *Amadou Bamba.*

La secte mouride repose tout entière sur son fondateur et maître Amadou Bamba. C'est parce qu'elles sont attirées par sa sainteté, par sa science, par la croyance qu'il est en communication directe et permanente avec la divinité et en quelque sorte sa personnification sur la terre, que les foules se sont précipitées sur ses traces et l'ont élu pour pasteur et chef suprême. C'est donc par lui qu'il convient de commencer cette étude des Mourides.

a) *Ses origines.* — Le quatrième ascendant d'Amadou Bamba était Toucouleur et originaire de Fouta. C'est lui qui le premier vient s'établir en pays ouolof, s'y maria avec une femme du pays et adopta les mœurs et usages de sa nouvelle patrie. Depuis ce temps, fixés définitivement en terre ouolofe et s'unissant à des femmes de cette race, ses descendants se sont naturalisés ouolofs, Mballa Mbaké, grand-père d'Amadou Bamba (Cf. *Annexe n° 3*), fonda dans la première moitié du dix-neuvième siècle, le village de Mbaké, dans la province du Baol, canton de La, et s'y établit comme maître d'école. C'est là que naquit son fils Momar Antasali.

Celui-ci fit d'abord ses études avec son père. Il les compléta plus tard auprès d'un savant marabout du nom de « Amadou Bamba ». C'est en l'honneur de ce professeur

Amadou Bamba

(Diourbel).

vénéré que Momar Antasali donna ce nom à son deuxième fils.

Au cours des invasions de l'almamy du Saloum, Ma Ba, le grand agitateur de Sénégambie, la région du Baol fut dévastée, Mballa Mbaké tué et Momar Antasali, son fils, déporté dans le Saloum, à Porokhane. Il y ouvrit, pour vivre, des cours d'enseignement coranique qui furent bientôt très suivis et donna une instruction complète à tous ses enfants. Il devint même le précepteur des enfants de Ma Ba. C'est là que le jeune Amadou Bamba (vers 1865) fit la connaissance des chefs politiques avec lesquels il devait se lier et dont l'exemple dut certainement inspirer ses jeunes ambitions. Son père eut comme disciples le fils de Ma Ba : Saër Matti. Le damel Lat Dior en fuite, étant venu se réfugier dans le Saloum, y maria sa sœur Thioro Diop avec Momar Antasali.

La soumission de Lat Dior et les changements de la politique valurent à l'ex-damel d'être réintégré dans le commandement du Cayor (1871). Momar Antasali et sa famille l'y suivirent. Après un séjour de plusieurs années à Potar (Cayor), Momar vint s'établir dans la province du Guet, canton de Sagata, et y fonda un village à qui fut donné pour la deuxième fois le nom de la famille. Ce fut Mbaké-Cayor. Il y était établi vers 1880, année où il mourut. Sa famille continua à y résider.

b) *Curriculum vitæ d'Amadou Bamba.* — Amadou Bamba Abiboulaye, de son nom islamique Ahmed (et quelquefois Mohammed) ben Mohammed ben Habib Allah) apparaît pour la première fois sur la scène politique vers 1886, à Mbaké (Cayor). Il faisait partie de l'entourage de l'éternel insurgé Lat Dior et avait acquis dans ce milieu un grand renom de science et de piété. Le damel Semba Laobé, puis son oncle, Lat Dior, qui se posait à nouveau en prétendant, sont, à quelques jours d'intervalle, vaincus et tués (octobre 1886). Le démembrement du Cayor qui suivit fit perdre à Amadou Bamba tout espoir de jouer un rôle politique ou religieux. Abandonnant ses disciples et amis, il vint s'installer à Mbaké (Baol), village de son grand-père et fonda lui-même, non loin de Mbaké, un village appelé Touba.

Ce n'était pas sans raison qu'Amadou Bamba s'installait dans le Baol. Cette province était alors livrée à l'anarchie par suite de la faiblesse de son chef Thiéacine Fal. Le Sérigne espérait sans doute qu'avec l'appui de la fraction musulmane de la population, il pourrait déposer Thiéacine et, soit se faire nommer chef, soit faire mettre en place une de ses créatures. C'est ce qui devait d'ailleurs arriver. Quelque temps après, Thiéacine fut détrôné et ramené à Saint-Louis; les deux principaux chefs du parti tiédo, le Thialao Ndoup et le Bar-Diak Diafé, furent mis à mort, payant de leur vie leurs crimes innombrables; Tanor Goye, ami tout dévoué d'Amadou Bamba, devint tègne du Baol, et fut, pendant la période de son commandement (1890-1895), tout à la dévotion de son allié-protecteur. Il devait faire interner Maïssa Anta, le dernier espoir du parti tiédo et s'abandonner complètement au parti maraboutique.

Le groupement Mbaké-Touba (Baol) se développa donc rapidement. De toutes parts, les disciples accouraient, les dons affluaient. Le Cheikh enseignait, consacrait des marabouts; sa renommée grandissait rapidement; il entretenait les meilleures relations avec Saër Matti, toujours en dissidence dans la Gambie anglaise et servait d'intermédiaire entre ce vieil ennemi de notre puissance et le tègne du Baol.

C'est vers ce moment que pour la première fois l'administration commence à s'inquiéter de ce mouvement naissant (fin 1888). On remarque l'installation du Sérigne dans la brousse du bas-Ferlo, entre Diolof, Cayor et Baol, à distance égale des fleuves Sénégal et Gambie. Ce point géo-

Le carré d'Amadou Bamba a Diourbel.

métrique pouvait devenir très facilement le centre d'un groupement hostile à notre influence, et l'on sent la nécessité de faire surveiller Amadou Bamba. D'ailleurs les réclamations surgissent contre lui : les familles réclament leurs enfants; les chefs indigènes se plaignent. Le gouverneur Clément Thomas essaie tour à tour une politique de conciliation et de fermeté (1889). Il demande au cheikh de renvoyer les étudiants chez eux, de prêcher le calme à ses adeptes, et lui offre des livres saints en signe d'amitié. Descendant sur son terrain, il essaie de lui faire comprendre que la religion musulmane est outragée par les erreurs doctrinales de ses disciples.

Ces palabres restant sans effet, et le Bour du Diambour ayant signalé que sa province était l'objet de désordres croissants, le Gouverneur, « tel Noé chassant Cham », fit expulser du Guet, les Mourides, prédicateurs de guerre sainte, déjà groupés sous la direction d'Ibra Sar.

Quant à Amadou Bamba, adoptant l'attitude qu'il a conservée jusqu'à ce jour, il écrivait au Gouverneur au commencement de juillet 1889, qu'il « n'avait besoin de rien en ce bas monde futile et périssable ». Ces premiers incidents, qui troublèrent à cette date, 1889-1891, le Diambour, le Cayor et le Baol, ayant été définitivement clos (1891) par la dispersion des Mourides, Amadou Bamba acheva sa soumission et donna des preuves de sa loyauté par une visite au Gouverneur à Saint-Louis, au cours de laquelle il livra sans hésiter les noms de ses disciples les plus compromis.

Le Sérigne assagi disparaît à nouveau pour quatre ans (1891-1895) et ne quitte plus le Baol. Tout rentra dans le calme : le Diambour notamment, dont le Bour avait formellement interdit l'accès aux Mourides, jouit de la plus grande tranquillité.

Cependant les circonstances politiques d'une part (mort du tègne du Baol, 1895; démembrement de cette province, intervention de plus en plus directe de l'administration française), et d'autre part le désir d'Amadou Bamba de ne pas rester inactif lui firent abandonner Touba (Baol) et jeter son dévolu sur la province du Diolof : il y retrouvait une situation analogue à celle où était le Baol en 1887. Le Bourba du Diolof : Semba Laobé Penda, faible, malade, déconsidéré, semblait être une proie facile pour l'intrigant Sérigne; sa succession était virtuellement ouverte.

Amadou Bamba vint donc s'établir avec cinq cents talibés dans le canton de Bakkal (Diolof), entre Thiéamine et Melekh, et y fonda un village auquel il donna encore le nom de Touba (mars 1895). A Touba (Diolof) répondirent aussitôt à son appel tous ses anciens amis, les guerriers du damel Lat Dior et du Bourba Ali Bouri, des déserteurs, des chefs révoqués, des Peuls fanatisés, tous condottieri en quête d'aventures ou intrigants en mal d'ambition. Influencé par cette force, et sans aucun attachement pour la France, le Bourba du Diolof lui-même, Semba Laobé, vint rendre hommage au Sérigne en mai 1895 et demander son affiliation à la confrérie.

L'agitation recommença aussitôt; désordres dans les villages, exactions des talibés, insultes aux chefs indigènes, refus de payer l'impôt. L'intervention de l'autorité française s'imposait, d'autant plus qu'Amadou Bamba était représenté à ce moment comme faisant de grands achats d'armes et de munitions, réunissant du monde et pouvant grouper plus de cinq mille talibés.

On apprit alors également que le Sérigne jusque-là Qadri et fils spirituel de Cheikh Sidia, faisait aussi partie de l'ordre des Tidianïa réputés hostiles aux chrétiens en Afrique Occidentale.

Enfin l'apparition à Ganado (Diolof) d'un faux prophète qui se disait ressuscité trois jours après sa mort, jetait toute cette région dans une agitation extrême.

L'arrestation de ces deux marabouts fut décidée : elle fut opérées ans difficultés (10 août 1895), Amadou Bamba condamné à l'internement politique par décision du 5 septembre 1895, fut aussitôt embarqué pour le Gabon.

Il y resta sept ans (1895-1902). Il semble bien qu'il n'aurait dû jamais en revenir. Si pendant cette période, le Mouridisme ne disparaît pas, tout au moins l'éloignement de son chef fait-il bénéficier la région d'une parfaite tranquillité.

Sur la caution de Cheikh Sidïa qui se portait garant de la sagesse politique d'Amadou Bamba, la décision de 1895 fut rapportée et le Sérigne autorisé à revenir au Sénégal. Il y débarquait en novembre 1902. Trois mois ne s'étaient pas écoulés que l'agitation recommençait : les talibés accouraient autour de lui, des dons énormes lui étaient versés. On disait que le Sérigne était allé volontairement au Gabon, après avoir prié Dieu de lui faire subir une grande épreuve, et qu'il en était revenu de son plein gré, en dehors de l'administration et sur l'intervention du député du Sénégal. Il avait d'abord pensé revenir par les airs, avec les ailes que le prophète voulait lui donner ; mais par modestie il s'y était refusé. Cette réputation croissait ; les fidèles s'exaltaient ; l'inquiétude devenait générale.

Invité à plusieurs reprises en mai 1903 à se présenter à Saint-Louis, Amadou Bamba éluda tous les ordres. « Je vous fais savoir, écrivait-il à l'autorité locale, que je suis le captif de Dieu, et ne reconnais pas d'autre autorité que Lui. » Au Gouverneur Général, il répondait d'abord en le priant de ne pas écouter les calomniateurs, de croire à sa bonne foi ; puis comme les ordres d'appel étaient réitérés, il prétextait la maladie et l'impossibilité de tout déplacement.

Son arrestation ayant été décidée, les heureuses dispositions prises par l'administrateur Allys et le concours efficace de Bour Sine et de Cheikhouna, gendre de Cheikh Sidïa, amenèrent Amadou Bamba à se constituer prisonnier.

le 13 juin 1903. Il y a lieu de remarquer ici qu'au dernier moment, il fut complètement abandonné par les gens de son village et par sa famille. Quand les forces de police furent proches de Mbaké, son frère aîné Momar vint le trouver au nom du groupement et lui demanda d'accomplir le miracle patent qui devait éloigner les Français. Amadou Bamba s'y refusa : Momar entra aussitôt en relations avec le chef de la colonne et apporta la soumission générale.

On ne crut pas mieux faire à ce moment pour se débarrasser du Sérigne, que de le confier à son père spirituel et protecteur Cheikh Sidïa, avec mission de le garder dans une de ses Zaouïa. C'est pourquoi il fut envoyé en Mauritanie avec résidence obligatoire à Souet-el-Ma (19 mai 1903).

Ce point était trop rapproché du Sénégal : les pèlerins affluèrent auprès du Sérigne, et le Gouverneur Général envisagea un moment son transfert en un point plus éloigné du fleuve, tel que Fort-Coppolani. Il n'en fut rien cependant.

En avril 1907, le commissaire du Gouvernement Général en Mauritanie, ayant fait remarquer l'attitude correcte du Sérigne depuis quatre ans et sa conduite irréprochable lors des événements du Trarza et du Tagant, demanda et obtint le retour au Sénégal d'Amadou Bamba.

La résidence de Thiéène (cercle de Louga) entre Louga (65 kilomètres) et Yan-Yan (35 kilomètres), lui était assignée. Ce point avait paru assez écarté et d'accès insuffisamment difficile pour que l'isolement d'Amadou Bamba et son recueillement personnel ne fussent pas troublés. Un domaine de quatre kilomètres carrés lui était concédé pour son installation, celle de sa famille et leurs cultures (avril 1907).

Faut-il dire que l'afflux des pèlerins par caravanes nombreuses, l'exagération des dons qui ruinaient des familles entières, la fréquence des propos séditieux, le groupement des fanatiques exaltés provoquèrent à nouveau l'agitation dans la contrée? Amadou Bamba, qui en 1907 avait pris l'engagement à Coki de ne pas recevoir les visiteurs non munis d'une autorisation administrative, ne tenait aucun compte de sa promesse. La présentation de la quittance d'impôt qu'on voulut alors exiger de toute personne venant de Thiéène ne fit que provoquer des troubles, car les pèlerins n'apportaient jamais cette pièce avec eux, et se croyant victimes de persécutions, protestaient de toutes leurs forces.

On s'aperçut enfin que Thiéène, si peu isolé pour Amadou Bamba et ses visiteurs, l'était complètement pour l'administration et les chefs indigènes qui ne pouvaient pas exercer sur le groupement du Sérigne la surveillance nécessaire. Il parut que la meilleure façon de supprimer ce foyer d'agitation était de déplacer Amadou Bamba de Thiéène et de le rapprocher du Baol. C'est ce qu'il avait lui-même demandé à maintes reprises dès 1908. Il reçut donc l'autorisation de s'établir à Diourbel.

Le voyage s'effectua sans incident (13-15 janvier 1912), grâce à l'énergie insolite d'Amadou Bamba, qui apprenant avec effroi que les gens de Mbaké arrivaient en foule à sa rencontre en clamant : « Notre Allah revient », refusa de les voir et maudit tous ceux qui quitteraient leurs demeures.

Dès son arrivée à Diourbel (16 janvier 1912), il écrivait au Lieutenant-Gouverneur du Sénégal pour le remercier de son déplacement. Il ne demandait qu'une chose : que « comme à Thiéène, on ne lui ménageât pas les terrains « pour son habitation et ses cultures : il n'avait besoin « en ce bas monde que de larges emplacements pour y « habiter avec sa famille, y installer son oratoire et y faire « ses cultures. »

Le Sérigne Amadou Bamba est toujours à l'heure actuelle en résidence obligatoire à Diourbel.

c) *Caractère d'Amadou Bamba. Son enseignement. Sa vie privée.* — Amadou Bamba jouit auprès de tous les Musulmans, même de ceux qui ne partagent pas ses croyances, tels les Marocains, Maures ou Toucouleurs, tels les Tidianïa, d'une estime générale. Tous s'accordent à le considérer comme un saint homme, pieux, charitable, de mœurs très pures, convaincu de la mission de réformation islamique dont il se dit investi.

Mon jugement sera plus complexe. Dans le domaine religieux, je crois aussi qu'Amadou Bamba est un « convaincu ». Élevé dans un milieu familial où la culture était de tradition, il est très versé dans les lettres et sciences musulmanes. Ces études, semblables sur ce point à l'enseignement des Universités de notre moyen-âge, ont toutes une base religieuse, et ont eu pour résultat de l'affermir dans sa foi, en le nourrissant des preuves de la vérité de l'Islam.

En outre Amadou Bamba croit, vraisemblablement parce qu'il lui a été donné de croire, et parce que cette question de foi, naissant le plus souvent du sentiment personnel et de dispositions naturelles, échappe complètement à l'analyse et aux explications.

Il est hors de doute enfin qu'Amadou Bamba est très charitable. Peut-être même, vu l'abondance de ses aumônes, pourrait-on dire qu'il est personnellement désintéressé, si on était assuré que ces libéralités ne sont pas faites à dessein, et pour attirer de plus forts cadeaux. Ce serait alors le fait d'un adroit politique et d'un habile marabout.

Mais s'il est un vrai croyant et un convaincu, si aujourd'hui il paraît se cantonner dans le domaine religieux et ne chercher d'autre gloire que celle d'un saint de l'Islam, il n'en a pas toujours été ainsi. Il fut un temps favorable, après 1886, où la disparition des chefs politiques du Sénégal d'antan — damel, bour, bourba, tègne — laissait la

(Cliché Lasselves).

MOSQUÉE DE COKI GOUI (BAOL).

LE CHAMP DE MANIOC DU VILLAGE MOURIDE DE DIOURBEL.

place libre à des hommes nouveaux, où le prestige des royautés et aristocraties locales qui succombaient sous les coups de la puissance française, était éclipsé par la force et la vérité de l'Islam croissant, par la vertu et la sainteté des marabouts ses représentants.

Amadou Bamba a cru, ce jour-là — et il en est resté longtemps persuadé — qu'il était appelé à restaurer à son profit l'autorité locale. Il a groupé autour de lui les familles des Lat Dior, Semba, Laobé, Ali Bouri, Ma Ba et les a unies à la sienne et à celles de ses disciples par maintes alliances. Tous les condottieri de l'ancien régime, tous les débris des cours des chefs ont accouru à lui et ne vivent encore aujourd'hui que de ses subsides.

Mais Amadou Bamba — malheureusement pour lui — est arrivé trop tard. Il s'est constamment heurté à l'expansion française alors en pleine vigueur. Le rôle des Hadj Omar, des Ma Ba, des Amadou Cheikhou, des Mamadou Lamine, des Samory, encore possible jusqu'en 1898, ne l'est plus depuis cette époque; et il a bien fallu — et non sans peine — que Sérigne Bamba s'en rendît compte.

On peut donc conclure qu'aujourd'hui Amadou Bamba est définitivement confiné dans son rôle de chef de confrérie islamique et de propagateur et réformateur de la foi.

Il était jadis assez subversif dans ses publications : « Tous « les corps, tous les cœurs sont domptés par moi. Les Blancs « et les Noirs me sont soumis... » « Mets sous mon autorité « tous les Chrétiens, et protège-moi contre eux... Par la « vertu de la sourate des Roum, fais qu'ils me soient sou- « mis en captifs... » Son enseignement oral, comme ses écrits, ne tend plus actuellement qu'à démontrer à la foule qu'il est un prophète et un apôtre. Il se désigne lui-même : « Celui qui connaît son Seigneur, qui ne s'occupe que de « Lui, qui s'éloigne en son cœur des biens de ce monde,

« soutien de ceux qui seront sauvés, »: et plus loin, « Maître « des Mourides, serviteur de l'Elu (Mahomet) dont il a res« suscité la Sounna. »

Ses derniers ouvrages, ainsi que ceux en cours de composition, ne sont plus que des ouvrages de doctrines. Il en est donné un aperçu dans le chapitre suivant qui concerne le Mouridisme.

Il est à remarquer enfin que si grande que soit la vertu d'Amadou Bamba, elle ne le met pas à l'abri des suggestions du « Malin ». La chair est faible, et la pratique de l'ascèse parfois pénible. Il le reconnaît dans ses écrits sous cette forme : « Accorde-moi, ô Roi des Rois, « de me maî« triser, de vaincre mes passions, sans qu'il soit néces« saire que je m'adonne à la vie ascétique. » — « Par la « vertu de la sourate des femmes, conduis vers moi les « femmes que j'ai choisies dans ce monde et dans l'autre. » — « Par la vertu de la sourate du divorce, donne-moi les « femmes que je désire, ô toi qui fais ce que tu veux. » — Il faut ajouter que la vie privée du Sérigne est tout à fait correcte au point de vue musulman, et que ne suivant pas sur ce point l'exemple du Prophète, ni même celui de la plupart de ses frères et disciples, il s'en tient au nombre canonique de quatre épouses. Son harem personnel contient néanmoins 75 à 80 femmes, concubines, servantes... mais il y a là surtout une question de snobisme et de décorum.

2. — *Cercle du Baol (Diourbel).*

Le cercle du Baol est, à l'heure actuelle, la région par excellence du Mouridisme, celle où par la force de circonstances favorables il s'est développé avec ampleur depuis 1887. Il comprend aujourd'hui 33.000 personnes affiliées à la secte (Cf. *Annexe n° 5*) soit les 2/5 au nombre des islamisés, et le 1/5 de la population totale du cercle. Les

(Cliché Lasselves).

Le village d'Amadou Bamba, a Diourbel.

(Cliché Lasselves).

La maison des hôtes d'Amadou Bamba, a Diourbel.

adeptes ne sont pas répartis également sur la surface du cercle. A peu près tous de race ouolofe, ils occupent surtout la région sise au Nord de la voie ferrée Thiès-Kayes. Ils cheminent aussi par petits groupes le long du rail. Les cantons les plus mouridisés sont ceux de Guéoul, Thièpe, Diette-Salao et La.

Il convient de donner une mention particulière aux centres de : 1° Diourbel, 2° Mbaké-Darou-Touba, 3° Gaouane, 4° Bambey et environs.

Diourbel. — Diourbel présente aujourd'hui un intérêt tout particulier dans cette question du Mouridisme d'Amadou Bamba par la présence dans cette escale du Grand-Maître de la confession.

Le Sérigne — âgé d'environ 62 ans — habite un carré dans la même ville. Son installation y fut jusqu'à ce jour plus que sommaire. Cette situation qu'il faisait durer était évidemment un signe très net de sa volonté de montrer à tous qu'il n'était là qu'en résidence provisoire.

Présentement les choses ont changé. Autorisé à sortir de Diourbel, il a édifié son village sur le plateau de dunes situé à 1 kilomètre à l'est de l'escale. Plusieurs centaines de cases se sont rapidement élevées. Elles furent d'abord entourées de tapades en branchages. En janvier 1914, il leur a substitué une clôture en tôle ondulée de près de 3 mètres de haut et qui court sur tout le pourtour de cet immense carré, soit sur 3 kilomètres de longueur. C'est, a-t-il dit, afin de mieux se préserver des importunités de ses visiteurs.

Au milieu de ce village s'élève une grande construction en maçonnerie, œuvre d'Ibra Fal. Elle sert de mosquée et de maison d'hôtes. Amadou Fal, qui a sa mosquée particulière, grande case de planches recouverte de tôles ondulées, préfère celle-ci à la mosquée bâtie.

Le village du Sérigne, qui comprenait au recensement

d'obtobre 1913, date de sa création, 200 personnes, en comprenait en juin 1914, 576 et en fin 1915 un millier.

Amadou Bamba veut prouver que sa soumission aux autorités françaises est sans arrière-pensée et que son établissement à Diourbel doit être considéré comme définitif. La plus grande partie de ses femmes et concubines, jadis domiciliées à Touba avec sa famille, sont venues le rejoindre à Diourbel.

Le Sérigne fait donner l'enseignement coranique, à Diourbel même, à une centaine d'élèves environ. Il est assisté dans cette tâche par divers professeurs, dont les principaux sont :

Amadou Diop, Bachir Cissé, et provisoirement par le Cheikh très lettré Issa Diène, originaire de Ndande.

Ses principaux disciples, ceux qui restent attachés à sa personne et lui servent de « missi dominici », sont :

Mokhtar Benda,
Abdallah Diao,
Cheikh Diop,
Abdallah Diop,
Amadou N'diaye Diop,
Ma Paté Silla.

Outre ces fidèles qui l'entourent constamment et les gens de son village, il y a en permanence à Diourbel une centaine de visiteurs et pèlerins divers.

Le centre le plus important et le plus intéressant du Mouridisme est constitué par l'agglomération des trois villages de *Mbaké* (36 kil. N.-E. de Diourbel), *Darou*. (5 kil. plus loin), *Touba* (5 kil. plus loin).

Ces trois villages, d'après les registres de recensement, ont une population totale de 2.225 habitants, Mbaké et Darou paraissant légèrement supérieurs en nombre. Ils sont entièrement peuplés de disciples d'Amadou Bamba, étroitement unis sous sa direction spirituelle, et plus spéciale-

(Cliché Lasselves).

Le village d'Amadou Bamba a Diourbel : vue générale.

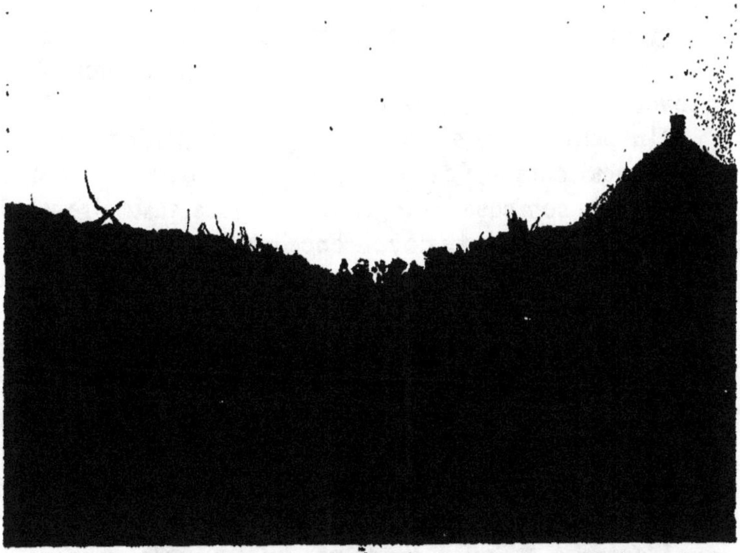

(Cliché Lasselves).

Le village d'Amadou Bamba a Diourbel : la rue principale.

ment dans chaque village sous l'autorité matérielle de son représentant.

Touba est véritablement, aux constructions près, la Zaouïa islamique. C'est : 1° un centre d'études religieuses et profanes, sorte d'Université minuscule où une cinquantaine d'étudiants de 10 à 25 ans s'abreuvent aux sources des belles-lettres musulmanes : théologie, exégèse coranique, droit, grammaire, logique, rhétorique, prosodie.

2° Une manière de couvent où les talibés travaillent et prient en commun, sous la direction des chefs spirituels. La nuit même, par fraction, les disciples se réunissent et chantent matines et laudes par des invocations à Dieu et la récitation d'odes en l'honneur du Prophète.

3° Un centre de pèlerinage très fréquenté et qui le deviendrait encore plus si l'âme de la Zaouïa n'en était absente, je veux dire le Maître : Sérigne Bamba.

En attendant ce retour à Touba qui semble bien être sont but suprême et son plus ardent désir, Amadou Bamba a minutieusement assuré l'organisation de sa Zaouïa. Dès maintenant, quoique encore sans assises de pierres, elle fonctionne régulièrement.

Un petit oratoire privé, qui lui est destiné, s'élève à quelques centaines de mètres de l'agglomération centrale. Celle-ci se compose d'une grande mosquée, vaste aire sablonneuse entourée d'une double enceinte de clayonnages, et de trois carrés principaux et juxtaposés : les carrés des deux fils aînés d'Amadou Bamba : Mohammed Mostafa et Mohammed Fadel, et celui de Masemba, son plus jeune frère. Ces trois personnages constituent le personnel enseignant de la Zaouïa et sont de véritables lettrés. Le cheikh Mbaké Bousso, docteur ès lettres islamiques, et qui jouit de toute la confiance d'Amadou Bamba, vient souvent de son village de Darou surveiller les études à Touba.

L'autorité à Touba réside par un équilibre qui demeure

stable, grâce à la force de la discipline familiale et religieuse dans la trinité Masemba; Mamadou Mostafa et Amadou Fadiama.

Masemba, dernier fils de Momar Antasali et de Issa Dièye, est le frère consanguin d'Amadou Bamba. C'est un jeune homme de 32 ans, grand, vigoureux, sympathique, s'exprimant facilement en arabe littéraire. Il se présente beaucoup plus comme un homme énergique que comme un marabout onctueux. Sa qualité de dernier né le relègue évidemment au dernier rang, et il paraît en souffrir : il cherche sa voie.

Mamadou Mostafa est le fils aîné d'Amadou Bamba. Il est professeur à Touba comme son oncle Masemba. C'est un jeune homme de 24 ans, intelligent, sympathique et qui mérite d'attirer l'attention. Il est encore à un âge où la réceptivité est grande, et tout porte à croire qu'on pourrait exercer sur ce jeune caractère une emprise qu'il n'est plus permis d'escompter sur Amadou Bamba.

Amadou Fadiama est le neveu d'Amadou Bamba et son homme de confiance à Touba. Il semble chargé de la direction du temporel, et s'absente souvent pour aller en mission, même en dehors du Baol. Il jouit d'une grande influence dans le Sine-Saloum.

Darou, à 5 kilomètres environ de Touba en venant sur Diourbel, est un village de 7 à 800 habitants. Il est sous l'autorité spirituelle et matérielle du Cheikh Mbaké Bousso, beau-frère d'Amadou Bamba (Cf. *Annexe n° 4*). Il est le chef actuel de la famille des Bousso, d'origine toucouleure, comme celle des Mbaké et qui, de tout temps s'est alliée avec elle.

Mbaké Bousso est un homme de 50 ans, très lettré, d'allures pacifiques. Il a épousé Kadia (Khadidja), sœur germaine de Cheikh Thioro, sœur consanguine d'Amadou Bamba. Il possède à Darou une abondante bibliothèque

(Cliché Lasselves).

La mosquée de Mapaté Silla, a Boulèle (Baol).

(Cliché Lasselves).

Autre vue de la mosquée de Mapaté Silla.

arabe et compose lui-même à ses heures. Il distribue l'enseignement coranique à 60 élèves environ, et se rend souvent à Touba pour y surveiller les études, et même à l'occasion pour y professer.

Mbaké (*Baol*), village à 5 kilomètres de Darou, groupe en hameaux séparés une population de 800 à 1.000 habitants. Il comprend une petite mosquée en pisé, de grandes et spacieuses cases d'habitation, et une école où une vingtaine d'élèves reçoivent l'enseignement coranique. Il a pour chef Momar Diara, frère aîné et germain d'Amadou Bamba, vieillard de 70 ans environ, peu lettré et médiocrement intelligent. Mbaké est pourvu d'ouvriers d'art : forgeron, tailleur, menuisier. On y remarque une boutique de traitant.

Les trois villages de Mbaké — Darou — Touba constituent à l'heure actuelle le centre même de la confrérie d'Amadou Bamba. Tous les habitants sont affiliés à la secte et travaillent pour le Maître. Une recrudescence d'activité s'est fait sentir ici : on a fortement déboisé, trop même, à Mbaké. Des jardins de manioc, de patates, de tomates et d'oignons entourent les villages; et les champs de mil et d'arachides s'étendent à perte de vue.

Gaouane (canton de Thièpe) est une agglomération d'un millier de personnes environ, surtout intéressante par la présence de son chef : Cheikh Anta, frère consanguin d'Amadou Bamba.

Cheikh Anta (de son nom islamique Al-Mokhtar ben Mohammed), est un homme de 42 ans environ, très vigoureux, quelque peu lettré en arabe, comprenant avec peine le français. Il complète sa réputation de savant par une bibliothèque aussi abondante que désordonnée. C'est un homme intelligent.

Il n'a jamais joui d'une bonne réputation auprès des

administrateurs qui l'ont connu. Dès 1903, M. Allys l'appelle dans un rapport « le mauvais génie d'Amadou Bamba ». A ce moment on s'accorde à le considérer comme le « caissier du mouvement ». Aujourd'hui encore les commandants de cercle sont unanimes à voir en lui un intrigant.

Il est certain que Cheikh Anta s'est rendu le plus gênant des frères et disciples du Sérigne par ses perpétuelles intrigues. On peut donner comme preuve sa dernière instance devant le tribunal de Dakar.

La chose a peu d'importance en elle-même; mais elle démontre avec quel attachement immoral les Mourides sont dévoués à leur Cheikh, personne n'ignorant que Cheikh Anta n'est pas né à Rufisque, et d'autre part que malgré son habileté, Cheikh Anta est la proie des hommes de loi auxquels il se confie.

Il a noué des relations diverses avec des hommes politiques, des agents d'affaires et des commerçants du Sénégal. Abondamment pourvu d'argent, il en connaît la puissance. Malgré cela, il vit au jour le jour. Par ces relations, il influence Amadou Bamba, qui, personnellement obligé de par sa sainteté d'éviter tout contact avec les Européens, se sent très ignorant dans cette diplomatie et s'en remet volontiers à son frère — ainsi d'ailleurs qu'à Ibra Fal — de la conduite des relations avec les Européens.

On ne peut nier que ce « Ministre des affaires extérieures » des Mourides, comme on l'a appelé, n'ait acquis à ce contact des Blancs une certaine façon toute pratique d'exposer et de liquider les situations. Ce n'est pas en tout cas le scrupule d'entraver la mission religieuse de son frère qui l'arrête. Cheikh Anta, il est aisé de le voir, n'y croit plus depuis longtemps. Le Mouridisme est pour lui une excellente exploitation personnelle.

Cheikh Anta jouit dans le monde indigène d'une réputation de débauché. Il ne recule devant aucune dépense pour

(Cliché Lasselves).

LA MOSQUÉE DE MBAYE SEK A BOULÈLE (BAOL).

obtenir les femmes noires — et même demi-blanches, dit-on — qui excitent ses désirs. Il a été sur ce point et est encore l'objet de plaintes judiciaires devant divers tribunaux indigènes.

A la suite des difficultés qu'il a éprouvées dans le Baol, Cheikh Anta a jugé utile de se créer un second domicile dans le Cayor, et a fort judicieusement choisi pour cette installation le centre de Niakhène, à 25 kilomètres nord de Gaouane (canton de Mbakol-Cayor). Ce village se trouve à peu près au centre du triangle Gaouane, Mbaké-Baol, Mbaké-Cayor. Les cases sont achevées, une large route qui relie Gaouane à Niakhène a été débroussaillée en quelques semaines par les soins de plusieurs centaines de Mourides : elle est jalonnée par les puits de Tiakamy, Kalou N'diané et Thielle.

L'enseignement coranique est distribué à Gaouane à une cinquantaine d'élèves environ. Les autres talibés travaillent aux champs pour le Cheikh.

Balla Mbaké (dit aussi Balla Thioro), frère consanguin d'Amadou Bamba, et germain de Cheikh Thioro, habite tantôt à Gaouane, tantôt dans son propre village de Diakhal. Il a séjourné dans le Trarza pendant plusieurs années, auprès d'Amadou Bamba, quand celui-ci était interné à Souet-el-Ma. Il paraît tranquille ; il est sans enfants.

C'est enfin à *Bambey et à ses environs*, Guéoul, Thièpe, Lambaye, qu'on doit signaler la dernière des plus importantes agglomérations Mourides. Il y a là plusieurs cheikhs très influents :

Cheikh Hafsa, frère consanguin d'Amadou Bamba, qui instruit une trentaine d'élèves à Diorel.

Gora Bakhouma, disciple de Cheikh Anta, à Tiakhamy.

Amadou Digol, à Keur Amadou Digol.

A Lambaye, deux anciens cadis : Mamadou Silla, et Meltoufa Khari ; ainsi qu'un Sérigne influent : Cheikh Alioun Diouf, en relations étroites avec Cheikh Anta et le chef du canton de Joal-Nyië (cercle de Thiès, résidence de la Petite-Côte), fils aîné de Lat Dior.

Sont jointes :

Annexe n° 3. — Cercle du Baol :

Généalogie de la famille Mbaké (Amadou Bamba).

Annexe n° 4. — Cercle du Baol :

Généalogie de la famille Bousso.

Annexe n° 5. — Cercle du Baol :

Dénombrement par cantons des Mourides, des islamisés et de la population totale.

Annexe n° 6. — Cercle du Baol :

État des principaux marabouts mourides, de leur origine, de leur résidence et du nombre de leurs talibés.

3. — *Cercle du Sine-Saloum (Kaolak).*

La confession mouride, et avec elle l'Islam, semble perdre du terrain dans les provinces du Sine et du Saloum.

Les statistiques du recensement de 1912 accusent 200 Mourides de moins qu'en 1911. D'autre part, les administrateurs et chefs indigènes formulent nettement sur ce point une impression unanime. Un certain nombre de Mourides proclament eux-mêmes avoir abandonné une secte où ils n'étaient entrés que par ignorance. Certains indices enfin peuvent paraître confirmer cette conclusion : les indigènes, jadis Mourides, ont supprimé les signes apparents de la secte qu'ils portaient sur leurs vêtements : colliers de cuirs et grigris descendant sur le ventre ; on a enlevé les perches des carrés ; on ne se rend plus en pèlerinage à Mbakè-Darou-Touba ; on envoie moins de cadeaux au Sérigne.

Il faut évidemment chercher les causes de cette régression tant dans l'hostilité très marquée des chefs indigènes, que dans les poursuites très actives dont les marabouts, fauteurs de troubles, ont été l'objet dans le cercle et dans les sévères condamnations qui sont venues réprimer les infractions dont ils se rendaient coupables. Les Sérignes Assane Touré, d'ailleurs désavoué publiquement par Amadou Bamba (cf. *Annexe n° 9*) ; Ali Penda Lo de Kaffrine ; Makhoudïa Dieng, Ousman Koudia Lo, de Foundiougne, sont ou incarcérés ou en fuite sur le territoire étranger. Privé des chefs de file, le mouvement s'arrête.

Le Mouridisme affecte d'ailleurs dans ce cercle une forme spéciale. On n'y trouve pas, comme dans le Baol, des villages ou hameaux entiers, étroitement groupés entre eux et vivant dans l'obéissance spirituelle et matérielle du Cheikh. Ici on rencontre, fort disséminés, et dans certains cantons islamisés seulement, quelques personnages qui se déclarent lettrés, et le plus souvent n'ont que peu de talibés, quelquefois n'en ont pas du tout. Ils paraissent sans influence sur les populations qui d'ailleurs surtout fétichistes offrent une résistance plus que passive aux infiltrations de l'Islam en général, et de sa forme mouride en particulier. L'escale de Gossas seule, sur la voie ferrée du Thiès-Kayes, présente une grosse agglomération de talibés du Sérigne.

Amadou Bamba n'a jamais effectué d'apostolat personnel dans le Saloum d'où il est originaire. Il en a confié le soin à quelques lieutenants, et notamment à Amadou Fadiama. C'est de ce dernier, actuellement représentant du Sérigne à Touba (Baol), que relèvent la plupart des Cheikhs du Sine-Saloum, et c'est lui qui a organisé dans le cercle la perception des redevances.

La famille de Ma Ba, l'almamy du Saloum d'antan, est toujours en relations de sympathie avec le Sérigne. Saër Matti, le fils de Ma Ba, est mort vers 1910, mais son cousin Ma Ba Aoua vit toujours. Il habite le Niomrip, y possède une grande influence, et se considère comme le disciple du marabout de Touba.

Il sera utile de noter d'un mot l'état actuel de la situation dans chaque résidence du cercle.

Résidence du Saloum (*Kaolak*). — Cette résidence comprend quatorze Sérignes, tous de race ouolofe, sauf deux d'origine sérère, qui se sont convertis directement à l'Islam mouride. Ils sont suivis de 54 talibés. De ces 14 Sérignes, 4 se rattachent directement à Amadou Bamba ; les autres s'y rattachent par l'intermédiaire : 3, d'Ibra Fati, frère consanguin d'Amadou Bamba, résidant à Mbaké (Cayor) ; 2, de Cheikh Anta ; 2 d'Amadou Fadiama, homme de confiance du Sérigne à Touba ; les 3 derniers enfin, dont les 2 Sérères, à des marabouts locaux.

Résidence du Sine (*Fatick*). — La résidence du Sine comprend 21 Sérignes suivis de 120 talibés. Sur ces 21 marabouts, 18 sont Ouolofs, 3 sont Peuls. Il est à remarquer que ce nombre important est dû moins à des conversions locales qu'à un mouvement d'immigration venu du Baol. C'est en effet vers Gossas en particulier, station de la voie ferrée après Diourbel vers le Sine, et chef-lieu du canton de Maroutte, que se dirige l'essor économique des gens de Mbaké-Touba. Ces Sérignes se rattachent à Amadou Bamba, soit directement : 8 ; soit par l'intermédiaire de ses frères : 3 ; ou de ses disciples : 10.

Résidence du Bas-Saloum (*Foundiougne*). — Le seul canton de Djilor comprenait autrefois huit Sérignes Mourides, tous de race ouolofe, dont sept se rattachaient directement à Amadou Bamba et le dernier à Amadou Fadiama. Ils n'avaient point de talibés. Ces gens déclarent aujourd'hui avoir abandonné le Mouridisme.

Résidence du Rip (Nioro). — L'éloignement de la province du Rip l'a mise à l'abri des prédications des Mourides. On y rencontre 5 Sérignes seulement, tous d'origine ouolofe, suivis de 21 talibés. Quatre d'entre eux se rattachent à Amadou Bamba directement, le cinquième à Amadou Fadiama.

Résidence du Saloum oriental (Kaffrine). — Sur le territoire du Saloum oriental, le Mouridisme, de l'attestation de son chef, est en décroissance. Les condamnations infligées à Ali Penda Lo et à ses disciples pour pratiques de charlatanisme, escroquerie, abus de confiance, troubles divers, ont fortement refroidi les zélateurs. On signale aujourd'hui dans cette résidence, 6 marabouts suivis de 40 talibés. Sur ces six marabouts, deux se rattachent directement à Amadou Bamba, un s'y rattache par Amadou Mbaké son frère ; les autres par ses lieutenants.

Le nombre des Sérignes et talibés dans le cercle du Sine-Saloum est de 281. En comptant 3 ou 4 femmes et enfants par homme, on obtient un chiffre total d'un millier de personnes environ, affiliées à la secte d'Amadou Bamba, ce qui représente le 1,3 p. 100 des Musulmans, et le 0,5 p. 100 de la population globale du cercle.

Sont jointes.

Annexe n° 7. — Cercle du Sine-Saloum :

Dénombrement par résidences et cantons, des Mourides, des islamisés et de la population totale.

Annexe n° 8. — Cercle du Sine-Saloum :

État par résidences et cantons des principaux mara-

bouts mourides, de leur origine, de leur résidence, de leur père spirituel et du nombre de leurs talibés.

Annexe n° 9.

Lettre d'Amadou Bamba, en date du 9 février 1913, désavouant le marabout agitateur Assane Touré.

4. — *Cercle de Thiès.*

La confession mouride qui avait, dès 1910, très vivement attiré l'attention à Thiès, non seulement de l'administration locale, mais même des commerçants européens des escales, semble aujourd'hui en voie de décroissance dans ce cercle.

Il apparaît qu'il faut en attribuer les causes, d'abord à la conduite du Cheikh Ibra Fal, principal lieutenant d'Amadou Bamba dans le cercle, et qui par la licence de ses mœurs privées et par le scandale d'une vie consacrée beaucoup plus à des opérations commerciales qu'à des pratiques religieuses, ébranle la ferveur des Mourides; ensuite à la présence dans la région d'autres marabouts qui, tels que Cheikh Bou Kounta, de Keur Bou Kounta, à 5 kilomètres de Tivouane attirent à eux un grand nombre d'adeptes qadria et font la plus dangereuse concurrence au Mouridisme d'Amadou Bamba.

Résidence de la petite côte (Nianing). — Des trois résidences qui forment le cercle de Thiès, celle de la petite côte (Nianing) ne comprend que quelques affiliés, une cinquantaine à Thiombologe, dans le canton de Nianing et deux cents environ dans le canton de Joal-Ngoë. On saisit ici sur le vif les relations intimes qui existent entre Amadou Bamba et la famille de Lat Dior. Le chef de ce canton de Joal-Ngoë, Bakhane Diop, est le fils aîné de l'ancien damel. Il se défend d'être personnellement Mouride, mais il as-

IBRA FAL DE THIÈS.

corde toutes ses sympathies aux affiliés de la secte. Il donnait l'hospitalité en 1911 au *missus dominicus* d'Amadou Bamba : Baba Diakhoumpa, cadi révoqué du Cayor-Baol, que l'autorité indigène avait chassé des Provinces Sérères pour ses escroqueries et sa propagande déplacée. Comme chef de famille, il a marié ses sœurs et cousines à des cheikhs mourides :

Sa sœur Senne Coumba Mandakhe, née au Saloum peu de temps après la conversion du damel à l'Islam, à Momar Coumba Gissé, actuellement à Diourbel dans l'entourage du Sérigne ;

Sa sœur, Coumba Sakhé au Cheikh Cissé Touré, qui réside à Maha (Cayor);

Sa sœur Coumba Tiélémane au Cheikh Ibra Fal, à Thiès. Ibra Fal l'a déjà installée dans son carré à Diourbel;

Sa cousine, Lala Fal, au Cheikh Ibra Fal aussi.

Résidence des Provinces Sérères (Fissel). — Cette résidence est de beaucoup la plus touchée par le Mouridisme, et elle l'est uniquement dans le canton des Diobas qui avoisine le Baol. Il faut remarquer pourtant que les adeptes sont en très grande partie des Ouolofs immigrés ou indigènes et qu'il y a fort peu de Sérères mouridisés. Sur un chiffre de 4.300 Mourides, on peut fixer le chiffre des Ouolofs à 4.100, et celui des Sérères à 200. Ils sont surtout répartis dans les deux villages de Khabane et de Tassette.

Il convient de signaler notamment : à Khabane, les trois cheikhs lettrés et influents : Amadou Ndoumbé Baké, cousin d'Amadou Bamba, qui habite le village de Keur Amadou, réunit un grand nombre de talibés et est dans la région le représentant du Sérigne et l'ardent missionnaire du Mouridisme ;

Abdoulaye Diao qui groupe 80 talibés à Keur Sérigne, Abdoulaye ou Dialakh ;

Issa Diène, originaire de Ndande, qui a fondé dans cette

résidence un village du nom de Touba, et qui professe à l'heure actuelle, à Diourbel même, aux côtés du Sérigne Bamba;

A Tasette, le Cheikh Ma Diop, demeurant au Keur Madiop, où il y a une trentaine de talibés.

Dans le canton de Sassal, on ne signale qu'un marabout, Amadou Lamine Mbaye, avec une trentaine de talibés.

Résidence de Thiès. — La résidence de Thiès présente un grand intérêt dans la question du Mouridisme d'Amadou Bamba, moins à cause du nombre des affiliés que par la présence du Cheikh Ibra Fal.

Ce Cheikh est le principal lieutenant du Sérigne à Thiès. C'est un homme de 45 à 50 ans, peu lettré, dont les ancêtres sont originaires de Kébemer où lui-même il est né. C'est de Kébemer qu'il partit, il y a quelque vingt-cinq ans, pour Mbaké-Cayor où était alors Amadou Bamba, et qu'il se déclara son disciple. Depuis ce temps, Ibra Fal a séjourné plusieurs années à Saint-Louis, et six ans à Ndande. Il est depuis six ans à Thiès, attiré, dit-il, par la valeur agricole des terrains.

Ibra Fal a un physique peu sympathique et qui ne prévient pas en sa faveur. Avec ses tics, ses ricanements nerveux, une sorte de *delirium tremens* qui l'agite, on serait tenté de le prendre pour un « simple ». Il faut pourtant considérer qu'il fut un des premiers disciples d'Amadou Bamba, alors que personne ne soupçonnait encore la fortune naissante du Sérigne, ce qui dénote un certain flair. Depuis il a toujours poursuivi, avec autant d'intelligence que de ténacité, l'accroissement de ses biens. On pourrait l'appeler le « Ministre des affaires économiques » de la confession mouride. Il possède des maisons à Saint-Louis et à Dakar, des concessions à Thiès, à Diourbel, à Ndande, à Kébemer. Il a installé des maisons de commerce dans plusieurs escales et les fait gérer par ses disciples et ses femmes.

Keur d'Ibra Fal, de Thiès.

La surveillance de son commerce ne l'occupe pas tout entier. Il fait cultiver par les adeptes et sous la surveillance d'un de ses disciples, d'immenses champs d'arachides, de mil, de graines diverses, et s'occupe avec habileté de leur vente.

Il a créé un grand jardin d'arbres fruitiers à son village de Darou Baïré, près de Thiès, et y fait planter des manguiers, bananiers, goyaviers, papayers, citronniers, orangers, qu'il a obtenus à la pépinière de Saint-Louis. Il insiste pour qu'on le visite et qu'on n'oublie pas de signaler le fait à l'autorité supérieure.

Toute cette activité dénote, sans conteste, un sens averti des affaires et beaucoup d'opportunisme.

Ces qualités qui s'exercent dans un champ tout humain font le plus grand tort au développement religieux de la confession. Le nombre considérable de procès commerciaux que le Cheikh est obligé de soutenir pour ses affaires n'est pas fait non plus pour rehausser son prestige maraboutique.

La résidence d'Ibra Fal, Darou Baïré, ou Keur Ibra Fal, sise à un kilomètre environ de Thiès, dans la bifurcation des deux voies ferrées Dakar-Saint-Louis et Thiès-Kayes, est le seul centre mouride qui mérite d'être mentionné. Dans ce village vivent étroitement unies cinq cents personnes, en une dizaine de hameaux, comprenant cent cases environ.

Trois professeurs, tous Ouolofs :

Mokhtar N'diaye;

Amadou Thiam;

Amadou Khodja Guèye, lettrés médiocres, y distribuent l'enseignement coranique et quelques éléments de grammaire à environ 75 jeunes talibés de 6 à 15 ans. A partir de cet âge, Ibra Fal juge sans doute que l'enseignement professionnel leur est beaucoup plus profitable; et dans cette louable intention il les envoie faire du commere ou travailler aux champs.

Ces étudiants sont logés dans une douzaine de cases qu'ils occupent par nombre de 4 à 12. On leur fait aménager les moyens de couchage les plus divers : lits européens, canapés, matelas, paillasses, nattes, bas-flancs de roseaux ou de perches.

Darou Baïré dans son quartier central comprend en outre deux mosquées, c'est-à-dire deux enceintes de roseaux avec petit pavillon central dont l'un est recouvert de tôle ondulée. L'une de ces mosquées est celle où l'on fait la prière journalière, l'autre, celle des vendredis et jours de fête.

Tout à côté, se trouvent les appartements du Cheikh, baraque en planches, garnie d'ameublements divers, puis quelques arbres fruitiers, et enfin une petite case lui servant d'oratoire privé.

La principale entrée du quartier est obstruée par la boutique en planches fort bien achalandée d'un traitant disciple. On est donc contraint de passer à travers la boutique pour pénétrer dans le village du Cheikh : cette entrée d'épicier a la valeur d'un symbole.

L'influence de Cheikh Ibra Fal se fait sentir en dehors du cercle de Thiès sur toutes les escales de la voie ferrée du Cayor jusqu'à Louga.

Un point qui mérite d'attirer particulièrement l'attention, c'est la diffusion possible du Mouridisme dans les pays de race sérère, non pas tant comme secte particulière d'Amadou Bamba, mais comme confession islamique. Les Sérères ont résisté jusqu'à maintenant à tout rayonnement de l'Islam dans leur pays, par suite de leur attachement à leurs croyances traditionnelles. Mais le Cheikh mouride se fait insinuant : il sait adapter la doctrine islamique aux nécessités de la situation. Il permet au néophyte de conserver intégralement son genre de vie propre, et notamment son ivrognerie, pourvu qu'il prononce l'acte de foi mouride. Une fois embrigadé, le nouveau « frère » finit par subir l'ambiance générale et, s'en remettant d'abord au Cheikh de ses intérêts éternels, finit par abandonner entre ses mains la direction de sa vie matérielle. C'est la première brèche de l'Islam dans le bloc fétichiste.

Il faut se hâter de dire qu'elle est très minime, puisque comme il a été dit, les deux résidences de Thiès établies en pays Sérère, l'une, celle de la Petite Côte, n'a qu'une poussière de Mourides; l'autre, celle de Fissel, comprend dans le seul canton de Diobas, un fort groupement mouride. Ce groupement est à peu près uniquement composé d'Ouolofs d'avant-garde, immigrés du Baol. On n'y relève que deux cents Sérères mouridisés, dont un seul personnage important.

Le nombre total des Mourides dans le cercle paraît être de 5.080, ce qui représente le cinquième du nombre des Musulmans, et le dix-septième du chiffre de la population globale du cercle.

Sont jointes :

Annexe n° 10. — Cercle de Thiès :

Généalogie de la famille Fal (Cheikh Ibra Fal).

Annexe n° 11. — Cercle de Thiès :

Dénombrement par résidences et cantons des Mourides, des islamisés et de la population totale.

Annexe n° 12. — Cercle de Thiès :

État par résidences des principaux marabouts mourides, de leur origine, de leur résidence, de leur père spirituel et du nombre de leurs talibés.

5. — *Cercle du Cayor* (*Tivaouane*).

Le cercle de Cayor (Tivaouane), constitue avec le Baol (Diourbel) et le canton de Diobas (Thiès, Résidence de Fissel) le centre par excellence du Mouridisme d'Amadou Bamba.

Aujourd'hui le cercle est à peu près islamisé dans son ensemble. Cette islamisation s'est effectuée, il y a un demi-siècle environ, par les prédications de marabouts, venus du pays toucouleur par le Diambour. Ces personnages dont les noms sont encore vivants dans la mémoire des lettrés sont : Mokhtar Doumbé, maître de Momar Antasali (celui-ci père et maître d'Amadou Bamba) ;

Mamaka Kane, qui de son village de Sine Lèye Kane, et Semba Cor, qui de Tivaouane, répandirent l'Islam dans le Saniakhor ;

Aboulaye Si, apôtre du Mboul.

Mais ce fut surtout l'influence de Ma ba, l'Elimane du Saloum, qui fut décisive. Ses prédications enflammées et ses appels à la guerre sainte attirèrent à lui beaucoup d'indigènes. Le triomphe fut complet le jour où le damel Lat Dior, pour les besoins de sa cause, chercha un appui dans l'Islam. Sa conversion fut suivie de celle de ses sujets à qui, comme tout prince noir, il ordonna d'embrasser sa religion.

Aujourd'hui le cercle est partagé entre Tidianïa et Qadrïa; et les adeptes de ces deux ordres religieux musulmans se considérèrent beaucoup plus en hérétiques réciproques qu'en frères de religion suivant deux confréries orthodoxes.

Les Tidianïa relèvent d'Al-Maki Si, marabout favorable à notre influence.

Les Qadrïa se rattachent en petit nombre à Cheikh

Sidïa (confrérie des Qadria-Sidia); *à Cheikh Saạd Bouh* (confrérie des Qadrïa-Fadelïa); à un marabout local très influent, Cheikh Bou Kounta, domicilié à Keur Bou Kounta, à 6 kilomètres de Tivaouane, et surtout en majeure partie au Mouridisme qadri d'Amadou Bamba.

Le cercle du Cayor paraît mériter une attention toute particulière au point de vue islamique, d'abord sans doute par le nombre des Musulmans qui est de 134.000 sur 140.000 habitants, soit les 27/28es de la population totale; mais surtout par l'efflorescence de Mouridismes en germe qui n'attendent qu'une occasion favorable pour se développer à l'égal de celui d'Amadou Bamba, et aussi par la nature des sentiments religieux de ces néo-islamisés. Il semble que dans ce Cayor qui fut le centre de la résistance acharnée de la race ouolofe à notre domination les indigènes ne se sont convertis à l'Islamisme que pour retrouver sur un autre terrain une base de résistance passive. Les plus loyalistes, les Tidianïa d'Al-Hadj Malik ou les Qadrïa de Cheikh Bou Kounta, restent dans la neutralité; les irréductibles courent s'affilier au Mouridisme d'Amadou Bamba, parce que ce chef religieux, ami et marabout des anciens damels, et aspirant visiblement à leur succession, a été érigé en quelque sorte en représentant du sentiment de l'ancienne indépendance.

Comme je l'avais prévu, il y a trois ans, la mort récente du cheikh Bou Kounta a amené un conflit de succession spirituelle et un déclassement d'affiliés. Une partie des talibés de Bou Kounta sont allés grossir le nombre des Mourides d'Amadou Bamba. Le fait s'est passé le jour même des funérailles, où ces gens sont tombés aux pieds de Mamadou Mostafa, fils aîné d'Amadou Bamba et gendre de Bou Kounta.

Le nombre des Mourides bamba du cercle est de 28.000 environ sur 134.000 Musulmans et 140.000 habitants, ce qui représente le cinquième de la population totale, et sensiblement le cinquième de la population islamisée.

Province de Saniakhor. — Les principaux villages mourides sont : Maummou, près de Pire ; Ngouï et Médina dans le canton de Mbar. Médina est sous la dépendance spirituelle d'un marabout âgé et influent : Mabèye Bèye. Ce Cheikh, fils d'un Sérigne jadis influent lui-même, Ibra Bèye, et d'une mère lebboue, s'est affilié à la confrérie bamba, il y a six ans environ. Il avait jadis connu Amadou Bamba dans l'entourage de Lat Dior et de Semba Laobé, dont il faisait partie comme marabout. C'est un riche cultivateur qui groupe deux ou trois cents disciples et partisans dans la région de Mekhé. Ami d'Ibra Fal, il entretient d'étroites relations avec ce Cheikh.

Keur Momar Ouarka, village du Sérigne Momar Ouarka Khan. Celui-ci groupe autour de lui soixante talibés environ, dont la moitié suit son enseignement coranique.

Toutes les escales de la ligne : Pire, Goureye, Ngaye, Mekhé, Kelle, Ndande, Kébemer, Goumbo, Guéoul sont partiellement sous la dépendance spirituelle et surtout économique de Cheikh Ibra Fal, dont Kébemer est le lieu d'origine. Ce Sérigne y envoie en inspection ses talibés de Thiès.

Province de Mboul-Mbakol. — On peut signaler dans cette province des groupements mourides importants :

A Atta, village sous la direction spirituelle des Cheikhs Momar Mbaye et Madoune Samba. Le premier distribue l'enseignement coranique à 28 élèves environ, il groupe autour de lui une centaine de disciples ;

A Darou Tendin, village créé par le Cheikh Ngagné Tendimé, d'origine maure ;

A Ndiop Botol, où le Cheikh Ndiaga Diop groupe 40 talibés environ.

Province de Guet. — La province de Guet est tout à fait intéressante au point de vue du Mouridisme d'Amadou

Bamba, car elle est le berceau de ses origines. C'est en effet à Mbaké (Cayor), village fondé par son père Momar Antasali, que le Sérigne se réfugia à la fin de 1886 quand la chute et la mort de Semba Laobé et de Lat Dior dispersèrent les derniers partisans de l'indépendance du pays. L'année suivante, il s'enfonça plus avant dans l'intérieur et alla se fixer à Mbaké-Touba, du Baol, mais Mbaké du Cayor ne fut jamais négligé. Il y revint souvent et veilla à ce que le village conservât toujours sa réputation de centre intellectuel.

Aujourd'hui encore c'est une agglomération très prospère de sept cents habitants (306 cases — 16 carrés) où sous la direction du Cheikh Ibra, frère consanguin d'Amadou Bamba, et de plusieurs professeurs : Ibrahim Sal, Momar Dème, Saer Diané, une trentaine d'élèves apprennent le Coran et la grammaire. Les habitants du village sont tous bamba et travaillent aux champs pour le Maître, ce qui lui procure de grosses ressources.

Ibra Fati est né à Porokhane, dans le Saloum, au moment où Momar Antasali y fut interné par l'Elimane-Almamy Ma Ba. Il a 45 ans, environ, est père de six enfants, et est à Mbaké (Cayor) le représentant d'Amadou Bamba. Il est fort instruit et a été de tout temps le confident intime du Sérigne. C'est à lui qu'en 1903, au moment de son départ pour la Mauritanie, il adressait ceux de ses disciples qui voudraient soit s'instruire, soit à la fois s'instruire et travailler aux champs. Quant à ceux qui désiraient simplement travailler aux champs, ils étaient renvoyés à Cheikh Anta. Aujourd'hui, c'est certainement de tous ses frères et disciples celui dont la conduite est le plus conforme à celle du Maître. La foule d'ailleurs ne s'y trompe pas, et on a longtemps dit qu'Ibra Fati était le successeur désigné d'Amadou Bamba.

Il se tient vis-à-vis de l'autorité française sur une très grande réserve, ne jugeant jamais ses actes et se montrant très déférent aux ordres de l'administration locale. Il faut avouer d'ailleurs qu'il ne lui fait aucune avance. Il reste confiné dans son rôle de Cheikh religieux et de professeur, ce qui ne l'empêche pas de mener avec beaucoup d'habileté la direction du temporel à Mbaké-Cayor.

Dans le canton de Sagata (Guet), réside à l'heure actuelle au village de Mbaro l'ex-cadi Baba Diakhoumpa. Ce personnage, comme tous les ex-agents de l'administration qui entourent Amadou Bamba, n'a évidemment de Mouride que l'étiquette. Il est quelquefois employé comme missionnaire politique par Amadou Bamba, et c'est dans ces services qu'il trouve ses moyens de subsistance.

Sont jointes :

Annexe n° 13. — Cercle du Cayor :

Dénombrement des Mourides, des islamisés et de la population totale.

Annexe n° 14. — Cercle du Cayor :

État par province des principaux marabouts mourides, de leur origine, de leur résidence, de leur père spirituel, du nombre de leurs talibés.

6. — *Cercle de Louga.*

Le cercle de Louga est aujourd'hui entièrement islamisé. Quatre peuples : Ouolofs, Peuls, Toucouleurs, Maures, s'en partagent le territoire. Chacun de ces peuples conformément aux lois sociologiques, conçoit suivant le génie propre de sa race la doctrine et les prescriptions du Prophète et les adapte à ses institutions traditionnelles; mais tous dans le domaine religieux se réclament de l'Islam.

Jusqu'à la fin de 1911, le cercle ou plus spécialement la province du Diolof, fut un ardent foyer de Mouridisme. Mais la cause en était factice. C'était la seule présence d'Amadou Bamba à Thiéène qui provoquait cette agitation inaccoutumée.

Le Maître partant (janvier 1912), les disciples le suivirent. On ne revit plus de pèlerins et l'on put constater que l'influence acquise sur les populations locales était à peu près nulle. C'est à peine si aujoud'hui on peut signaler pour tout le cercle un chiffre de trois cents Sérignes et talibés Mourides, ce qui représente un millier de personnes affiliées à la confrérie d'Amadou Bamba. Si l'on considère que le cercle contient 106.000 habitants, c'est-à-dire 106.000 Musulmans (cf. *Annexe n° 15*), on verra que la proportion des Mourides est de 1/106 par rapport à la population musulmane et totale du cercle.

Quelques marabouts méritent seuls une mention particulière dans chacune des cinq provinces qui forment le cercle.

Province du Diolof. — La province du Diolof est commandée par un chef remarquablement intelligent et énergique, Bouna N'diaye, fils du dernier des bourbas du Diolof, qui sait parfaitement obtenir obéissance de tous ses administrés, quelle que soit leur confession islamique. Le Sérigne le plus important de cette province est Khali N'diaye, d'origine ouolofe, qui groupe à N'diayène une centaine de talibés travailleurs, et distribue l'enseignement coranique à une dizaine d'élèves.

Province du Diambour septentrional. — Le Diambour septentrional ne présente guère plus d'intérêt. On y trouve environ 130 talibés, groupés sous la direction d'une quinzaine de Sérignes. Cheikh Ibra Sar, qui réunit une quarantaine de disciples, est le plus important de ces Sérignes. Sa réputation dépasse d'ailleurs le Diambour et il jouit dans la secte d'un certain prestige de science et de piété. A la suite de l'internement au Gabon d'Amadou Bamba, Cheikh Ibra Sar s'était retiré dans le cercle de Thiès, où de malencontreuses querelles avec les indigènes valurent des condamnations à plusieurs de ses disciples. Il professe aujourd'hui à Thiarème, et garde une attitude correcte vis-à-vis de l'autorité. On peut encore signaler pour mémoire Amadou Gaye, de N'diagne, qui a épousé une fille d'Amadou Bamba.

Ce village de N'diagne mérite d'ailleurs d'attirer l'attention : sis à la limite des deux Diambour, c'est la patrie de quatre ou cinq Sérignes et le centre de plusieurs écoles coraniques : il paraît être un foyer islamique de quelque importance.

La situation de la province, bien dirigée par son chef Socé So, est au point de vue des mourides tout à fait satisfaisante.

Province du Diambour méridional. — Une cinquantaine de Sérignes et de talibés, tel est le bilan du Mouridisme dans le Diambour méridional. Deux noms seulement sont à signaler, plus pour leur richesse et la considération dont ils jouissent, que pour leur influence religieuse : Assan N'diao à Darou, celui-ci assez instruit ; Ibra Kebi, commerçant retiré des affaires et peu lettré, à Louga même.

Il faut donner ici une mention particulière à un frère consanguin d'Amadou Bamba : Cheikh Thioro, domicilié en principe à Louga. Cheikh Thioro, ainsi appelé du nom de sa mère Thioro Diop, fille de Lat Dior, est un homme intelligent et instruit, mais dénué de tous scrupules. Il exploite son frère Amadou Bamba et la confession mouride, avec autant de maëstria qu'il « mangeait » ses justiciables quand il était cadi à Louga, — ce pourquoi il fut révoqué. Il a essaimé ses femmes, légitimes ou non, à Saint-Louis, à Louga, dans le Cayor, dans le Baol ; et leur nombre qui n'a rien de canonique, scandalise les Mourides convaincus. Ce frère prodigue cause des soucis à Amadou Bamba, qui se montre pourtant d'une grande faiblesse à son égard et lui verse de grosses sommes d'argent, vite dissipées. Mais le Mouride de fantaisie qu'est Cheikh Thioro n'en reste pas plus tranquille. Il fait l'important, coquette avec les hommes d'affaires et commerçants du Sénégal, offre ses services à l'administration. Cette agitation dans le vide ne présente aucun danger, Cheikh Thioro n'étant pris au sérieux par personne.

Provinces du N'guick-Mérina et du Gandiolais. — Au fur et à mesure qu'on s'éloigne du croissant mouride qui borde le Ferlo sur les côtés ouest, sud-ouest et sud, l'influence d'Amadou Bamba disparaît. C'est ainsi que les provinces du N'guick-Mérina et du Gandiolais en sont à peu près exemptes. On signale pour ces deux provinces réunies un total de 80 Sérignes et talibés, ce qui représente un maximum de 300 personnes relevant de l'autorité spirituelle d'Amadou Bamba. On ne relève aucune personnalité méritant une mention particulière.

Sont jointes les Annexes :

Annexe n° 15. — Cercle de Louga :

Dénombrement par provinces des Mourides, des islamisés et de la population totale.

Annexe n° 16. — Cercle de Louga :

État par provinces des principaux marabouts mourides, de leur origine, de leur résidence, de leur père spituel et du nombre de leurs talibés.

7. — *Dakar et Saint-Louis.*

Il convient pour être complet de signaler le petit nombre de Mourides, installés à Dakar et à Saint-Louis. On peut en fixer le chiffre à 140 environ pour Dakar, et à 130 pour Saint-Louis.

Ces Mourides ne sont pas des habitants même de la ville, mais des immigrés du Baol, du Cayor et du Diambour; Dakar est en effet une cité trop industrieuse pour se prêter à un travail de propagande religieuse et Saint-Louis un centre musulman trop éclairé pour qu'on y accepte les fantaisies doctrinales des Mourides.

Ils sont là en travailleurs, en général sans leur famille, envoyés par leur Cheikh pour gagner de l'argent. Ils exercent les métiers de portefaix sur les quais et surtout de fabricants et vendeurs de paillasses à l'usage des indigènes. A Dakar, ils sont en outre vendeurs d'eau dans la ville noire, et à Saint-Louis, vendeurs de bois, ou vendeurs d'herbages pour les nombreuses vaches nourries en ville.

Au moment de l'hivernage, la plupart de ces talibés reviennent à leur pays d'origine pour être employés aux travaux de préparation de la terre et aux semailles.

Ils sont en général sous l'autorité spirituelle de Cheikh Ibra Fal. Lui-même vient à Dakar. Il est représenté à Saint-Louis par Amadou Guèye.

Cheikh Ibra Fal possède plusieurs carrés et constructions diverses, tant à Dakar qu'à Saint-Louis.

Cheikh Anta est propriétaire à Dakar, dans la rue Raffenel, d'une belle maison achetée 28.000 francs à un indigène, et louée actuellement à un commerçant marocain, nommé Madani Al-Qtiri.

CONCLUSION

Dans cette étude des cadres et fidèles de l'ordre Mouride, il y a lieu de comprendre, outre Amadou Bamba et les principaux lieutenants déjà cités, un grand nombre de marabouts locaux, qui n'ont pas toujours reçu les enseignements d'Amadou Bamba, mais qui, les uns par conviction intime peut-être, les autres par intérêt et pour retenir leurs fidèles que le mouvement nouveau emportait, ont embrassé l'ordre du Sérigne, et sont devenus ses vicaires. Il faut y joindre des chefs de villages ou de fractions, des notables en quête d'autorité ou de prestige, des traitants matois qui conduisent habilement leurs affaires commerciales et leurs intérêts spirituels. Les Cheikhs et Sérignes qui ont quelque influence ont fait l'objet d'états spéciaux par cercles (cf. *Annexes* n°s 6, 8, 12, 14, 16).

En résumé, on peut fixer le nombre des personnes affiliées à l'ordre d'Amadou Bamba, à 68.350 (cf. *Annexe* n° 2 ; Dénombrement général par cercles des Mourides.)

Si l'on défalque de ce nombre les femmes, les enfants, les vieillards qui sont Mourides parce que le chef de famille est Mouride, il reste environ une dizaine de milliers d'adeptes, hommes faits, volontairement attachés au Sérigne ou à ses lieutenants.

Quant au nombre d'étudiants de tout âge qui reçoivent effectivement quelque instruction, il ne semble pas dépasser un millier.

Les Mourides, si l'on en excepte, ainsi qu'il a été dit, quelques unités à Dakar et à Saint-Louis, sont concentrés dans une zone d'habitat qui affecte la forme régulière d'un croissant (cf. *Annexe* n° 1 : Schéma géographique de la confession mouride d'Amadou Bamba). Ce croissant mouride enroule le Ferlo à l'ouest et au sud, la pointe inférieure dans le Saloum Oriental, le renflement étant formé par les Cercles du Cayor (Tivaouane), et du Baol (Diourbel) et par une fraction du cercle de Thiès. La courbe intérieure suit la ligne de démarcation des steppes du Ferlo et des régions cultivées; la courbe intérieure suit sensiblement les voies ferrées Dakar-Saint-Louis, et Thiès-Kayes, et ne déborde que légèrement à l'ouest et au sud de ces lignes.

Il convient d'ajouter pour terminer, que ce vocable de Mourides, employé pour désigner les talibés d'Amadou Bamba, ne plaît guère au Sérigne. Il aime les appeler lui-même les « Bakïïn », c'est-à-dire à la fois les gens de M'baké (sa Zaouïa) et les disciples du M'baki (lui-même). Nous dirions en Français les Bakïïtes.

SECTION II

LE CORPS DES DOCTRINES ET PRATIQUES RELIGIEUSES
(*Le Mouridisme.*)

Le Mouridisme, pour désigner par un mot le corps des doctrines et pratiques religieuses auquel sont attachés les Mourides, doit être considéré comme une sorte de religion nouvelle née de l'Islam. Son fondateur, Amadou Bamba, est évidemment un Musulman instruit qui puise à volonté dans les livres canoniques les saines doctrines de l'Islâm orthodoxe. Mais c'est aussi un illuminé. Sous sa plume de contemplatif, et dans son enseignement sans traditions, cette doctrine est transformée en un mysticisme vague, où les principes religieux de l'Islam ne sont pas pris dans leur véritable sens, ni exposés avec la rigueur de la scolastique orientale. Amadou Bamba ayant posé les bases, ses disciples immédiats, les Cheikhs consacrés par lui, les ont développées avec l'ardeur d'illettrés et l'extravagance de néophytes ; la mentalité noire a fait le reste.

Si on peut donc tout d'abord considérer le Mouridisme comme une confrérie religieuse, filiale des Qadrïa, il faut se hâter d'ajouter que ce mouvement dépasse de beaucoup la portée des ordres religieux, associations régulières où les pieux Musulmans cherchent par des prières surérogatoires et les mérites de la communion des Saints, à gagner plus sûrement le Paradis. Il est même plus qu'une de ces hérésies si nombreuses dans l'Islam, comme dans toute religion, où le rationalisme des uns, le mysticisme des autres déforment la doctrine première et donnent naissance à des confessions sœurs, de direction indépendante, d'esprit novateur, mais suivant malgré tout une voie parallèle à l'enseignement initial.

Ici nous sommes en plein vagabondage islamique.

1. — *Morale Bamba.*

Amadou Bamba a dans ses écrits de magnifiques exhortations morales. Un de ses ouvrages, *La clef qui ouvre le paradis et ferme l'enfer*, est même d'une grande élévation de vue :

« Apprends à prier pour plaire à Dieu ; n'apprends pas à prier pour le faire avec ostentation.

« Sois poli, fais ta prière, donne à ceux qui demandent, ne sois pas méchant. Celui qui garde pour lui seul tous ses biens et ne fait pas la charité aux pauvres, celui-là sera malheureux avant sa mort.

« Ne touche pas les femmes, ne les fréquente pas...

« Maintenant, mes amis, il faut faire la guerre sainte aux âmes...

« Demande à Dieu pardon de tes péchés. »

Mais à côté de ces enseignements élevés, il y a une morale pratique à l'usage des Khouan mourides qui consiste à s'abandonner complètement, corps et âme, à son marabout, moyennant quoi on est délié de toute obligation morale, de toute pratique religieuse. Plus de prière, plus de jeûne, plus de continence ; tout est permis pourvu qu'on reste fidèlement attaché au Cheikh et par lui au Sérigne suprême. La sainteté de celui-ci est si grande, sa baraka rédemptrice si efficace, que comme la charité évangélique, « elle couvre la multitude des péchés ».

Avec de telles doctrines morales on pourrait craindre les

pires désordres privés. Il n'en est rien cependant. La surveillance des marabouts est grande vis-à-vis des affiliés; les scandales de la foule vite réprimés; et d'ailleurs tous biens, toutes sommes d'argent étant remis ou envoyés au Cheikh local ou au Sérigne, on ne voit pas avec quels moyens les adeptes pourraient s'adonner aux plaisirs, même les moins dispendieux. Mais le frein le plus puissant est sans contredit cette dure obligation à un travail de bête de somme que les Cheikhs imposent aux Mourides et que ceux-ci acceptent avec une étrange facilité. Ici l'esprit de la doctrine d'Amadou Bamba se rencontre avec les enseignements des plus anciens moralistes : « Avoir l'esprit et le corps toujours occupés. »

C'est évidemment le moyen le plus sûr, peut-être, d'arriver à la sainteté mouride, mais aussi de ne pas commettre de désordres compromettants, et sûrement de remplir les coffres des marabouts.

2. — *Ordre Bamba.*

C'est sur ce terrain de l'association religieuse que le Sérigne Bamba s'est montré le plus original, c'est d'ailleurs le seul qui lui fût permis, s'il voulait rester aux yeux de tous dans le sentier de l'orthodoxie musulmane.

Doctrine de la Voie Bamba. Affilié à la fois aux ordres qadri et tidiani, Amadou Bamba a fondé un troisième ordre religieux. C'est surtout la voie qadrïa qui paraît avoir inspiré la doctrine morale Bamba. Ses préceptes se résument en ceci : recueillement de l'âme et application de toutes ses forces contemplatives vers la grandeur de Dieu aboutissant à l'extase religieuse; fusion intime de la créature dans la divinité. Cet anéantissement en Dieu n'est en somme que la reproduction du mysticisme extatique cher à Sidi Abd El-Qader, mais ici on ne découvre pas la réserve que l'illustre saint de Bagdad apportait dans son enseignement. L'exagération coutumière des noirs broche sur le tout.

Pour Sidi Abd El-Qader, « le bonheur consiste dans l'oubli de l'existence ». C'est aussi ce désintéressement, ce renoncement aux choses d'ici-bas que prêche Amadou Bamba. Il le revendique pour lui-même dans toute sa correspondance ; il le proclame dans ses sermons et dans ses écrits. « Sois comme le petit âne, chargé de mil, qui ne mangera pas la charge qu'il porte. »

Il ne s'en tient pas là et exalte les vertus de privation, et surtout d'attachement au Cheikh spirituel. « Supporte la « faim avec patience ; ne porte pas de beaux boubous ; suis « ton marabout avec l'acharnement que met le lion à « suivre sa proie, avec la rapidité avec laquelle le charognard « fonce sur le cadavre qu'il a découvert dans la brousse. « Suis-le comme le chien suit son maître, comme un chat « malicieux. » Il recommande sans cesse, et sous les formes les plus diverses qui, comme on le voit, ne manquent pas de poésie, de ne jamais suivre ses impulsions, et d'obéir aveuglément sans réflexion, sans discussion, à son Cheikh. On voit son but : briser la volonté du disciple, dompter son caractère. Ce n'est plus le vœu monastique d'obéissance ; c'est l'anéantissement complet de toutes les facultés, de toutes les voix de la conscience, dans la volonté du Maître spirituel.

Les frères et lieutenants de Sérigne vont naturellement plus loin et tirent pratiquement les dernières conséquences de la doctrine du chef ; ils convient les Mourides à se détacher des biens de ce monde en les abandonnant au Saint, et à eux-mêmes, ses intermédiaires attitrés. C'est la meilleure façon de ne pas succomber aux tentations.

Dans le domaine de l'union extatique, quelques-uns d'entre eux, plus affinés et doués d'autre part de facultés mystiques spéciales, arrivent peut-être à cet état de rêve, « à ces jardins fleuris » où l'homme perd complètement sa personnalite, et — tel la Pythie sur son trépied — se sent envahir par la force divine : « Le Dieu, voici le Dieu. »

Mais pour la foule des Mourides, il n'y a aucune excitation des facultés nobles de l'âme. La simple vue d'Amadou Bamba en prières ou bénissant, le jet de sa salive sur les fidèles prosternés, plongent certains dans des crises hystériques où tous veulent participer. On se roule aux pieds du Saint, on baise ses babouches, le bas de son boubou, on lui tend les mains. Avec componction il laisse tomber un jet de salive sur ces paumes ouvertes, qui se referment, s'étreignent et se répandent en frictions frémissantes sur le visage et le corps du fidèle. Ce sont alors des frissonnements, des pamoisons, des convulsions épileptiques, suivis de contorsions et bonds extraordinaires, le tout accompagné de hurlements épouvantables. La folie finit par gagner tout le monde. Dans cette cacophonie, on entend les imprécations les plus terribles ou les appels d'amour les plus ardents. Dieu est injurié ; le Prophète, les Saints traînés dans la boue, le Paradis méprisé, l'Enfer exalté ; personne ne sait plus ce qu'il dit. La fusion avec le Très-Haut est si complète que les sons proférés par une bouche humaine n'ont plus d'importance. Les tempéraments les plus froids, ceux qui sont le plus rebelles à l'extase générale ne sont pas les moins ardents dans ces manifestations. Ils se livrent à toutes ces fantaisies hystérico-religieuses avec d'autant plus d'ardeur qu'ils y sont moins sensibles.

En résumé, ces scènes qui se renouvellent à certains jours et dans des lieux divers, n'ont rien de mystique ni dans leurs causes ni dans leurs effets. La mentalité noire est parfaitement incapable d'en vanter les conceptions métaphysiques des Sémites d'Orient et les divagations extatiques des Soufis. Ces scènes ne sont pas autre chose qu'un acte commun de prière et d'adoration, bientôt suivi des danses, gigues, fantaisies chorégraphiques et bamboulas chères aux Noirs, avec une intention pieuse à la clef.

Chaîne spirituelle. — Plus modeste que beaucoup de chefs d'ordre religieux, Amadou Bamba ne prétend pas se relier au Prophète par une chaîne généalogique réelle. Il ne se réclame d'aucune noblesse chérifienne ; mais par sa chaîne mystique il se rattache à Sidi Abd El-Qader El-Djilani, et par ce Saint, au prophète, à l'Ange Gabriel et à Dieu.

La naissance de la « Voie » de Sidi Abd El-Qader (*Qadrïa*) au douzième siècle est connue. Cet ordre actuellement le plus répandu de l'Islam semble avoir subi les mêmes destinées que la civilisation musulmane : extension rapide et continue et désagrégation perpétuelle. Du douzième au quatorzième siècle il s'est propagé vers l'est jusqu'à la Chine, vers l'ouest jusqu'au Maroc. Presque aussitôt, les Zaouïas locales, sans rompre complètement en visière avec la métropolitaine de Bagdad, mais ne gardant de l'ordre primitif que la chaîne spirituelle et une partie du rituel, et modifiant à leur goût les doctrines du saint fondateur, se transformèrent en sous-confréries régionales et indépendantes.

C'est ainsi qu'on voit au seizième siècle, la filiale Qadrïa de l'Azaouad se transformer peu à peu sous l'influence du Cheikh Omar El-Bekkaï en un ordre nouveau : les *Bekkaïa* (dits aussi *Azaouadïa* et *Mokhtarïa*, et même de leur nom thenique, les *Kounta*). L'ordre bekkaï se répand à travers les territoires sahariens de l'Ouest jusqu'à l'Océan. Il essaime à son tour en Mauritanie dans le commencement du dix-neuvième siècle en sous-filiales indépendantes : *Fadelïa* (Sidi Mohammed Al-Fadel, puis Ma El-Aïnin, Saad Bouh etc.) ; *Sidïa* (Cheikh Sidïa Al-Kebir, grand-père du Cheikh Sidïa actuel). Ce travail d'enfantement semble à peu près fini pour ces deux confréries qui apparaissent aujourd'hui en pleine efflorescence.

Mais la confrérie des Sidïa va donner naissance à son tour à la fin du dix-neuvième siècle, par l'initiative d'Amadou Bamba, à une filiale sénégalaise et noire : celle des Mourides Bamba. C'est ce phénomène religieux qui se déroule à l'heure actuelle sous nos yeux. Les Mourides Bamba sont donc une ramification des Sidïa, comme ceux-ci l'étaient des Bekkaïa, comme ceux-ci sont dérivés eux-mêmes des Qadrïa primitifs. On peut les déclarer Qadrïa — et eux-mêmes revendiquent cet honneur — à condition d'entendre ce terme dans l'acception où il est employé au vingtième siècle, et de ne pas y voir une province religieuse dépendant de la Zaouïa-mère de Bagdad.

C'est ainsi qu'on remarquera dans la chaîne spirituelle qui relie Amadou Bamba à Dieu, tous les fondateurs des filiales qui ont été énumérés :

Cheikh Sidïa actuel, de qui le Sérigne tient son affiliation (il affecte de ne pas tenir pour valable une affiliation un peu contrainte qu'un marabout, El-Hadj Kamara, lui donna vers 1880 à Saint-Louis);

Cheikh Mohammed, père de Cheikh Sidïa;

Cheikh Sidïa Al-Kebir, père de Cheikh Mohammed, et fondateur des Sidïa;

Cheikh Mokhtar El-Kounti;

Cheikh Omar El-Bekkaï, fondateur des Bekkaïa;

Et enfin Sidi Abd El-Qader Al-Djilani, fondateur de l'ordre Qadri.

C'est à ce titre qu'il confère à la fois l'ordre Qadri primitif, se considérant comme fils spirituel de Sidi Abd El-Qader et son ordre propre, se considérant comme fondateur d'une « Voie » nouvelle.

Mais ce n'est pas tout. Il semble bien, quoique le père des Mourides s'en défende, qu'il appartient aussi à l'ordre des *Tidianïa* et se relie ainsi par une nouvelle chaîne mystique à Sidi Ahmed Et-Tidjani. Il est facile de voir qu'Amadou Bamba est au courant de cette sorte de suspicion qu'on a en Afrique Occidentale pour les Tidianïa, en qui notre politique a rencontré plus souvent des ennemis que des amis, et il se hâte de dire qu'il n'a rien de commun avec eux. Pourtant la rumeur publique le prétend pourvu de l'ouerd Tidiani, et d'autre part ses disciples sont tous très au courant du rituel de cet ordre. Quelques-unes ne cachent même pas qu'ils le confèrent, au même titre que l'ouerd Qadri.

Amadou Bamba paraît d'ailleurs s'inspirer des mêmes procédés d'expansion religieuse que Sidi Ahmed Tidjani. On sait que ce saint fut longtemps affilié aux ordres Qadri, Khelouati, et Taïbi, et conféra lui-même l'ouerd de ces « Voies ». A la suite de révélations il les abandonna toutes et, se proclamant apôtre du Prophète, il ne répandit plus que sa seule Voie, supérieure à toutes et conduisant sans erreur possible au Paradis (1781).

De même, Amadou Bamba, d'affiliation Qadrïa et peut-être Tidianïa, et qui conférait jadis les ouerds de ces ordres s'en tient à peu près uniquement aujourd'hui à la conduite des affiliés dans sa propre Voie.

On ne saurait dire, quoi qu'il en soit, qu'Amadou Bamba est allé chercher, dans le Tidianisme un élément d'hostilité contre les Chrétiens. Il n'a certainement pas eu d'autre but que d'augmenter son prestige par l'affiliation à un ordre très répandu ici et qui, d'un particularisme extrême, n'est jamais accordé aux adeptes d'une autre Voie. Amadou Bamba est un éclectique : il compose son bouquet de toutes les fleurs qui parfument son chemin.

Rituel. — Il ne semble pas qu'il est dans la confrérie d'Amadou Bamba des cérémonies particulières et mystérieuses d'initiation. Quand un Mouride a par ses qualités et son dévouement montré qu'il était digne d'appartenir à l'ordre, Amadou Bamba ou un de ses lieutenants lui confère l'ouerd, c'est-à-dire la licence de prononcer après les prières de l'aurore et du couchant la formule spéciale de l'ordre (*dikr*), en communion d'esprit avec tous les frères.

Ce dikr, sorte de litanie est sensiblement le même que celui des Qadrïa, comme texte. Le nombre des invocations seul diffère considérablement.

« Je cherche mon pardon auprès du Dieu de Majesté. » (300 fois.)

« Dieu soit glorifié. » (300 fois.)

« Il n'y a pas d'autre divinité que Dieu. » (300 fois.)

« O mon Dieu, répandez vos bénédictions sur notre seigneur Mohammed, sur sa famille, sur ses compagnons. « Accordez-leur le salut ! » (cf. *Annexe* n° 18).

Quand le disciple progresse de plus dans les voies de la sainteté, le Cheikh l'autorise à doubler le chiffre de ces litanies : c'est donc 600 fois qu'il devra les répéter. Quelques génuflexions et protestations supplémentaires sont en outre imposées.

Il n'y a pas de dikr solennel (*Dikr el-hadra* ou *djellala*) récité par l'assemblée des fidèles, les vendredis et jours de fête.

Hiérarchie. — La hiérarchie de l'ordre religieux mouride est simple : au sommet Amadou Bamba, fondateur et chef suprême de la confrérie, pôle de l'Islam, représentant ou personnification de Dieu sur la terre ; au-dessous de lui et très loin, les Cheikhs, soit groupés à Diourbel, soit dispersés dans les Zaouïas et villages de travail et qui sont les prieurs de l'ordre ; au dernier plan, la foule des affiliés, la masse des Mourides, étudiants et travailleurs d'abord, femmes et enfants ensuite.

Amadou Bamba est le seul maître et celui sur lequel repose tout l'édifice de l'ordre. Il faut dire pourtant qu'il n'est pas toujours très bien obéi surtout par ses frères qui sont loin d'avoir tous la foi en sa mission divine. Comme toutefois c'est l'union avec le Sérigne qui constitue leur force et leur profit, ils se gardent bien de pousser les choses trop loin.

Les Cheikhs (les moqaddems des autres confréries) sont les lieutenants du Maître, sois qu'ils l'assistent dans ses fonctions de professeur ou de chef religieux, soit qu'ils dirigent des groupements de talibés. Ils peuvent conférer l'ouerd mouride, mais ne peuvent pas consacrer des Cheikhs semblables à eux-mêmes.

Quant à la foule des adeptes, elle se recrute dans tous les rangs et tous les milieux. J'ai déjà dit que les Mourides sont à peu près uniquement d'origine ouolofe. Les uns sont des paysans venus au Sérigne par besoin religieux et par paresse naturelle, par la nécessité de se sentir encadrés dans une organisation mystique et unis à des frères en Allah; les autres, — ceux qui s'agitent d'ailleurs — sont des aventuriers, déserteurs, fonctionnaires révoqués, anciens chefs mis à pied, serviteurs renvoyés, etc... Ceux-là ne cherchent dans le Mouridisme que les moyens de vivre le plus commodément possible.

Conclusion. — Telles sont, dans leur ensemble, les doctrines et pratiques du Mouridisme, confrérie islamique en apparence, mais en réalité secte nouvelle, née de l'Islam et par son ferment, et s'épanouissant aujourd'hui plus spécialement dans son domaine et à son détriment. S'il était permis d'user d'une comparaison — et les comparaisons sont toujours défectueuses — on pourrait situer le Mouridisme vis-à-vis de l'Islam orthodoxe, dans la position de ces extraordinaires sectes d'Amérique, qui n'ont plus de protestant que le nom, vis-à-vis du Christianisme intégral.

Le Mouridisme a gardé un certain nombre d'articles de foi de l'Islam et surtout beaucoup de ses pratiques extérieures et formules sacrées. C'est ce qui peut lui donner une apparence d'orthodoxie, mais les bons Musulmans ne s'y trompent pas et leur indignation est grande à la vue de pareilles hérésies. Comme autrefois ces bons Musulmans sont, ou les Cheikhs zouaïas de Mauritanie, ou les commerçants marocains des ports et des escales, et que les Mourides sont toujours de généreux fidèles pour les uns, et des clients sérieux pour les autres, on ne manifeste pas trop son indignation et on sait conserver un contact utile avec ces néophytes « ignorants et novateurs, mais sincères et bien intentionnés ».

Les autres noirs musulmans sont le mieux placés pour apprécier à leur juste valeur les doctrines religieuses du Mouridisme. Les citations qui suivent pourront clore utilement la première partie de cette étude en donnant le sentiment général des Musulmans Sénégalais sur les Mourides d'Amadou Bamba.

« Ils portent préjudice à la religion musulmane dont « sans observer les règles ils se revêtissent comme des « loups de la peau des brebis. » (Lettre de Tivaouane au Lieutenant-Gouverneur du Sénégal, 25 février 1905.)

« Sous le couvert de la religion les sectaires (sectateurs) « d'Amadou Bamba vivent absolument comme les anciens « Damels et les Bours. » (Amadou N'diaye, chef de la province du Saniakhor oriental.)

Et du même : « Je me demande où Amadou Bamba ou « plutôt ses Cheiks ont trouvé dans la religion un texte « permettant la formation de cette armée qui se dit musul- « mane et qui réellement ne se compose que des débris des « anciens tiédos, désormais incapables de vivre, grâce à la « France, aux dépens des badolos. »

3. — *Troubles dans l'ordre social.*

Jusqu'ici les seules particularités relevées dans la vie des Mourides sont uniquement remarquables au point de vue sociologique et ne mériteraient qu'un intérêt scientifique. Mais il y a quelque chose de plus grave à reprocher aux Cheikhs : c'est le trouble qu'ils jettent dans l'ordre social en séduisant les jeunes gens par leurs promesses dorées et en les enlevant à leurs familles.

Plusieurs parents ont déposé des plaintes ; et c'est dans ces réclamations qu'on peut trouver les procédés du prosé lytisme du Cheikh mouride.

« Il a monté la tête à mon fils; il l'a détourné de ses « devoirs, en lui faisant renoncer à la religion fétichiste « qui est celle de ses ancêtres. »

« J'ai essayé de rappeler mon fils à la maison ; il n'a « jamais voulu m'écouter. Mon fils est le seul tiédo qui ait « renoncé à ses croyances pour se faire ensorceler par « Makoudia. » (Cercle du Sine-Saloum. Jugements du tribunal de province de Kalone : 4 juin 1912 ; du tribunal de province du Saloum oriental : 27 juin 1912.)

« Ils font croire au jeune homme que les père et mère ne « sont que des êtres dans lesquels Dieu l'avait conservé « jusqu'au jour de la naissance, tandis que le Cheikh est un « appui qui assurera l'avenir dans ce monde et le salut « dans l'autre. »

« Ils disent à la jeune fille qu'elle doit éviter le contact « d'un profane pour se consacrer à Dieu dans la personne « du Cheikh, ce qui lui vaudra de grands honneurs. »

Les séductions des Cheikhs ne captivent pas toujours les jeunes gens à qui ils promettent la gloire d'être un Sérigne lettré et considéré, ou les jeunes filles à qui ils vantent l'honneur d'être la femme d'un marabout et le prestige... et le profit de l'avoir été. Ils se contentent quelquefois de faire piller la maison paternelle par les enfants, et s'enrichissent ainsi des dépouilles de gens qui n'oseront pas réclamer de peur de faire condamner leur enfant avec le marabout instigateur.

Les tentations s'adressent aussi aux parents : ils leur font miroiter la considération qui s'attachera à leur personne d'avoir un enfant dans l'entourage du grand marabout Amadou Bamba. Ils leur font des cadeaux : un bœuf, un pagne, une petite somme d'argent. Ils tueront une chèvre en leur honneur. Le Noir, qui est sensible à ces manifestations, est bien près d'abandonner son fils au Cheikh.

C'est ainsi que l'influence des Mourides est sur ce point assez pernicieuse : elle a produit une certaine désorganisation dans quelques familles en provoquant des jeunes gens à la désobéissance, aux injures et aux mauvais traitements envers leurs parents; au vol à la maison paternelle; à la fuite vers des lieux inconnus. Elle fait que certains parents, âgés et infirmes, restent sans ressources et doivent vivre de la charité publique.

Les raisons que donnent les Cheikhs accusés d'être les instigateurs de ces faits ne sauraient évidemment les excuser. « Mes talibés faisaient pour moi ce que je faisais pour mon Sérigne. »

La morale ne trouve pas toujours son compte non plus dans les relations des Cheikhs mourides avec les femmes de leurs congénères. Pour certains Sérignes, tels qu'Ibra Fal, Cheikh Anta, Cheikh Thioro, il n'est pas de femme dont ils n'aient le caprice qui puisse résister aux sommes d'argent considérables qu'ils sont prêts à verser, à elle ou à la famille. Leur désir satisfait, ils les répudient simplement. Il faut ajouter que ces femmes n'y perdent rien, car le prestige d'ex-femme de marabout est plutôt fait pour leur donner de la valeur. Mais le mari, qui s'est vu enlever sa femme d'aussi brutale façon, n'est pas toujours content, et fait entendre ses protestations.

Pour être juste, il convient d'ajouter que ces mœurs ne sont pas spéciales aux Mourides, mais semblent très usitées chez tous les Ouolofs. Les Cheikhs mourides ont le tort d'exagérer.

4. — *Le Mouridisme au point de vue politique et administratif.*

Il est curieux de constater dans les cercles intéressés, et ailleurs, la diversité d'opinions dont les Mourides sont l'objet. Les uns voient dans le Mouridisme une vaste et dangereuse association secrète dont le but est de grouper tous les fidèles musulmans de l'Ouest africain et de jeter les Européens à la mer. On insinue même que les menées panislamiques d'Orient ne sont pas étrangères à ce mouvement. On avance, avec plus de fermeté, qu'en attendant ce grand jour de triomphe de l'Islam, Amadou Bamba envoie la plus grande partie de ses aumônes au Maroc pour aider à la résistance des indigènes au bon combat de la guerre sainte. D'autres, au contraire, affectent de voir dans le Mouridisme une insignifiante confrérie religieuse, où un vulgaire marabout, inventeur de grigris supérieurs et prédicateur de la plus élastique des morales, exploite, tant que la chose pourra durer, les crédules indigènes qui se dépouillent à son profit.

La vérité paraît être entre ces deux opinions extrêmes.

Il faut d'abord faire justice des accusations de Panislamisme, voire d'excitations de puissances étrangères, qu'on porte quelquefois contre le Mouridisme. Il conviendrait de se rendre compte des énormes difficultés de communications qui séparent le Sénégal de l'Orient, tant par terre que par mer. On compte les Ouolofs qui ont fait le pèlerinage de la Mecque, et il ne s'en trouve pas parmi les Mourides Bamba. Quant aux agents prédicateurs et provocateurs, l'Orient n'en envoie point ici; et les quelques Marocains qui séjournent dans les escales, sont connus de tous, et peuvent être considérés — la chose est hors de doute — comme de paisibles commerçants, désireux de faire fortune, et de retourner auprès de leurs familles à Fez.

Lors donc que la presse turque (compte rendu du 31 janvier 1913) déclame sur les défaites des armées ottomanes : « Le sang de l'Islam était en ébullition. Quatre cent millions de Musulmans portaient le deuil de la foi déshonorée; et des malédictions montaient vers les cieux », il n'y faut voir qu'une amplification de rhétorique. Les Ouolofs islamisés ne se sont jamais cru déshonorés par les victoires des alliés balkaniques : leurs connaissances géographiques ne s'étendent pas jusqu'à eux, pas plus d'ailleurs (sauf pour une douzaine de lettrés) qu'à l'existence de la Turquie.

D'autre part, on peut affirmer qu'il n'existe aucune relation entre les Mourides, les tribus marocaines qui luttent pour leur indépendance et les bandes d'El-Hiba qui soutiennent les desseins de cet ambitieux marabout. Si ce prétendant reçoit des subsides divers, ce ne peut être que par l'intermédiaire de son oncle Saạd Bouh, Cheikh local de la branche des Qadrïa-Fadelïa, dans le Sud mauritanien et au Sénégal. Et encore la chose serait-elle à prouver. La situation financière de Saạd Bouh ne paraît pas brillante, et il a besoin, plus que tout autre, des aumônes qu'il recueille de plus en plus péniblement. Les Mourides d'Amadou Bamba ne reconnaissent pas d'autre maître que leur Sérigne. Celui-ci, s'il envoie de fortes sommes en Mauritanie — et la chose paraît hors de doute — les envoie à son protecteur, maître et père spirituel, Cheikh Sidïa, chef de la confrérie des Qadria-Sidïa. Or, on connaît à la fois et les attaches si sympathiques qui unissent Cheikh Sidïa à l'autorité française et la franche hostilité qui le sépare, à tous points de vue, de la voie des Qadrïa-Fadelïa, que ce soit la branche du Sud avec Cheikh Saạd Bouh, ou la branche du Nord avec El-Hiba. On peut donc être assuré que ce n'est pas à ces confrères ennemis qu'iront ses subsides.

D'ailleurs, il conviendrait de démontrer par quelques faits précis, ou des commencements de preuve tout au moins, ces relations des Mourides ouolofs avec les bandes bleues ou les tribus berbères. Or, vu l'éloignement des zones d'habitat réciproques de ces peuples, l'absence de toute communication, la différence de langues, des mœurs et des intérêts, ces relations n'ont jamais existé. Il reste à prouver qu'elles ont pris naissance ces temps derniers.

C'est pourquoi on peut conclure que les inquiétudes manifestées par la commission coloniale du Conseil général (séance du 15 mars 1909) et plus récemment par le Comité du Commerce et de l'Industrie (rapport non daté) sont très exagérées; et que le fait de verser d'abondantes aumônes à son Cheikh, de remettre sa volonté entre ses mains, de mener un genre de vie spécial et même de transgresser la loi musulmane orthodoxe, ne sauraient constituer des griefs suffisants à poursuites, ni même en toute justice des motifs vraiment sérieux de culpabilité.

Il faut donc voir dans le Mouridisme ce qu'il y a : action sur un peuple d'un marabout très adroit et très influent, et réaction de ce peuple et de toutes ces coutumes et traditions sur l'Islam envahisseur.

Ce mouvement n'est évidemment pas sans danger.

Il y a un danger *éventuel* d'abord : c'est le groupement dans une seule main de plusieurs milliers d'hommes qui paraissent entièrement soumis à leur Cheikh local et au Sérigne suprême, et qui, sur un mot d'ordre de ce chef, pourraient troubler très gravement la tranquillité générale. C'est le péril de l'anarchisme mystique ou religieux, aboutissant à l'anarchie publique. Mais le danger n'est pas spécial aux Mourides d'Amadou Bamba : il est commun à tous les Mouridismes en germe ou épanouis que l'on rencontre au Sénégal et ailleurs. On peut faire remarquer encore que les prédications d'Amadou Bamba ne se sont jamais aventurées ouvertement dans le domaine politique. Si son attitude avait été franchement hostile, il n'aurait pas, malgré ses vicissitudes, subsisté vingt-cinq ans dans ce rôle d'agitateur. Aujourd'hui avec l'âge et l'expérience, une situation acquise, des revenus considérables assurés, c'est un conservateur; et quels qu'aient pu être ses desseins de domination politico-religieuse, il paraît bien avoir abandonné toute ambition qui ne serait pas spirituelle et financière.

D'ailleurs ses fidèles sont très dispersés. Dans la zone du croissant mouride vivent de nombreux adeptes de confréries étrangères qui ont voué à Amadou Bamba et aux siens une réelle animosité et seraient trop heureux de se mettre en travers de leurs projets. Il faut tenir compte enfin de la jalousie latente, mais très forte, qui sépare entre eux ses frères et lieutenants.

Toutes ces causes atténuent donc bien la crainte d'un soulèvement mouride, et tant que de nouveaux facteurs n'interviendront pas, on peut être tranquille à ce sujet.

C'est surtout dans des incidents isolés de fanatiques, d'intrigants, ou de Cheikhs maladroits que les Mourides d'Amadou Bamba peuvent se montrer dangereux, et plus souvent encombrants. En éliminant divers attentats (Kaolak, Rufisque) qu'on leur a reprochés et où ils ne sont pour rien, il reste encore à leur passif divers incidents :

Dans le cercle de Louga, à Ndiagne (Diambour) où ils ont causé du désordre dans le village, et frappé le chef et les notables qui refusaient d'embrasser la voie d'Amadou Bamba (1912);

Dans les cercles du Cayor, du Baol et du Sine-Saloum, où ils ont séduit des femmes et des enfants, les ont emmenés dans leurs villages et en ont fait de véritables esclaves (1910-1913);

Dans les cercles de Thiès et du Sine-Saloum, où leurs prédications intempestives ont souvent jeté le trouble dans les villages musulmans ou fétichistes (1910-1913);

Un peu partout, où par leurs menaces, leurs conseils pernicieux, et des pratiques de charlatanisme qui constituent de véritables actes d'escroquerie, ils ont dépouillé ou fait dépouiller les indigènes crédules ou les commerçants trop confiants;

Le long de la voie ferrée où leurs accaparements de terrains ont quelquefois soulevé de violentes protestations des occupants antérieurs (1910-1913);

Et jusque dans une compagnie de tirailleurs sénégalais, à Thiès, où un intrigant prêchait la désertion à des recrues sérères (mai 1911).

Ce sont là des incidents regrettables qui viennent fâcheusement troubler la tranquillité publique, et une sévère répression peut sans crainte intervenir sur ce point : elle aura l'approbation générale des indigènes. Les malfaiteurs et aventuriers de tout poil qui entourent les Cheikhs mourides et vivent à leurs crochets ont souvent d'ailleurs leur bonne part dans tous ces faits; et leur responsabilité pourrait être utilement recherchée et mise en jeu.

Le point le plus sensible dans ces conséquences du Mouridisme en matière administrative, est dans la tension des relations qui existent dans certains cantons entre les Cheikhs, les disciples d'Amadou Bamba, et les chefs indigènes qui représentent notre autorité.

Les Mourides, qui obéissent sans peine aux chefs français, deviennent facilement rebelles et insolents vis-à-vis des chefs indigènes. Ils affectent de ne pas les connaître, ne relevant, disent-ils, que de leur Cheikh spirituel. Quand le chef leur transmet un ordre de l'administrateur, ils en demandent confirmation par leur Sérigne. Cette résistance passive, et quelquefois franchement injurieuse, a le don d'exaspérer les chefs indigènes et peut provoquer des conflits locaux. Sur ce point encore, le remède est facile. Il convient d'arrêter net toutes ces tentatives de substitution d'autorité que les Cheikhs mourides ne demanderaient qu'à opérer à leur profit, et d'affermir dans toute sa force le pouvoir du chef régulier dans son district.

Deux points importants pouvaient servir de pierre de touche à l'attitude des Mourides vis-à-vis des ordres de l'autorité française :

Les impôts;

Le service militaire.

Or, dans aucun des cercles intéressés, je n'ai entendu de la part des Commandants de cercle une critique à ce sujet. Les hommes demandés ont été fournis sans récrimination. Les impôts ont été versés avec la plus grande régularité.

Le groupement Mbaké-Darou-Touba (Baol), foyer actif du Mouridisme, s'était acquitté complètement de son impôt personnel, au 20 janvier 1913. A ce point de vue spécial, les percepteurs du Trésor regretteront sans doute que tous les contribuables ne soient pas Mourides.

SECTION III

CONCLUSIONS

Après avoir étudié l'organisation des Mourides et leurs croyances, après avoir suivi pas à pas l'influence de ces doctrines dans toutes les manifestations de la vie des indigènes, il est nécessaire de résumer en un jugement d'ensemble l'esprit et la portée du Mouridisme d'Amadou Bamba et de tirer des conclusions pratiques. Sinon, c'est avoir fait œuvre de simple érudition, qui, pour quelque intéressante qu'elle soit, n'apporterait à notre action politique aucun secours efficace.

1. — Jugement d'ensemble.

Ce vaste groupement d'êtres humains qui, au nombre de 70.000 environ, se sont massés derrière la bannière religieuse d'un des leurs, constitue une véritable confession nouvelle dont l'Islam n'est que la façade. Il marque une étape dans la transformation du peuple ouolof. On y voit percer toutes les tendances des indigènes vers l'anthropomorphisme et vers sa conséquence pratique : l'anthropolâtrie. Ces Noirs, teintés de mahométisme, retournent à leurs antiques croyances, à l'adoration d'un homme, l'homme fétiche, au culte des Saints. La vague religieuse de l'Islam a passé, et derrière elle, à nouveau on voit tous les individus d'une même race se grouper autour d'un foyer religieux local; toutes leurs forces morales, sociales, juridiques, se rendre instinctivement dans le sens des croyances et pratiques ancestrales; toutes leurs facultés économiques se concentrer autour des personnages qui, par une divination mystérieuse ou par un sens pratique remarquable, ont su se poser en représentants de ces aspirations confuses.

Dans cette vaste pièce politique, le principal acteur n'est pas Amadou Bamba. C'est le chœur qui joue le premier grand rôle.

L'Islam est resté presque sans force devant les institutions coutumières de droit, presque sans influence dans les usages et traditions de la vie sociale et domestique. C'est au contraire le génie de la race indigène qui s'est attaché à cette doctrine islamique qui travaillait à supplanter ses croyances religieuses : il l'a adoptée, puis coulée dans le moule de ses concepts personnels : c'est ainsi que se rassasient ces âmes, toujours agitées du besoin religieux.

Comme les castes inférieures de l'Inde qui s'islamisent aujourd'hui, les Mourides ont été attirés par le prestige de l'Islam qui leur paraît les hausser dans le niveau social. Ils l'ont donc admis dans leur temple, mais la place d'honneur qu'ils lui donnent n'est pas la place principale. Ils n'ont gardé de l'Islam que le geste qui a plu. « Il sied bien de faire salam. » Tout le reste, le principal : doctrine, morale, pratiques cultuelles est inconnu, ou transformé par le contact des usages et croyances antiques. C'est donc en quelque sorte la réaction de l'âme ouolofe sur l'Islam, la revanche de la coutume et des ancêtres sur la religion d'importation.

Tous ces emprunts faits à la loi du Prophète sont des emprunts de façade : attitudes et formules en matière religieuse; pratiques extérieures en matière sociale; formes de procédure en matière de droit.

L'Islamisme, religion spiritualiste, est resté incompris. Tels les Quirites de la Rome naissante, les indigènes continuent à appliquer, avec les forces supérieures de la nature et des génies, leurs petits contrats rituels. La Sainteté est un peu pour eux la science des grigris. Le plus saint est le plus fin, celui qui a eu la perspicacité de découvrir les meilleurs talismans. Le jour où s'est répandu le bruit qu'on avait découvert le grigri supérieur, le fétiche vivant, celui qui se chargeait de prémunir contre tous les dangers, de délivrer de tous les soucis, de satisfaire à tous les besoins, on s'est groupé derrière lui, et il a été élu le représentant de la Divinité.

Et aujourd'hui les Mourides, sans inquiétudes terrestres et célestes, usent toutes leurs forces dans le labeur forcené où les poussent pour leur grand profit les directeurs spirituels du mouvement.

Quand l'esclavage a été supprimé, ils ont senti et apprécié le bienfait de la liberté. Il n'empêche que, quelques années plus tard, ils viennent eux-mêmes se placer en servitude sous la férule d'un marabout; et l'autorité reste désarmée devant cet esclavage d'un nouveau genre : volontaire et à forme religieuse.

∴

L'histoire de la politique sénégalaise depuis 1850 vient confirmer ces conclusions. Tout le monde sait — les indigènes notamment — que c'est Faidherbe qui, inaugurant, peu après 1850, une politique nouvelle, l'établit sur les bases du prestige de l'Islam et des services de toute sorte qu'on pouvait obtenir des Musulmans plus affinés et plus intelligents.

Les Ouolofs, qui avaient subi une première islamisation avant le quinzième siècle, s'étaient jadis dégagés de ces doctrines étrangères pour revenir à l'intégralité de leurs traditions. Dans la première moitié du dix-neuvième siècle la coutume est intacte et les croyances religieuses n'ont guère subi d'altération. C'est à partir de 1850 que l'Islam s'implanta peu à peu par la propagande de ses marabouts missionnaires; par la faveur que l'autorité semblait accorder à ses adeptes, en utilisant couramment leurs services et en n'utilisant guère que ceux-là ; et aussi — il faut le dire — par la simplicité de l'acte de foi qu'il demande, par la facilité de sa morale et par la gravité décorative de son culte.

Par la suite, et dans le même esprit, sera créée de toutes pièces la magistrature musulmane des cadis.

C'est ainsi que se sont islamisées les régions ouolofes à la faveur de la paix française et sous le couvert d'une domination qui voyait certainement sans peine cette unification religieuse, prélude d'une expansion politique plus facile et d'une unification administrative plus simple.

La réaction survient à l'heure actuelle : réaction interne d'abord de la part des indigènes eux-mêmes travestissant la foi islamique qui ne leur fut infusée que très superficiellement; réaction ensuite des autorités administratives locales, qui, gardiennes de l'ordre public, ont souvent une certaine phobie de l'Islam, générateur de troubles, ou affectant depuis quelque temps des allures suspectes de nationalisme ou de domination universelle.

*
* *

Ce mouvement de réaction n'est donc pas isolé et sans cause. Il se reproduirait sous une autre forme chez les Ouolofs, si on se lançait dans l'entreprise maladroite — et à laquelle personne ne songe — de vouloir le combattre dans le domaine religieux. Il se reproduirait ou (plutôt il se reproduit sans doute) par des phénomènes latents chez les autres races ou peuples noirs islamisés, mais il n'apparaît pas toujours aussi clairement. Le vêtement de l'Islam, si simple et si confortable soit-il, n'a pas été taillé pour les noirs : ils le recoupent à leur mesure et l'ornent à leur goût.

Ne sont-ce pas des groupements de Mourides du même genre, que les Qadrïa de Cheikh Bou Kounta dans le Cayor, les Tidianïa d'Al-Hadj Malik dans tout le Sénégal, ou les Limamou de Cheikh Limamou Laye à Yof et dans les environs?

Ce dernier végète misérablement : il a manqué des circonstances favorables pour se développer avec l'ampleur du Bambisme ; mais les deux premiers sont en pleine efflorescence et aussi importants que le Mouridisme Bamba. Toutefois l'attitude déférente et loyaliste de leurs Cheikhs et aussi leurs enseignements plus raisonnables, moins poussés à l'extrême, n'ont pas fâcheusement attiré l'attention sur eux.

Il faut dire enfin que cette fermentation de l'âme indigène n'est pas spéciale au Sénégal.

Si en Mauritanie une forte proportion de sang sémite et des conditions identiques de milieu physique et de vie sociale et économique ont pu, par des traditions ininterrompues de foi et de culture arabes, conserver un Islam très proche de celui de l'Orient, il n'en a pas été de même chez les autres peuples.

Au fur et à mesure que l'Islam s'éloigne de son berceau, vers l'est comme vers l'ouest, quand les races et les conditions changent, il se déforme de plus en plus ; et les confessions islamiques, qu'elles soient malaises ou chinoises, berbères ou nigritiennes, ne sont plus que de grossières contrefaçons de la religion et de l'état de civilisation du « Coran sublime ».

Et quels curieux rapprochements à faire entre les croyances des Berbères et celles des Noirs ! De nombreux vestiges permettent de soupçonner par delà l'Islam et dans la nuit des temps de multiples compénétrations. Mais le

Maraboutisme des Berbères garde une certaine mesure. Si grande que furent la sainteté et l'influence de Sidi Bou Choaïb, d'Azemmour, ou de Sidi Bel-Abbès, de Marrakech, on ne leur a bâti des temples qu'à leur mort; le Maraboutisme des Noirs arrive sans transition à l'anthropolâtrie, du vivant même du Saint.

Pour s'en tenir à l'Afrique noire, les orientalistes les plus imminents comme les explorateurs et missionnaires, comme les administrateurs de carrière, sont unanimes dans leur opinion.

Du professeur Edward Browne, de Cambridge : « Pourvu « qu'on déclare qu'il n'y a pas de Dieu excepté Dieu, et « que Mahomet est l'apôtre de Dieu, et qu'on se conforme « extérieurement à la loi musulmane, on peut entendre « les mots « Dieu » et « apôtre » à peu près comme on veut. « Voilà pourquoi on voit naître dans le sein de l'Islamisme « tant de sectes hétérodoxes, parmi lesquelles on peut « trouver tout ce qu'on veut, en matière de dogme et « de discipline, du monothéisme le plus absolu, ou, de « l'anthropomorphisme le plus cru au panthéisme le plus « raffiné, et de l'austérité la plus rigide à l'hédonisme « le plus complaisant. » (*Questions dipl. et col.*, 15 mai « 1901.)

De M. C. Janssen, gouverneur honoraire de l'État du Congo : « En Afrique l'Islamisme pratiqué actuellement « par un certain nombre de nègres est d'une simplicité « tout à fait primitive ; et les Noirs qui sont entrés dans le « mouvement islamique ne savent guère ce que c'est. Ils « imitent machinalement les rites des hommes venus de « Zanzibar et du Soudan, croyant ainsi s'élever à leur hau- « teur. » (*Discussion à l'Institut Solvay.*)

Le capitaine Meynier et M. Delafosse aboutissent aux mêmes conclusions que pour les États musulmans du Soudan Oriental (*A travers l'Afrique*) ou pour les peuples islamisés du Soudan français (*Haut-Sénégal-Niger*).

C'est donc dans cette voie que semblent se diriger les peuples noirs islamisés, et le Mouridisme paraît être pour eux la forme nécessaire de la religion et peut-être l'expression confuse du patriotisme. Ils tendent à se reconstituer eux-mêmes en groupements autonomes, sous la direction d'un marabout omnipotent, et adaptent l'Islamisme, jadis accueilli plus ou moins volontairement, à leur mentalité et à leurs traditions.

Il y a là un sentiment latent de patriotisme, c'est-à-dire, non pas comme pour nous la manifestation de notre conscience nationale et de notre passé historique, mais un attachement héréditaire à leurs ancêtres, à leurs coutumes, à leur état social, et un groupement de toutes leurs énergies autour d'un centre religieux local. Ce travail d'enfantement conduira à la formation d'une série de confessions islamiques diverses, où se reflètera l'âme de chaque peuple et qui n'auront entre elles que fort peu de chose de commun.

C'est pourquoi il n'y a pas lieu, semble-t-il, de prendre les choses au tragique. Où sera le mal, quand dans un demi-siècle les islamisés du Sénégal seront partagés en cinq ou six sectes différentes, très divisées entre elles, d'autant plus divisées que chaque secte sera un produit national, et que ces rivalités religieuses viendront se greffer sur des animosités de race? M. Delafosse, dont l'autorité en la matière est reconnue de tous, n'admet qu'à demi ces conclusions pour le Soudan. Parlant des conséquences que pourrait amener cette déformation de l'Islam, il déclare que « ces résultats ne pourraient être que déplorables ». Il ne dit malheureusement pas pourquoi.

*
* *

Dès aujourd'hui, Mourides d'Amadou Bamba et Mourides d'autres directions entretiennent des relations rien moins que cordiales. Ils se jettent réciproquement à la face l'accusation d'hérésie, qu'ils méritent tous sans conteste si on compare leurs croyances, à l'orthodoxie du Prophète. Ces rivalités ne restent pas cantonnées dans le domaine religieux. Certains villages, affiliés à d'autres confréries, ne veulent pas admettre chez eux les Mourides. C'est ainsi que les gens de Gabou, qui sont Tidianïa, sur la route de Diourbel à Mbaké (Baol), n'admettent pas que les Mourides passent sur leur territoire. En revanche les Mourides ne tolèreront pas la présence de Tidanïa dans leurs carrés.

Les Toucouleurs qui travaillent dans les escales du Sine-Saloume et de Thiès-Kaffrine, regagnent, après pécule amassé, leur patrie du Fouta par la grand'route de Touba-Yan Yan. Ils passent, leur coffret bariolé sur la tête, devant les trois centres mourides Mbaké, Darou, Touba, mais se gardent bien de s'y arrêter. Leur désir de ne pas voir les Mourides est égal au désir des Mourides de ne pas les recevoir.

Cette hostilité ne dégénère pas en rixes en rase campagne, les autorités administratives y veillent fermement; mais, à la ville, où la politique s'épanouit comme une fleur tropicale et s'empare de toutes les questions, elle tourne facilement en polémiques de presse et en intrigues de toute nature.

*
* *

Il est difficile de prévoir quelles sont les destinées du Mouridisme d'Amadou Bamba. Il subsiste aujourd'hui, sans guère progresser, par la présence et les vertus de son fondateur. Mais Amadou Bamba a 60 ans : sa disparition naturelle ou violente peut se produire d'un jour à l'autre. Ses frères et lieutenants se jalousent trop pour admettre, à sa mort, la suprématie de l'un d'entre eux. Comme chacun est actuellement chef reconnu de son village et de ses talibés, il est fort probable que la disparition d'Amadou Bamba amènera la désagrégation de son Mouridisme et son morcellement en autant de ramifications qu'il y a de Cheikhs influents.

Par la suite, les mêmes causes de besoin d'unification ramèneront sans doute un rassemblement nouveau autour du plus saint ou du plus habile d'entre eux, à moins qu'un nouveau Prophète ne se lève en Israël et n'attire à lui le troupeau de Panurge.

2. — L'ACTION POLITIQUE.

Les circulaires du 22 septembre 1909 et du 26 décembre 1911 énoncent clairement les directions de notre politique indigène en A. O. F. En ce qui concerne l'attitude de l'autorité française vis-à-vis des civilisations locales, elle se résume en une phrase :

« Respect *absolu* et *égal* pour tous les peuples, nos sujets, de leur foi religieuse, de leur liberté de culte et de leurs coutumes et traditions, en tant qu'elles n'ont rien de contraire aux principes de notre civilisation. »

A la lumière de ce programme et le champ d'action intéressé étant maintenant connu, il est facile de conclure :

1° Les Mourides Ouolofs ont le droit absolu de suivre la voie d'Amadou Bamba et d'accueillir dans leur sein les adeptes qui viennent à eux;

2° Ils n'ont pas le droit de faire chez les peuples qui les entourent (Peuls, Lébous, et surtout Sérères) et qui restent attachés à leurs institutions coutumières, un prosélytisme islamique qui soulève contre eux la haine générale et peut provoquer des troubles.

Si nous devons à nos sujets une même neutralité et un même intérêt, ils se doivent entre eux un même respect réciproque. Il y a donc lieu d'écarter délibérément tout nivellement sous le joug de l'Islam. Sans ces conditions, notre action politique devrait, semble-t-il, porter sur les points suivants.

I. — *Dans les cercles.*

a) *Surveillance* étroite par chaque commandant de cercle des Mourides de son territoire. Pratiquement cette surveillance s'exerce par les chefs de canton et par des agents politiques. Elle est facile : la foule est entièrement dans les mains des Cheikhs et ne fera rien sans leur ordre ou conseil. C'est donc le rôle et l'attitude de ceux-ci qu'il importe de ne jamais perdre de vue. Leurs conversations, leurs voyages, leurs réceptions, leurs visites, leurs projets présentent le plus grand intérêt. Ces Cheikhs, comme on l'a vu dans le présent rapport, sont très dispersés à travers les cercles mouridisés : la tâche de surveillance qui revient à chaque administrateur n'est pas bien lourde, sauf peut-être dans le Baol, à cause de la présence du Sérigne, de son entourage, de ses Zaouïas et de la plupart de ses frères.

Les Qadrïa d'autres observances, et surtout les Tidianïa, peuvent être d'utiles agents de renseignements : encore faut-il ne jamais accepter sans critique leurs informations ; car ce sont eux qui sur beaucoup de points, soit poussés par leur haine des fidèles d'Amadou Bamba, soit dans un but de chantage, ont fait aux Mourides une réputation détestable et non toujours justifiée. La plus grande discrétion est de rigueur, et l'on croira sans peine que le service d'informations des Cheikhs bamba est au moins aussi bien organisé que le nôtre.

Au fond, toute cette surveillance est surtout une question de fonds politiques et de service de renseignements.

Il est d'ailleurs souvent facile, en y employant les formes voulues, d'inciter les marabouts à pratiquer une conduite des mains ouvertes. Ils comprendront sans peine, si on le leur explique avec quelque diplomatie, qu'il est de leur intérêt, pour éviter toute interprétation fâcheuse de la part de leurs ennemis, de ne jamais se déplacer, sans présenter à l'administrateur local, leurs devoirs au départ, leurs salutations à l'arrivée. C'est un moyen de rester toujours en contact avec eux et de se tenir au courant de leurs projets. Et il est plus facile et plus politique d'obtenir d'eux ces résultats que de vouloir imposer des permis de circulation à la masse des pèlerins ou des curieux.

b) *Une action d'isolement* des Mourides, aussi bien pour les protéger contre toute influence extérieure que pour les empêcher de se répandre en prédications intempestives.

Le Mouridisme, livré à lui-même, a bien des chances d'évoluer vers la secte d'Islam sans danger. Les sympathies naturelles du Noir pour l'Européen font qu'il n'attache aucune importance aux appels à la guerre sainte du Livre et des docteurs musulmans. Il est tout à fait inutile que des prédications étrangères viennent infuser aux Ouolofs Mourides l'esprit d'orgueil et de réprobation de l'infidèle qu'ils n'ont pas. C'est pourquoi il y aurait lieu, semble-t-il, d'interdire toute visite de marabout étranger, noir ou blanc, qadri ou tidiani. Les prédications purement religieuses ou les appels d'aumônes sont agrémentés en général de commentaires sur la puissance des États musulmans, sur l'incrédulité, l'erreur ou la tyrannie des Blancs, sur la conscription et les impôts indigènes. Les marabouts tirent de ces faits une philosophie de l'histoire qui est loin d'être exposée à notre avantage.

Cette barrière morale doit empêcher aussi les Cheikhs mourides de sortir de leur domaine et de faire une propagande déplacée et des prédications intempestives chez les peuples voisins. Les Sérères méritent à ce point de vue une mention toute particulière. En contact permanent au nord et su sud du Thiès-Kayes avec les Ouolofs mouridisés (Cercles de Thiès, du Baol, du Sine-Saloum), ils sont absolument rebelles à leurs invites, et toute action religieuse islamique et surtout mouride, provoque des conflits chez ces peuples fétichistes, très attachés à leurs institutions coutumières. Il est à craindre que ces haines ne dégénèrent un jour en des rixes à main armée et en de sanglantes batailles. Les Cheikhs mourides pourront donc être invités à cesser toute propagande religieuse chez les peuples voisins, cependant que les chefs indigènes recevraient l'ordre d'expulser, conformément à la coutume, tout individu qui par ses propos attaque les institutions locales et trouble la tranquillité publique. Sur ce point nous pouvons tirer des conclusions pratiques de l'exemple de la confrérie des Senoussia en Tripolitaine. En moins d'un demi-siècle les missionnaires senoussites, libres de leurs mouvements, ont aux trois quarts islamisé les Berbères tripolitains que quatorze siècles n'avaient pu entamer. Les Italiens pourraient témoigner aujourd'hui des difficultés que leur crée le ciment de cette islamisation.

c) *Une action répressive*, immédiate et vigoureuse, pour toutes les infractions de droit commun dont les exaltés ou les fauteurs de troubles se rendraient coupables. Ces infractions sont ordinairement des enlèvements de jeunes gens et de jeunes filles suivis d'un asservissement d'un nouveau genre; des faits de désobéissance injurieuse vis-à-vis des chefs indigènes; des pratiques d'escroquerie ou de charlatanisme; ou des prédications intempestives, irrévérencieuses ou dangereuses; des rixes avec coups et blessures. Les tribunaux indigènes (de cercle ou de subdivision) sont suffisamment armés pour réprimer tout délit de ce genre, et les gouvernements musulmans eux-mêmes (ottoman, égyptien, chérifien de la Mecque ou du Maroc) nous donnent la preuve quotidienne d'une juste sévérité à l'égard des malfaiteurs politico-religieux.

Il convient toutefois d'éviter soigneusement les poursuites judiciaires qui peuvent laisser croire à une persécution religieuse. Les innovations hérétiques et déformations de la loi coranique ne constituent pas en elles-mêmes, comme l'ont cru certains tribunaux indigènes, une infraction punissable à l'heure actuelle, quelque nombreux et précis que soient les textes de droit musulman qui régissent la matière.

d) *Une étude immédiate du régime foncier indigène* dans les cercles susvisés, et notamment dans ceux que traverse la voie ferrée Thiès-Kayes : cercles de Thiès, du Baol, du Sine-Saloum, du Niani-Ouli et de Bakel. Les Mourides cheminent avec le rail et fondent sans cesse des colonies nouvelles. Ce mouvement est intéressant et témoigne chez les Cheikhs d'une réelle intelligence de la situation. Il tend directement à l'utilisation des richesses naturelles, rendue désormais possible par le passage de la voie ferrée. Il entre enfin tout à fait, par certains côtés, dans les vues de la circulaire du 5 mars 1913, au sujet de notre politique agraire à l'égard des indigènes. Mais par ailleurs, il peut donner lieu à des conflits locaux. Les Mourides en effet ne se gênent pas pour occuper les terrains qu'ils convoitent et sur lesquels existent sans conteste des droits antérieurs, plus ou moins bien déterminés il est vrai. Il conviendrait que la coutume foncière locale soit étudiée de très près, que la nature de ces droits immobiliers soit bien établie et qu'un régime, plusieurs régimes le cas échéant, soit institué pour ces groupements de colonisation. Les modes d'occupation ou d'acquisition des terres y seraient prévus; les droits des premiers maîtres sauvegardés; les contrats déterminés. Il y aurait lieu de veiller en outre à ce que cet effort colonisateur n'aboutisse pas à la concentration de multiples et vastes domaines dans les mains de quelques Cheikhs, non plus qu'à la création de *latifundia* collectifs et impersonnels.

Ces conclusions découlent naturellement des directions générales si clairement et si justement énoncées dans la circulaire précitée. A ces instructions d'ensemble doit correspondre pour chaque cercle un travail de détail. Les droits des indigènes, premiers occupants, ne seront réellement sauvegardés que si nous avons su les dégager, au préalable et avant tout conflit, du fouillis de la coutume locale.

Cet essor économique de la région progressera alors le plus simplement du monde, aussi bien pour les Mourides que pour les autres colons indigènes; il facilitera l'éclosion des communautés de famille et des propriétés individuelles; et l'on ne verra pas surgir, comme en certains lieux on a pu le craindre, une irritante question agraire. Ce point paraît mériter une solution immédiate.

II. — *Au Gouvernement du Sénégal.*

Une action de centralisation et de coordination des renseignements appartient au Lieutenant-Gouverneur du Sénégal. Il importe grandement que ce fonctionnaire soit tenu perpétuellement au courant de tous les faits et gestes des Cheikhs mourides. Certaines informations qu'un Commandant de cercle est quelquefois tenté de ne pas transmettre, parce qu'elles lui paraissent insignifiantes, peuvent au contraire, par leur reproduction dans d'autres cercles, attirer l'attention du chef des services politiques et lui permettre d'agir en temps opportun. Si les indigènes ont sur nous la force du mystère et souvent de la duplicité, nous avons sur eux le sens de la coordination des efforts et la supériorité d'une admirable discipline administrative. Il ne faut pas laisser perdre ces avantages.

C'est cette sûreté et cette précision de renseignements qui permettront au Lieutenant-Gouverneur du Sénégal de suivre d'un œil attentif l'ensemble du mouvement mouride et de donner avec méthode et en toute connaissance de cause les directives utiles.

Divers moyens sont à sa disposition : son intervention directe peut se faire parfois utilement sentir vis-à-vis des Cheikhs récalcitrants. Les Chefs mourides, à commencer par Amadou Bamba, ne sont pas très rassurés sur la situation à l'heure actuelle. Ils sentent que les exploits de plusieurs d'entre eux leur ont donné une fâcheuse notoriété. Une pression administrative de la part d'une personnalité aussi considérée que le Chef de la Colonie et des menaces claires, quoique discrètes, touchant leurs personnes ou leurs biens, pourraient avoir en certains cas les plus heureuses conséquences.

Il y a en outre les divisions qui règnent entre les fils et lieutenants d'Amadou Bamba qui peuvent être utilement exploitées. Cheikh Anta, M'baké Bousso, Ibra Fal, Ibra Fati sont actuellement les concurrents les plus en vue et dont les ambitions sont les moins dissimulées, à la succession spirituelle d'Amadou Bamba. D'autres, tels Amadou Ndoumbé, Masemba, Ibra Sar, arrivent en seconde ligne, avec moins d'assurance peut-être, mais autant de désir. Il est donc d'une habile politique de tenir entre eux une balance égale et de se servir de leurs rivalités pour les asservir.

Tous ces Cheikhs sont arrivés à un âge où le caractère est formé et peu malléable, et se prête difficillement à une certaine sujétion. Pourquoi le fils aîné d'Amadou Bamba, Mamadou Mostafa, ne serait-il pas l'outsider de la course ? C'est un jeune homme de 25 à 26 ans, instruit, intelligent, plutôt timide. Il est à un âge où la réceptivité est encore grande et sera plus docile à notre entreprise. Il se rend compte que s'il veut être quelque chose plus tard, ce ne peut être que grâce à nous. Son père, qui vise à l'équilibre entre tous les candidats éventuels à sa succession, ne peut qu'approuver cette solution : ce lui sera un motif de plus de se rapprocher de nous. C'est là, semble-t-il, la vraie solution future, et même en quelque sorte présente, du problème mouride.

Amadou Bamba et son fils paraissent enchantés de cette combinaison qu'ils ont entrevue. L'Administrateur du Baol a présenté, ces temps derniers, Mamadou Mostafa à Saint-Louis. Cette présentation a produit le meilleur effet dans les milieux du Sérigne : elle peut-être le commencement d'une nouvelle et discrète action politique, où nous sommes sûrs d'avoir avec nous Amadou Bamba, que de justes préoccupations de père et de chef d'ordre ne sont certainement pas sans tourmenter.

III. — *Dans l'enseignement indigène.*

Le Sérigne Amadou Bamba a pris divers engagements, ces temps derniers, envers l'Administrateur du Baol.

Il a promis en substance :

1° Qu'un certain nombre des enfants qui fréquentent ses écoles serait instruit dans la langue française ;

2° Que plus tard quelques-uns d'entre eux seraient envoyés à la Médersa de Saint-Louis à l'effet d'y être nommés instituteurs ;

3° Qu'il ferait suivre par plusieurs cultivateurs de ses disciples les cours de l'enseignement agricole qui seront donnés à la future station du Baol.

Il a confirmé ces promesses dans une lettre récente à M. le Lieutenant-Gouverneur du Sénégal.

Ce sont là des résultats pratiques dont on sent la valeur immédiate et la portée future et qui sont déjà entrés dans la voie des réalisations.

La Médersa de Saint-Louis comptait parmi ses élèves de dernière année un étudiant mouride, parent d'Amadou Bamba, et susceptible de faire un excellent instituteur. Le Sérigne l'a placé à Mbaké (Baol) auprès de son frère Momar Diara. Il donne dans l'école de ce village et aux frais d'Amadou Bamba, des leçons de français aux jeunes élèves des cours coraniques (1).

D'autre part, la réorganisation de l'école de Diourbel a permis aux jeunes Mourides, garçons et filles, de l'entourage du Sérigne, de fréquenter ces classes à certaines heures.

Quant aux autres promesses, il sera facile d'en demander la réalisation à Amadou Bamba, lorsque les circonstances le permettront. Il pourrait fort bien notamment présenter deux de ses jeunes disciples à la Médersa de Saint-Louis, à la prochaine rentrée des classes.

IV. — *Amadou Bamba.*

Ce Sérigne est actuellement à Diourbel, définitivement installé. C'est du moins ce qu'il déclare lui-même pour couper court aux attaques dont il se sent l'objet de la part de ses ennemis, et pour montrer son esprit d'obéissance à l'administration qui lui a fixé ce centre comme résidence obligatoire. Il lui reste une dernière étape à franchir pour réaliser son plan qui de Souet-el-Ma l'amena à Thiéène et de Thiéène à Diourbel. Il veut entrer en triomphateur à Touba, s'y installer en grand-maître de l'ordre des Mourides et en puissant chef religieux. En ce point un peu excentrique et hors de la surveillance immédiate de l'autorité française, il organisera en toute indépendance sa vie,

(1) L'école franco-mouride de Mbaké (Baol) fonctionne régulièrement depuis 1913. A la suite du départ du parent d'Amadou Bamba, un jeune Ouolof de Saint-Louis, Alioun Fal, a pris sa place.

L'école comprend douze élèves : six fournis par Amadou Bamba et six par les principaux Cheikhs.

De sérieux progrès y ont été constatés (août 1915).

celle de sa Zaouïa et celle de son ordre : il dirigera en toute liberté l'active propagande mouride.

Ce sont là des projets qui pour longtemps encore doivent rester l'objet de ses prières au Tout-Puissant. Les mêmes causes produisent les mêmes effets : rentré à Touba, Amadou Bamba sera débordé par l'enthousiasme de ses disciples comme par les dénigrements et calomnies de ses ennemis. L'expérience du passé doit être profitable en l'occurrence. Amadou Bamba est très bien à Diourbel sous la surveillance immédiate d'un administrateur. Il s'y sent fort gêné moralement, et les mains à peu près liées ; mais comme extérieurement il est libre de ses mouvements, il lui est difficile de se parer de l'auréole du martyre. C'est précisément là la meilleure des solutions. Mieux vaut donc le léger malaise que peuvent provoquer ses intrigues et les interventions politiques qu'il a pu ou pourra faire naître, que les graves difficultés de toute nature que soulèverait son retour à Touba.

Son installation matérielle à Diourbel était d'abord très rudimentaire. On pourrait répondre qu'il ne tenait qu'à lui de l'améliorer : ce ne sont pas les fonds qui lui manquent. Toutefois, depuis qu'il répond à la politique de conciliation qu'on n'a jamais cessé de pratiquer avec lui, la situation morale paraît s'améliorer et la confiance renaître. Quand son installation sur le plateau de Diourbel sera achevée, il y sera parfaitement bien et jouira là, comme il dit, « de tout ce qu'il désire en ce bas-monde périssable. » Il y devra rester, semble-t-il, tant que les choses seront en l'état. Tout au plus pourra-t-on lui permettre à titre d'expérience, dans deux ou trois ans, quand cette question actuellement un peu aiguë des Mourides se sera apaisée, d'aller faire quelques visites et inspections de courte durée à sa Zaouïa de Touba, sous promesse que le plus grand calme ne cessera de régner.

Amadou Bamba n'ignore pas que des négociations avaient

été entreprises, il y a quelques mois, par Ibra Fal et Cheikh Anta auprès de certaines personnalités politiques et autres du Sénégal. On sollicitait leur intervention soit auprès du Gouverneur Général, soit même auprès du Gouvernement à Paris. C'est certainement le Sérigne qui avait poussé ses frères et lieutenants dans cette voie, se souvenant que c'est en grande partie à une pareille intervention qu'en 1902 il dut son retour du Gabon.

Aujourd'hui Amadou Bamba paraît être revenu à une plus saine appréciation des choses et avoir remisé ce qu'on a appelé plaisamment en style électoral « le Manuel du parfait corrupteur ».

A mon départ de Diourbel, il m'a déclaré qu'il me donnerait un peu plus tard une preuve manifeste de ses bons sentiments et de sa soumission intégrale. La confidence ouverte le gênait sans doute, et il voulait éviter des demandes d'explications complémentaires. Deux jours après, à Kaolak, je recevais la visite d'un de ses émissaires m'annonçant en son nom en termes précis : « J'ai donné « l'ordre formel à Ibra Fal et à Cheikh Anta de cesser toutes « démarches et tous versements d'argent aux personnes « revêtues d'un mandat à Dakar et à Saint-Louis. » Cette déclaration, si son contenu est exact, rapprochée des autres faits précités, permet peut-être d'espérer un changement d'attitude de la part d'Amadou Bamba.

V. — *Dans le domaine de la justice indigène.*

La loi coranique constituait un réel progrès sur les coutumes préislamiques des Arabes. Elle n'en constitue pas dans son ensemble sur les coutumes des indigènes.

Pour être d'une culture inférieure, ceux-ci ne sont ni des sauvages, ni des primitifs. La situation de la femme — pierre de touche d'une civilisation — est très supérieure chez les Ouolofs et se rapproche grandement de la situation de la femme européenne. Par notre présence — et sauf exception — la coutume locale islamisée est simple et douce ; elle n'exige pas des pèlerinages lointains et excessifs, elle ne prêche pas de guerre sainte, ni même d'apostolat exagéré. Sa morale n'est pas inférieure à la morale islamique, qui a ici toutes les faiblesses dans les matières où elle pourrait faire sentir une heureuse influence. La coutume autorise l'usage du vin, la reproduction des êtres, origine des arts et nécessité des sciences. Elle est pleine de respect et sans aucune hostilité pour les Blancs, pour leur civilisation, leur religion et leurs arts ; elle reconnaît leur supériorité en toute matière et admet le plus facilement du monde leur suprématie politique. La coutume est modifiable à notre contact : elle le montre tous les jours, se transformant d'elle-même et se complétant par des emprunts à nos usages et à nos lois. Le droit musulman est difficilement transformable. Les modifications, que les infidèles que nous sommes y apportons, sont toujours mal vues et jugées comme des actes d'arbitraire par les vrais croyants.

Que gagneront donc les Noirs fétichistes à s'islamiser ? Les islamisés à devenir de parfaits Musulmans ? Et pour nous-mêmes, convient-il d'ajouter aux difficultés de l'occupation politique du pays les dangers d'une révolution sociale ? Hâtera-t-on l'évolution des indigènes vers une civilisation étrangère alors que nous n'osons pas — et ne voulons pas — les pousser vers notre propre civilisation ?

Il est souhaitable que du sommet au bas de l'échelle judiciaire, toutes les juridictions, sans se laisser surprendre par l'acte de foi musulman dont la réelle portée sera établie, appliquent d'un esprit convaincu l'intégralité des coutumes indigènes, d'abord parce que les textes qui régissent la matière en font un devoir précis, ensuite parce qu'elles seront persuadées que cette solution est la meilleure pour les intérêts des Noirs, comme pour ceux de la France, comme pour ceux de la civilisation.

Et c'est ainsi que par une politique, utilitaire avec discernement, il est permis d'espérer que la situation présente, et jusqu'à un certain point l'avenir prochain de cette question des Mourides, ne soulèveront que des difficultés locales et vite solutionnées, et que toute crainte de désordre public peut être délibérément écartée.

ANNEXES

AUX MOURIDES D'AMADOU BAMBA

ANNEXE N° 1

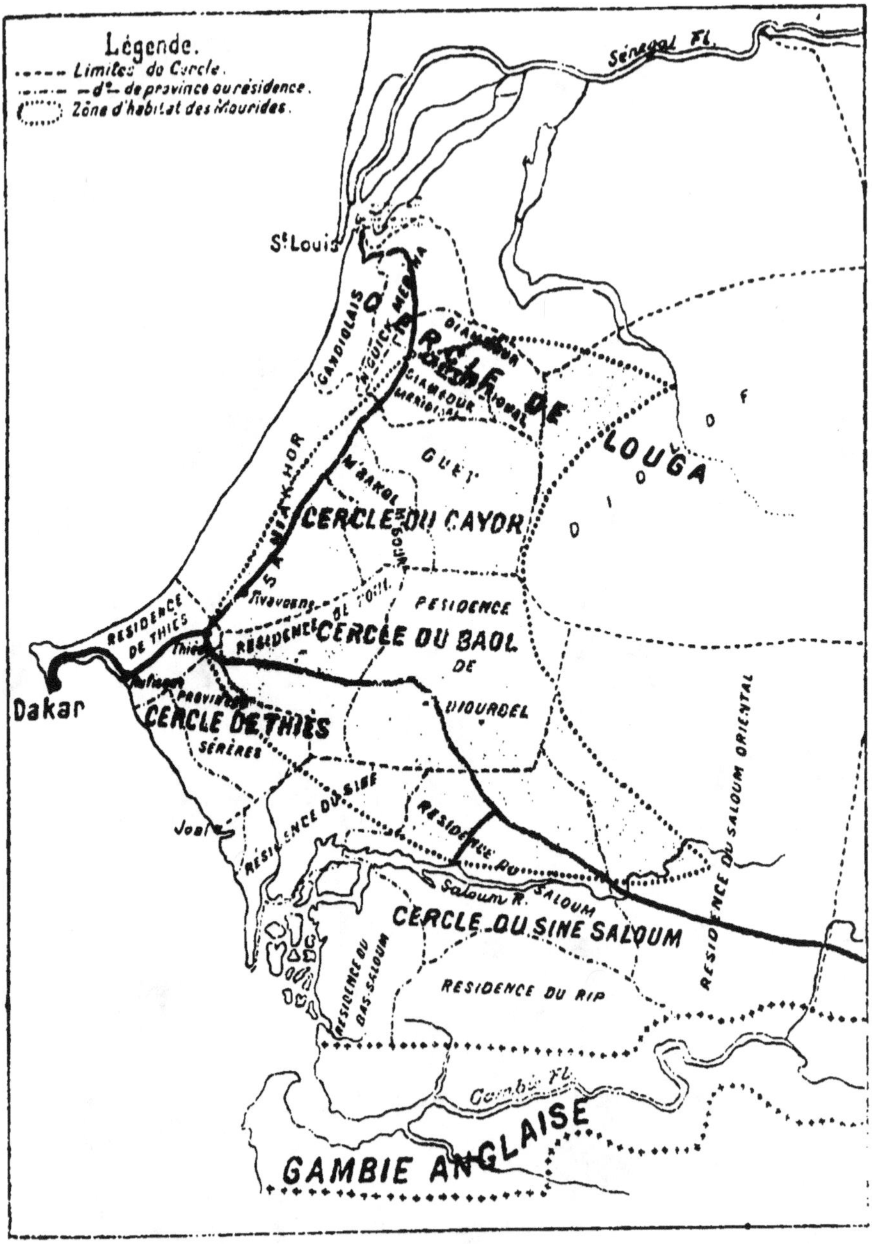

Schéma géographique de la confession mouride.

ANNEXE N° 2

Dénombrement général par cercles de l'ensemble des Mourides d'Amadou Bamba.

Cercle du Baol	33.000
Cercle du Sine-Saloum	1.000
Cercle de Thiès	5.080
Cercle du Cayor	28.000
Cercle de Louga	1.000
Dakar	140
Saint-Louis	150
Total	68.350

ANNEXE N° 3

Généalogie de la famille M'baké.

		Momar Diara.	Mohammed.
			Amadou Bousso.
			Cheikh Abd El-Qader.
	(Diara Bousso).	Amadou Bamba.	Mohammed Lamine.
			Mohammed Mostafa.
			Mohammed Fadel.
			Mohammed Lamine.
			Mohammed Bachir.
	Momar	Ibra Fati.	Ibrahim.
Mballa.	(Fati Diop).		Mohammed El-Habib.
		Cheikh Anta.	Mohammed Mostafa.
M'baké.	Antasali.		Ibrahim.
			Serigne.
	(Anta N'Diaye).	Amadou M'baké Niang.	Amadou.
		Cheikh Tioro.	Mohammed.
	(Thioro Diop).	Mballa Mbaké.	Mohammed.
	(Hafsa Diahhaté).	Cheikh Hafsa.	Fati Benta (fille).
	(Issa Dièye).	Masemba.	Mohammed.
	Ibra M'baké.	Amor M'baké.	

Nota. — Les noms des femmes de Momar Antasali ont été mis entre parenthèses. A chacun de ces noms correspond une accolade qui embrasse les enfants, avec Momar Antasali comme père commun.

ANNEXE N° 4

Généalogie de la famille Bousso.

Sérigne Mohammed Bousso	M'baké Bousso (Épouse : Kadïa, sœur consanguine d'Amadou Bamba).	Amadou. Alioun.
	Cheikh El-Hadj Bousso (Épouse : Rokïata, sœur germaine d'Amadou Bamba).	Momar Bousso. Bou Baker.

ANNEXE N° 5

CERCLE DU BAOL (*Diourbel*).

Dénombrement par cantons des Mourides, des islamisés et de la population totale.

NOMS des Cantons	NOMBRE des Mourides	NOMBRE des islamisés	NOMBRE de la population totale	RACES qui habitent le canton
Diack. . . .	785		15.980	Sérères.
Fandène. . .	1.513		11.117	Ouolofs.
Guéoul . . .	9.528		16.441	—
Dondolle . .	378		13.492	Sérères.
Pègue. . . .	1.768		12.918	Ouolofs.
Thièpe . . .	4.097		14.929	—
Ndadène. . .	861		9.551	Sérères.
Kontor . . .	809		3.438	Peul.
Diette Salao. .	6.142		12.185	Ouolofs.
Ngoye	760		13.507	Sérères.
La.	5.645		16.221	Ouolofs et Peul.
Mbayar-Bidiar.	632		26.051	Sérères.
Total. . .	32.919	86.000	161.830	

ANNEXE N° 6

CERCLE DU BAOL (*Diourbel*).

État des principaux marabouts mourides, de leurs origines, de leurs résidences.

NOMS	ORIGINES	RÉSIDENCES	OBSERVATIONS
Amadou Bamba . . .	»	Diourbel	
Mokhtar Penda. . . .	»	»	
Bouna Fal.	»	»	
Abdallah Diao	»	»	
Cheikh Diop.	»	»	
Abdallah Diop	»	»	
Momar Khari	»	»	
Amadou N'Doye Diop .	»	»	neveu d'A. Bamba.
Amadou N'Doumbé . .	»	»	
Bachir Cissé.	»	»	
Issa Diène	»	»	
Mohammed Mostafa . .	»	Touba	fils d'A. Bamba
Mohammed Bachir . .	»	»	id.
Masemba.	»	»	frère d'A. Bamba.
Amadou Fadiama. . .	»	»	
Abd Er-Rahman ould Mohammed	»	»	
Momar M'baké Ould Saïd			neveu d'A. Bamba.
Cheikh M'baké Bousso .	»	Darou	beau-frère d'A. B.
Cheikh El-Hadj Bousso.	»	»	id.
Abd El-Qader Ould Moulay Nacer	»	»	neveu d'A. Bamba.
Alioun uld Moulay Nacer	»	»	id.
Momar Diara	»	M'baké	frère d'A. Bamba.
Cheikh Anta.	»	Gaouane	id.
Balla Mbaké.	»	»	id.
Youssef Babou	»	»	
Amadou Guèye. . . .	»	»	
Moudoune Kassé . . .	»	»	

NOMS	ORIGINES	RÉSIDENCES	OBSERVATIONS
Sérigne Mbaye	Ouolof	Gaouane	
Amadou Dieng Babou .	»	»	
Momar Fati	»	»	neveu de Ch. Anta.
Amadou Bator	»	»	
Gora Bakhoume . . .	»	Toakhamé	
Bira Bigué Dieng . . .	»	Thièpe	
Masemba Fal	»	»	
Matari M'baké	»	»	
Amadou Digol	»	K. Amadou Digol	
Manel Fal.	»	Thiapi (près Bambey)	ancien chef de canton.
Momar Fal	»	Garam-Guéoul	
Mostafa Silla.	»	Lambaye	ancien cadi.
Sérigne Ạlioun Diouf .	»	»	
Meltoufa Khari. . . .	»	»	
Amadou Mbaye . . .	»	Palène-Khọmbole	ancien cadi.

ANNEXE N° 7

CERCLE DU SINE-SALOUM.

Dénombrement par résidences et canton des Mourides, des islamisés et de la population totale.

		Mourides Sérignes	Mourides Talibés	Islamisés	Population totale
Résidence du Saloum. Cantons de :	Kaolak-Laghem	4	36		
	Kahone	4	9		
	Nguer	1	4		
	Diokoul Goudiaye	5	5		
	TOTAL	14	54	18.193	42.668
Résidence du Sine. Cantons de :	Diakhao	2	18		
	Dioïne	6	0		
	Diouroup Djilas	0	0		
	Songhaï	0	0		
	Maroutte	11	91		
	Gayokèime	2	11		
	TOTAL	21	120	12.697	86.616
Résidence du Bas-Saloum.	Niombato	0	0		
	Djilor	0	0		
	TOTAL			15.419	19.508
Résidence du Rip.	Oualo-Kayemor	2	0		
	Saback-Rip	1	5		
	Niom-Rip	2	16		
	TOTAL	5	21	19.301	20.850
Résidence du Saloum Oriental.	Ndoukoumane-Pakalla	4	18		
	Koungheul	2	22		
	TOTAL	6	40	10.742	13.284
	TOTAL GÉNÉRAL	281		76.352	182.926

ANNEXE N° 8

Cercle du Sine-Saloum.

État par résidences et cantons des principaux marabouts mourides, de leurs origines, de leurs résidences, de leurs pères spirituels et du nombre de leurs talibés.

NOMS	ORIGINES	RÉSIDENCES	PÈRES SPIRITUELS	NOMBRE de TALIBÉS
Résidence du Saloum (Kaolak). *Canton de Kaolak-Laghem.*				
Tamsir Moussa Paté	Ouolof.	Pakatia.	Amadou Bamba.	11
Omar Diouf . . .	»	Mbadiou.	Tamsir Moussa.	
Babakar N'Diaye .	»	Mbouma.	Amadou Bamba.	4
Massakho Sakho .	»	Tahoua.	Ibra Fati.	21
Canton de Kahone.				
Amadou Cissé . .	»	Bill.	Amadou Fadiame.	7
Ndéné Kabou. . .	»	Gagneck.	Ibra Fati.	
Abdoulaye N'Diaye.	»	»	Cheikh Anta.	2
Momar N'Dao . .	»	Tiakala.	Amadou Fadiame.	
Canton de Nguer.				
Tioumba Kaadji. .	»	Maouel.	Cheikh Anta.	4
Canton de Diokoul-Gandiaye.				
Makhoudia Dieng .	»	Diokhoul.	Amadou Bamba.	2
Matar Sakho. . .	Sérère.	»	Mamadou Cissé.	1
Baba N'Diaye. . .	»	Ngodj.	Makhoudia Dieng.	
Biramou Sène . .	Ouolof.	Soukhoupe.	Amadou Bamba.	
Mamadou Sek . .	»	Keur Galoup	Ibra Fati.	2

NOMS	ORIGINES	RÉSIDENCES	PÈRES SPIRITUELS	NOMBRE de TALIBÉS
Résidence du Sine (Fatick). *Cercle de Diakhao.*				
Alioun Sek . . .	Ouolof.	Soupa.	Amadou Niang.	4
Sérigne Ma Fal Niang	»	Darou Salam	Moussa N'Doye.	14
Canton de Dioïne.				
Sérigne Touré . .	Ouolof.	Mbedap.	Amadou Bamba.	
Mandiaye Sèye . .	»	Mbelo. Khoute.	Moussa N'Doye.	
Madiop N'Diaye. .	»	Gadiagne.	Ibra Fati.	
Aliou Diop . . .	»	»	Alioune Diouf.	
Ibrahima N'Gom .	»	»	»	
Abdou Kane. . .	»	Mbetite.	Amadou Bamba.	
Canton de Maroutte.				
Momar Sek . . .	Ouolof.	Gossas.	Amadou Bamba.	7
Amadou Diao . .	»	»	»	12
Ousmane Lo. . .	Peul.	Patar.	Alioun Ka.	5
Amadou Khari Mbaké	Ouolof.	Gossas.	Amadou Bamba.	24
Alioun Touré . .	»	»	»	9
Momar Thiam . .	»	»	»	8
Babakar Lao. . .	»	»	»	2
Abdou Khadir . .	Peul.	Patar.	Cheikh Ousman.	9
Momar Thian . .	Ouolof.	Gossas.	Son père Momar.	8
Khar Khan . . .	»	»	Banda Kane.	4
Amadou Ba . . .	Peul.	»	Son père Diam Doura.	3
Canton de Gayokhème.				
Matar-Niang. . .	Ouolof.	N'galagne. Koé.	Amadou Bamba.	
Modi Toubé. . .	»	Ngadiagne.	»	

NOMS	ORIGINES	RÉSIDENCES	PÈRES SPIRITUELS	NOMBRE de TALIBÉS
Résidence du Rip (Nioro). *Cercle de Oualo-Kayemor.*				
Abdoulaye N'Diaye	Ouolof.	Ndienguène.	Amadou Bamba.	
Demba Dioba . .	»	Ndioufène.	»	
Canton de Niom Rip.				
Tamsir Ma Ba . .	Ouolof.	Touba	»	10
Katim Koumba. .	»	Djina Katim.	»	6
Canton de Saback Rip.				
Tamsir Khodia . .	Ouolof.	K. Tamsir Khodia.	Amadou Fadiama.	5
Résidence du Saloum Oriental C. de Ndoukou-mane-Pakalla.				
Aliou Sek. . . .	Ouolof.	Bamba Moussa.	Amadou Bamba.	10
Moussa Sèye. . .	»	Diolkosse.	Amadou Fadiama.	3
Omar Mèye . . .	»	Kaffate.	Amadou Bamba.	3
Segni Sar	»	Dramé.	Amadou Fadiama.	2
Canton de Kougheul.				
Momar Khari Si .	Ouolof.	Sine Matar.	Amadou M'baké.	12
Mahadame Tiou-goun.	»	Diaye Coumda.	Ali Penda Lo.	10

ANNEXE N° 9

9 février 1913.

AVIS

A ceux qui savent que l'auteur de ces lignes est un croyant, un musulman, un homme qui dirige sa conduite d'après le Coran, la tradition, et l'unanimité des docteurs.

Quiconque prétend tirer sa filiation dudit auteur et ne se dirige pas d'après le Coran, la tradition, et l'unanimité des docteurs n'est pas de lui et ne se rattache pas à lui. Non, il n'est aucunement de lui.

Monsieur Marty, chargé des affaires musulmanes, je vous prie d'être convaincu vous-même, et d'informer les autorités françaises, que ledit *Assan Touré* ne se rattache nullement à nous, car celui qui se rattache vraiment à nous, en toute vérité, ne se met pas en opposition avec les représentants du Gouvernement, mais il engage au contraire les gens à leur être soumis. Selon qu'il est écrit dans le livre, venant de Dieu le Très Haut : « Obéissez à Dieu, puis obéissez au Prophète, et aux maîtres du temps où vous vivez. »

MOHAMMED BEN MOHAMMED BEN HABIBALLAH.
(AMADOU BAMBA.)

ANNEXE N° 10

CERCLE DE THIÈS.

Généalogie de la famille Fal.

Amor Fal	Amadou Fal	Cheikh Ibra Fal	Mamadou Falilou (23 ans). Mamadou Mostafa. Amadou Bachir. Momar Fal. Alioun. Quatre filles.
		Cheikh Salihou Fal	Amadou Salihou. Mamadou Anta Fal. Ibrahima Fal. Deux filles.
		Rokia Fal.	N'Diaye Rokaïa.

ANNEXE N° 11

CERCLE DE THIÈS.

Dénombrement par résidences et cantons des Mourides, des islamisés et du total de la population.

RÉSIDENCES ET CANTONS	NOMBRE des Mourides	NOMBRE des Islamisés	TOTAL général de la population	OBSERVATIONS
Résidence de Thiès :				
Canton de Thiès . . .	490	3.120	5.400	K. Ibra Fal.
— du Thor-Diander	10	5.230	10.030	Darou.
Résidence des provinces sérères :				
C^{n} du M'Badane Sadsal .	30	540	12.120	Sassal.
— Sandoc Diaganiao. .	»	920	8.540	
— Sao Dimack. . . .	»	410	9.260	
— des Diebas	4.300	5.580	13.850	Khaban Tassette.
Résidence de la Petite Côte				
Canton de Nianing. . .	50	4.410	7.200	Thiombologe.
— de Joal-N' Gohé .	2.000	2.200	5.350	Thiadiaye.
		3.900	11.300	
TOTAUX. .	5.080	26.400	83.050	

ANNEXE N° 12

Cercle de Thiès.

État par résidences et cantons des principaux marabouts mourides, de leurs origines, de leurs résidences, et du nombre de leurs talibés.

NOMS	ORIGINES	RÉSIDENCE	NOMBRE de TALIBÉS	OBSERVATIONS
Résidence de Thiès.				
Cheikh Ibra Fal. .	Ouolof.	Thiès : Darou Baïré.	200	
Abdallah Diop, fils de Lat Dior. . .	»	»		ex-chef de Mbakol (Cayor).
Amadou Lo . . .	»	»		originaire de Gandiole.
N'Diaye Rokïa . .	»	»		neveu de Cheikh Ibra Fal.
Laba Dioum . . .	»	»		
Masemba N'Diaye .	»	»		
Amadou N'Diaye .	»	»		
Résidence des Provinces Sérères (Fissel).				
Amadou Ndoumbé Baké	Ouolof.	Khabane.	100	à Keur Sérigne Amadou.
Abdoulaye Diao . .	»	»	80	à Keur Abdoulaye Diao.
Momar Diagne . .	»	»	20	à Dialakh.
Issa Diène	»	»	50	à Touba.
Maïb N'Diaye. . .	»	»	20	
Amadou Lamine M'Baye	»	Sassal.	20	
Manik Diop . . .	»	Malamsone.		
Momar Touré. . .	»	Tassette.	20	à Touré.
Abdou N'Doye . .	»	»	20	à N'Doyène.
Cheikh Madiop . .	»	»	30	à Keur Madiop.
Sérigne Momar Senne	»	Pout.	10	
Laman Malik . . .	Sérère.	Pognom.		nouvellement converti.
Résidence de la Petite-Côte (Nianing).				
Alioun Sal	Ouolof.	Guélor.	50	incarcéré en 1910 pour troubles.

ANNEXE N° 13

Cercle du Cayor.

Dénombrement par provinces des Mourides, des islamisés et de la population totale.

PROVINCES	NOMBRE des Mourides	NOMBRE des Islamisés	POPULATION TOTALE
Saniakhor.	6.000		
Mbakhol-Mboul.	10.000		
Guet.	12.000		
Total.	28.000	133.400	139.150

Note. — Le Cercle du Cayor comprend 5.750 habitants qui ne sont pas islamisés.

Ce nombre se décompose en : 5.000 Sérères environ, disséminés dans les cantons de N'Doute et M'Bar de la province du Saniakhor ; 500 Laobés, disséminés dans la province du Guet ; 200 Akous, dans les escales, et 50 Mandiagos, répartis dans tout le cercle.

ANNEXE N° 14

Cercle du Cayor.

État par provinces et cantons des principaux marabouts mourides, de leurs origines, de leurs résidences, de leurs pères spirituels et du nombre de leurs talibés.

NOMS	ORIGINES	RÉSIDENCES	PÈRES SPIRITUELS	NOMBRE de Talibés
Province du Saniakhor				
Saliou Dieng . . .	Ouolof	Maka.	Momar Dieng.	10
Makhouria Khandji.	»	Sakh.	Assane Gaye.	7
Balla Goye	»	Kabh.	Ditialao Gaye	4
Mamour Thiam . .	»	»	Alassane Gaye.	4
Samba Tacine Ka. .	»	Sioual.	Semba Tacine.	3
Ndioukou Diagne .	»	Mborine.	Solimane Niang	2
Matar Fal	»	Ndiaye Diambagnane.	Masemba Manne	2
Macoumba Guèye .	»	Badar-Guèye.	Matar Guèye.	7
Momar Guèye . . .	»	Taoua.	Ousmane Guèye	5
Ousmane Guèye . .	»	»	Samba Khari.	5
Balla Guaye . . .	»	Tiékao.	Birama Guèye.	20
Assan Fal	»	Gouye Mbaye.	Amadou Bamba	10
Mabèye Bèye . . .	»	Médina.	Ibra Fal.	17
Marouba Guèye . .	»	Gandiaye près Pire.	Amadou Bamba	30
Momar Ouarka Khan	»	Kour Momar Ouarka.	»	20
Cheikh Amadou Baké Sar	»	Keur Moussa Mbaké.	»	20
Moussa Diaye . . .	»	Fassel.	»	20
Baba Ngom Khaliomba.	»	Khandane.	»	20
Mamadou Senne . .	»	»	»	20

NOMS	ORIGINES	RÉSIDENCES	PÈRES SPIRITUELS	NOMBRE de Talibés
Cheikh Mangoné Sek.	Ouolof	Ndoyène-Pire.	Amadou Bamba	20
Madiabélé Ndour. .	»	Keur-Bakar.	»	20
Escale de Tivaouane				
Abdoulaye Thiam .	»	Tivaouane.	Marouba Guèye.	5
Matala Mbaye . . .	»	Tivaouane (ancien griot).	Ibra Fal.	8
Alassane Senne . .	»	Tivaouane.	Cheikh Anta.	7
Ibrahima Diagne . .	»	»	»	
Yali Niang	»	»	Amadou Bamba	4
Malik Ndiagne. . .	»	Tivaouane (K. Masemba).	Cheikh Anta.	6
Amadou Nar Diop .	»	Tivaouane (ancien cadi).	Amadou Bamba	
Amadou Guèye Maro.	»	Tivaouane.	Ibra Fal.	15
Balla Diop	»	Tivaouane (assesseur).	Amadou Bamba	
Amadou Diop . . .	»	Tivaouane.	»	
Ibrahima Soghe . .	»	Tivaouane (Thiendane).	Ibra Fal.	
Province de Mbakol-Mboul.				
Momar Guèye . . .	»	Messéré.	Amadou Bamba	10
Momar Gaye . . .	»	Guembé.	»	12
Macodou Diop. . .	»	Nelhedje.	»	17
Masemba Diop . .	»	Mérina.	»	24
Maouedji Thiam . .	»	Thiamène.	»	9
Momar Lahma . .	»	Gnagame.	»	11
Abdoulaye Fadiaga .	»	Ndiam Nal.	»	12
Momar Sèye . . .	»	Ndia Hadé.	»	13
Ndari Kane. . . .	»	Kane.	»	18
Amadou Dié Mbaké.	»	Ndiayène Péri.	»	11
Adama Sal	»	Darou Salam.	»	35
Cheikh Malamine Ndiaye	»	Kelcom.	»	28

NOMS	ORIGINES	RÉSIDENCES	PÈRES SPIRITUELS	NOMBRE de Talibés
Yéri Diakhaté . . .	Ouolof	Kelcom.	Amadou Bamba	15
Madiara Gnane . .	»	Mékhé.	»	5
Ma Hafsa Tiao . .	»	Thiamène.	»	11
Ibra Dior	»	N'Dande (Narbé)	»	21
Mamao Silla . . .	»	Nakhal-Mamiao	»	24
Mokhtar Marienna .	»	Tiapoura.	»	7
Mostafa Silla . . .	»	Darou-Salam.	»	11
Amor Fal	»	Niakhal-Boë.	»	8
Momar Silla . . .	»	Yohma.	»	11
Mokhtar Ougnane .	»	Ndème.	»	7
Momar Mbaye. . .	»	Afia.	»	21
Medoume Samba. .	»	»	»	6
Diambar Diakhaté .	»	Méoumdou.	»	8
Saër Silla	»	Dramané.	»	15
Ibra Silla	»	»	»	20
Amadou Binta . .	»	»	»	8
Mayacine Ballé . .	»	Gouyar.	»	10
Mayacine Dieng . .	»	Gouyar (Orig. de Maka).	»	20
Amadou Dié . . .	»	Darou-Salam.	»	17
Amor Diakhaté . .	»	»	»	15
Masilla Silla . . .	»	Masilla.	»	30
Alioun Touré . . .	»	Pire (auj. à Gossas).	»	50
Mostafa Ndiaye . .	»	Diémoul.	»	8
Abdoulaye Dieng. .	»	Gouyar.	»	18
Mousa Daro. . . .	»	N'dèye.	»	13
Omar Silla	»	Ouadia.	»	15
Ali Mané	»	Meur Madiop.	»	9
Anta Sek	»	Ndiol.	»	9
Ngagne Tendimé. .	Maure	Darou Tendimé.	»	17
Ndiaga Diop . . .	Ouolof	Ndiob Botol.	»	
Moumar Comba . .	»	Mbol.	»	
Mbar Dior Siga . .	»	Ndiouki (frère de Semba Laobé).	»	50
Anbar Fa	»	id.	»	

NOMS	ORIGINES	RÉSIDENCES	PÈRES SPIRITUELS	NOMBRE de Taâlibés
Issa Diène	Ouolof.	Ndande.	Amadou Bamba	50
Province du Guet.				
Ibra Fati.	»	Mbaké.	Amadou Bamba	100
Alamine M'baké . .	»	Mbaké (professeur).	»	
Matar Binta . . .	»	Mbaké (professeur).	»	
Thiamba Sèye. . .	»	Mérine.	»	3
Madieng Dieng . .	»	Ndiguène Bamé.	»	8
Momar Diop . . .	»	Guaéoul.	»	25
Mafari N'Diaye . .	»	Baranrang.	»	10
Diéri Sougoufara. .	Maure	Ouadane Guet.	»	
Mokhtar Sougoufara	»	Mosseladje.	»	3
Abdou Kane . . .	Ouolof	Khébéré Guet.	»	20
Momar Ngoné Fal .	»	Ndiah Guéoul.	»	20
Ndiouga Fal. . . .	»	Keur Amadou Yella.	»	2
Amadou Gaye. . .	»	Ngaye.	»	2
Abdoulaye Dème. .	»	Toumba.	»	2
Medoune Dème . .	»	»	»	4
Barra Ndiaye . . .	»	Tiamène.	»	3
Birahima Kodou Maram	»	Tilmakha.	»	
Amadou Makhouria.	»	»	»	
Abdou Abbas . . .	»	Tilmakha (cousin de Lat Dior).		
Mokhtar Diop . . .	»	id.	»	

ANNEXE N° 15

Cercle de Louga.

Dénombrement des Mourides, des islamisés et de la population totale.

PROVINCES	NOMBRE total des Mourides	MUSULMANS	TOTAL général	OBSERVATIONS
Diolof.	300	36.895	36.895	
Diambour septentrional. . . .	300	32.800	32.800	
Diambour méridional. . . .	150	14.678	14.678	
N'Guick Merina .	150	14.582	14.582	
Gandiolais . . .	100	7.073	7.073	
	1.000	106.028	106.028	

ANNEXE N° 16

CERCLE DE LOUGA

État par provinces des principaux marabouts mourides, de leurs origines, de leur résidence, de leurs pères spirituels et du nombre de leurs talibés.

NOMS	ORIGINES	RÉSIDENCES	PÈRES SPIRITUELS	NOMBRE de Talibés
Province du Diolof.	Ouolof.			
Abdou Kamara . .	»	Kamara.	Amadou Bamba	2
Alioun M'Baye. . .	»	Nboundiane.	»	2
Modo Sankho. . .	»	Tiankhé.	»	2
Khali N'Diaye. . .	»	N'Diayène.	»	110
Diadé N'Dao . . .	»	Yagne Sagata.	»	8
Baba Fati M'Baye. .	»	Mbaïène.	»	6
Alle Khari	»	»	»	5
Province du Diambour septentrional.				
Ibra Guèye	Ouolof.	Keur Ali Sali.	Amadou Bamba	6
Momar Sikêna. . .	»	Lamdou.	»	10
Codé Lo.	»	Niomré-Diama.	»	8
Matar Binta Lo . .	»	Niomré.	»	18
Medoune Dioumbé .	»	Coki.	»	4
Mansour Diao. . .	»	Thialène.	»	
Momar Diao . . .	»	Garki.	»	5
Amadou Anta. . .	»	Keur Medoune Mbaye.	»	8
Ali N'Dak	»	Coki.	»	6
Amadou Gaye. . .	»	Ndiagne.	»	6
Cheikh Ibra Sar . .	»	Thiarème.	»	40
Marouba Thioune .	»	Ndiagne.	»	3
Ndiao Fal	»	Ouarak.	»	3
Medoune Samba . .	»	Fadane.	»	3
Amadou Lo . . .	»	Keur Medoune Mbaye.	»	4
Amadou Fal . . .	»	Ndiagne.	»	
Province du Diambour méridional.				
Assane N'Diao. . .	Ouolof.	Darou.	Amadou Bamba	20

NOMS	ORIGINES	RÉSIDENCES	PÈRES SPIRITUELS	NOMBRE de Talibés
Ballo Sek.	Ouolof.	Thiène.	Amadou Bamba	
Ma Diakhaté Lo . .	»	Ndam.	»	2
Amadou Mokhtar Diakaté (ex-cadi) .	»	»	»	
Macoumba Dia . .	»	Kaï Dio.	»	2
Medlèkè Sek . . .	»	Thièkhème.	»	
Momar Lo	»	Keur Souley.	»	2
Omar Guèye . . .	»	Ngondiouro Diop	»	1
Amadou Sar . . .	»	»	»	7
Momar Sey. . . .	»	Keur Mor Abdou	»	7
Mousa Fal	»	Khiraoua.	»	
Amor Dia.	»	Keur Matar.	»	
Amor Samba . . .	»	Ndiamb.	»	
Escale de Louga.				
Ibra Kébi	Ouolof.	Louga.	»	10
Cheikh Sandiaye Baye	»	»	»	4
Meklou Diao . . .	»	»	»	
Amadou Sarer (assesseur au tribunal), très favorable . .	»	»	»	
Province du Nguick-Merina.				
Amadou Diop. . .	»	Tendé Bitt.	Amadou Anta.	4
N'Diao N'Diaye . .	»	Bigaye.	Ibra Fal.	
Malik Sar	»	Nguick.	Amadou Bamba	5
Ibra Fal	»	Ndabé.	Ibra Fal.	32
Amadou Khari Diaye	Ouolof.	Roye.	Amadou Bamba	2
Sidi Sar	»	Ndiapal Sar.	Ibra Fal.	
Moulay Sar. . . .	»	Keur Paté Siné.	Amadou Bamba	10
Amadou Fal . . .	»	Nguick.	»	7
Amadou Sar . . .	»	Dabaye.	»	
Gandiolais.				
Néant.				

ANNEXE N° 17

Liste de quelques ouvrages d'Amadou Bamba.

مقدمات الامداح في مزايا المفتاح — *Prémisses des louanges, sur les privilèges de la clef.*

Poème religieux. — Brochure imprimée sans nom d'éditeur.

نهج قضاء الحاج — *Voie d'exécution des nécessités.*

Ouvrage d'éthique et d'éducation.

مغالق النيران ومفاتح الجنان — *Les Clefs qui ferment l'enfer et ouvrent le Paradis.*

Ouvrage de morale. — Une traduction très défectueuse, sans nom d'auteur, en existe aux Archives.

كتاب كنز المهتدين في صلاة على خير المرسلين — *Le Livre du trésor des bien dirigés, sur la prière à dire sur le meilleur des Prophètes.*

Ouvrage de philosophie, d'éthique et de piété. — Imprimé à Beyrout de 1319 H. (1902 J.-C.) par les soins de Mohammed Rachid et Mostafa El-Halouani, de Beyrout.

Quelques extraits, d'une excellente traduction par M. Salenc, directeur de la Médersa de Saint-Louis, en existent aux Archives.

سعادة الطلاب وراحة لطالب الاعراب — *Le bonheur des étudiants et le repos de l'élève en syntaxe.*

Ouvrage de grammaire.

Et enfin un grand nombre de petits poèmes (*qacida* قصيدة) en l'honneur du Prophète, des marabouts amis, tels que Cheikh Sidïa, et des Européens sympathiques.

ANNEXE N° 18

Litanies spéciales (Dikr) de l'ordre religieux des Mourides Bamba.

استغفر الله العظيم (ثلاثمائة مرة)	Je cherche mon pardon auprès du Dieu de Majesté (300 fois).
سبحان الله (ثلاثمائة مرة)	Dieu soit glorifié (300 fois).
لا اله الا الله (ثلاثماية مرة)	Il n'y a d'autre divinité que Dieu (300 fois).
اللهم صلى على سيدنا محمد وعلى اله وصحبه وسلم تسليما	O mon Dieu, répandez vos bénédictions sur notre Seigneur Mahomet, sur sa famille, sur ses compagnons. Accordez-leur le salut !

ANNEXE N° 19

Adresse poétique du sérigne Bamba
(Texte arabe et traduction).

تحفة من تحفات الشيخ بن البكري
لجناب أبهى الدول الموجودة انتظاما
ألا وهي الدولة الفرنساوية

ANNEXE N° 19.

Traduction

ADRESSE DU SÉRIGNE AMADOU BAMBA, CHEIKH DES MOURIDES SÉNÉGALAIS.

Aperçu du Cheikh Bamba, de M'baké, sur le plus brillant des Gouvernements organisés, c'est-à-dire sur le Gouvernement français.

(Première partie : en prose rimée.)

Gloire à Dieu qui a fait voir au grand jour ce qui nous réjouit, nous est utile, et ne nous lèse pas, après avoir écarté ce qui nous lésait, ne nous était pas utile et ne nous réjouissait pas.

Prières et salut sur Celui (Mohammed) dont Dieu s'est servi pour détruire les desseins des hommes pervers, et pour éloigner de nous les gens du mal. Prières et salut sur sa famille, sur ses compagnons et sur tous ceux qui les suivent. Chez ceux-là, on ne trouve ni vexations spirituelles, ni passions, ni attachement terrestre, ni Satan-le-Maudit.

Un des plus grands bienfaits du Très-Haut, c'est cet ordre magnifique qui préside aux choses de la terre et qui fait que tout est soumis, caché et patent, aux grands hommes du Gouvernement français, qui ont reçu cette mission de Dieu; ils ont établi la justice et l'équité envers le peuple, car ils portent en eux-mêmes cette vertu et ces heureuses dispositions. Ils ont obtenu ce que personne autre n'avait jamais obtenu. Leurs bienfaits se sont répandus à travers le pays. Ils ont honoré les gens honorables, et écarté d'eux les gens répréhensibles. Ils ont vaincu la force de leurs services, et se sont imposés par l'épanouissement de leurs vertus, en dehors de toute contrainte. Ils sont devenus les chefs de tout le peuple, parce qu'ils ont écarté de lui les hommes néfastes Dieu s'est servi de leur intermédiaire pour porter à sa perfection les grâces patentes et cachées. Par eux, les âmes et les cœurs de tous, hommes et femmes, jouissent du bonheur; ils ont éloigné par leur équité l'injustice des méchants; et tous ceux qui sont venus à eux ont été faits riches, et ont été sauvés.

Il convient donc qu'on proclame en leur honneur le chant qui suit, et que ce soit seulement pour eux que de tels chants se fassent entendre :

الحمد لله الذي أبدى ما يسرنا وينفعنا ولا يضرنا بعد محوه عنا كل ما كان يضرنا ولا ينفعنا ولا يسرنا والصلاة والسلام على من هدى الله تبارك وتعالى به ما صدر منا إساءة وسا ق بهامه عليه الصلاة والسلام إلى غيرنا من إساءة وعلى آله وصحبه وعلى جميع الناس بعيش الذين لم يتوجه إليهم ضرر النفس ولا الهوى ولا الدنيا ولا التعيس

أما بعد فإن من نعم الله تبارك وتعالى العظام كون الأمور الدنيويات كلها على النظام بمن نصبهم الله تبارك وتعالى بأيديهم من أعيان أقاليمهم وبواديهم فأظهروا الحق والعدل الذي للرعية بما في قلوبهم من المروءة والسجايا المرضية وفازوا بما لم يفز به غيرهم وانتشر في البلاد خيرهم وأكرموا الكرماء وصرفوا إلى غيرهم اللؤماء ففازوا بخير المنافع واستغنوا بإظهار الفضل عن المدافع ففاز والجميع الرعية رؤساء بصرفهم إلى غيرهم كل من أساء وأتم الله تبارك وتعالى بهم نعمة الظاهرة والباطنة وكانت بهم النفوس والقلوب لدى كل فالمرو فالمنة وزحزحوا بغاية التيهم كلمة الظالمين وصغروا المتوجهين إليهم فأنعم سالمين واقتضى الحال أن ينشأ فيهم هذا ولا ينشأ في غيرهم ما يكون مثل هذا

بشرى للأقدمين الإسلام ما قصدا   بعضمو من دون ثأر ومن ضدا
المسلمون على خير بلا كمد   ما دام فيهم ملوك زحزحوا النكدا

(*Deuxième partie : en vers.*)

Bonne nouvelle pour nous. L'Islam a réalisé les désirs : les gens de meurtre et de mauvais desseins ont été écartés;

Les Musulmans sont dans la paix, ils seront sans tristesse tant que durera le commandement de ceux qui éloignent d'eux la tristesse;

Voici le jour où les Musulmans se sont éveillés dans les bienfaits, car les affaires sont gérées par ceux qui ont embrassé la voie droite.

Je demande à Dieu de nous conserver des chefs qui ont extirpé du monde tout ce qui est cause du mal,

Et de confirmer ces maîtres qui se sont élevés en dehors de toute oppression, et qui ne recherchent que la vérité.

Qu'à tous leurs gens Il ne cesse d'accorder ses bienfaits et qu'ils jouissent tous de biens innombrables.

Que tous aient par sa grâce l'esprit apaisé et qu'aucun d'eux n'ait son âme agitée ou en proie à la discorde qui trouble les cœurs.

Les pays jouissent du repos, aujourd'hui que l'assemblée des grands les gouverne, que le bien s'est répandu, et que le mal a été mis en fuite.

Toute personne avertie sait qu'aujourd'hui par la force de ceux qui gouvernent, tout ce qui troublait le pays a été anéanti.

Personne n'ignore la grandeur de ceux qui ont écarté le malheur, les craintes et la haine.

Les Français, hommes et femmes, ne recherchent que ce qui peut procurer la paix et chasser l'envie.

Par leur Gouvernement, la religion du Prophète a brillé : bonne nouvelle pour ses adeptes ! Les gens de meurtre et de mauvais desseins ont été écartés.

قد أصبح المسلمون اليوم في نعم — لما تولّى أموراً من خوّوا رشدا

الله أسأل أن يرعى لنا رؤساء — قد أخرجوا في الأرض كلّ ما فسدا

وأن يزيد على قوم قد ارتفعوا — بلا فساد وكلٌّ يطلب السددا

وأن يديم لهم في أهلهم نعما — تفوه بها كلّهم خيراً أبرّ عددا

وأن يجنّب نفسا التجميع بلا — تزلزل أو نزاع يفزع البلدا

إن البلاد استراحوا اليوم مذ ملكت — جماعة نشروا خيراً أمحى أودا

من يعرف الأمر يعرف أن من ملكوا — اليوم زال بهم ما يفسد البلدا

كلٌّ من الناس لا يخفى عليه على — من أخرجوا الضرّ والأوجال والعقدا

رجالهم كالنسا لا يطلبون سوى — داع لعافية لا ما دعا حسدا

بداية وليهم في بن النبي بشرا — لأهله أخرجوا أثاباً ومن رصدا

ليعلم كل من نظر في هذه البراءة أن كاتبها كتبها بطيب نفسه
حين كان يومه خيراً له من أمسه اهـ

وما حمل كاتب هذه البراءة على كتبها إلا مقابلة الإحسان بالإحسان
والله على ما نقول وكيل

ثبت البكي متسلخ ذي القعدة الحرام
الذي هو لعام 1331 من الهجرة خديم
...

(Troisième partie : prose rimée.)

Que toute personne qui verra cette missive sache que son auteur l'a écrite dans la joie de son cœur, et que le jour présent est pour lui meilleur que le jour de la veille ;

Aucune autre cause ne l'a porté à écrire cette missive que la volonté de rendre le bien pour le bien.

Et Dieu est la caution de ce que nous avançons!

BAMBA LE M'BAKI.

30 gaada 1331 (31 octobre 1913).

ANNEXE N° 20

Bibliographie.

Archives du Gouvernement Général.
Archives du Gouvernement du Sénégal.
Renseignements fournis par M. l'Administrateur Gaden, chef du bureau politique du Sénégal;
— par M. l'Administrateur Théveniaut (Diourbel);
— — Brocard (Kaolack);
— — Dreyfus (Thiès);
— — de Sainte-Marie (Tivaouane);
— — Valzi (Louga).
Delafosse, *Haut-Sénégal-Niger.*
Service géographique de l'A. O. F. (M. le capitaine Harranger).

CHAPITRE V

LE GROUPEMENT DE BOU KOUNTA

Entrée du village de Bou Kounta
a Ndiassan (Tivaouane).

CHAPITRE V

LE GROUPEMENT DE BOU KOUNTA

I. — Personnalités (1).

Le Cheikh Abou Mohammed ben Abou Naąma, plus connu sous le nom de Cheikh Bou Kounta, habitait le groupement de Ndiassane, au village Keur Bou Kounta, à 5 kilomètres au Sud de Tivaouane. Il était né à Ndank (Cayor) mais était d'origine Kounta.

Les Kounta sont une confédération, à la fois maraboutique et guerrière, très forte, très riche et très ramifiée, dont on retrouve les fractions de l'Aïr à l'Océan Atlantique (Hodh, Sahel, Sahara, Mauritanie). Leurs traditions historiques les font descendre de la fraction Qoreïch de la Mecque. Ils s'y rattachent par une chaîne généalogique qu'on retrouve avec peu de variantes chez plusieurs de leurs familles. Après la mort de l'ancêtre Ọqba ben Naf̣i, conquérant de l'Afrique mineure, ses descendants s'établirent au Touat où ils crûrent en puissance et en nombre. Au quinzième siècle, ils émigrèrent par étapes successives jusqu'à Tombouctou; et on les trouve aujourd'hui nomadisant au Nord de la bouche du Niger, et du fleuve Séné-

(1) Cette étude venait d'être achevée quand le Cheikh Bou Kounta est mort à Ndiassane, le 13 juillet 1914. Elle est donnée sous sa forme primitive, mais complétée par les additions devenues nécessaires depuis cette date.

gal, très dispersés et vivant par fractions plus ou moins importantes au milieu des autres tribus.

Les Kounta forment une filiale des Qadrïa. Quelques-uns aiment à se dire Chadelïa. Mais l'on sait que Qadrïa et Chadelïa procèdent de la même conception du Çoufisme, des mêmes doctrines mystiques, et à partir du saint Abd Es-Selam ben Mechich, de la même chaîne spirituelle. C'est sous cette forme mystique qu'ils ont introduit l'Islam chez les peuples noirs qui les bordaient.

Outre cette appellation *ethnique* de Kounta, on les désigne encore sous la dénomination *géographique* d'« Azaouadïa » (les Azaouadïa sont plus spécialement la fraction-mère et la famille princière maraboutique qui sont établies dans la région d'Azaouad au Nord de Tombouctou); et enfin sous les termes *religieux* de « Bekkaïa, en l'honneur de Sidi Bekkaï († 1512), véritable souche des Kounta Sahéliens et apôtre de l'Islam; et de « Mokhtarïa » en l'honneur de Sidi Mokhtar Al-Kebir (1724-1811), restaurateur politique et religieux de la famille, de la confédération et de la Voie.

Ce Cheikh Sidi Mokhtar, et son fils Mohammed ould Sidi Al-Mokhtar, méritent qu'on retienne leur nom, moins parce qu'ils ont composé de nombreux ouvrages qui dans certaines parties présentent pour nous, au point de vue historique, géographique et social, un très réel intérêt, que parce qu'ils ont fait de la famille Kounta le missionnaire en quelque sorte officiel de la propagande islamique, et ont formé outre leurs descendants, Cheikhs du Sahara central, la plupart des grands chefs religieux qui se partagent actuellement les Musulmans et islamisés qadrïa d'Afrique Occidentale.

Parmi ceux-ci il faut citer :

1° Mohammed Fadel, fondateur de la ramification Fadelïa;

Il est vrai que les fils et disciples de Mohammed Fadel,

complètement brouillés avec les Kounta, se défendent de rien leur devoir. Il n'en reste pas moins que le Cheikh, fondateur des Faḍelïa, et ses maîtres, ont profité de la restauration intellectuelle et religieuse que les deux grands Cheikhs Kounta ont apportée au monde saharien et noir, à la fin du dix-huitième siècle et au commencement du dix-neuvième ;

2° Cheikh Sidïa Al-Kebir, grand-père du Cheikh Sidïa Baba actuel (Sud Mauritanien : Boutilimit) et fondateur de la ramification des Sidïa, d'où naquit, à la fin du dix-neuvième siècle, la sous-filiale des Bamba (Sénégal) ;

3° Cheikh Bou Naạma, père de Cheikh Bou Kounta, qui nous occupe.

On voit donc par cet exposé, un peu long mais nécessaire, que Bou Kounta a des références spirituelles très pures et très orthodoxes, et qu'il se rattache directement à l'école Kounta, régénérée par Sidi Mokhtar-Al-Kebir. Il n'y a rien d'étonnant non plus à ce qu'il connaisse bien les marabouts de Mauritanie, qui furent les condisciples de son père.

Cheik Bou Naạma, le père de Bou Kounta, reçut l'instruction coranique et l'initiation mystique (*ouerd*) de Sidi Lamine, disciple influent de Sidi Mokhtar Al-Kebir. Il était né et vivait à Bou Lanouar (Azaouad) dans l'entourage de Sidi Lamine dont il était un des hommes de confiance. Il appartenait à la fraction Kounta des Hemmal, qui nomadise aujourd'hui dans le Hodh.

Au commencement du dix-neuvième siècle, ayant reçu de son Cheikh la mission d'aller vendre des chevaux dans le Sénéghane ou Cayor (1) il reconnut, à la discrète pro-

(1) Le Sénéghane ou Sénéghal سنغان est le terme arabe-hassanïa par lequel les Maures désignent la province du Cayor (appellation des Ouolofs), ancien centre politique, et centre géographique du Sénégal. C'est évidemment de ce terme que les Européens de Saint-Louis, en contact avec les

pagande islamique qu'il exerça, que le terrain était bon et qu'il ne rencontrerait pas d'hostilités sérieuses auprès des autorités locales. Ce furent sans doute les vestiges d'Islam qu'il trouya sur sa route qui lui suggérèrent sa mission d'apôtre. Le Cayor avait été en effet islamisé vers le seizième siècle, puis était retombé dans son fétichisme traditionnel. Ayant réalisé ses achats et ventes, il retourna auprès de Sidi Lamine, et lui fit part de son désir de s'établir chez les Ouolofs. Sidi Lamine y consentit; et peu de temps après, muni de la bénédiction du grand Cheikh Sidi Mohammed, fils de Sidi Mokhtar Al-Kebir, Imam de 1811 à sa mort (1826), il revint dans le Cayor et alla se présenter au damel de la province, dans sa capitale de Nguiguès (près de Kelle).

Il offrit des cadeaux au damel, en reçut, et ayant sollicité l'autorisation de s'établir dans le pays, se vit assigner la résidence de N'dank, un peu à l'ouest de Ngaye-Mékhé.

C'est là qu'il mourut, vers 1840, après s'être marié dans le pays et laissant, outre quatre fils, une de ses femmes, Makodou Diop, enceinte de trois mois.

Ce fils posthume, qui reçut le nom de Mohammed, était Bou Kounta lui-même.

Ce fut son frère Bekkaï, le fils aîné de Bou Naạma, qui l'éleva et lui servit de père. Le jeune Mohammed ne reçut aucune instruction, ni éducation. Il vécut de la vie vagabonde des petits noirs ouolofs qui l'entouraient, et ne connut jamais la joie d'avoir à lui la planchette coranique. On ne le fit pas non plus travailler aux champs, mais il aimait, dit-on, à se joindre aux caravanes et à faire du commerce.

Maures de cette ville, ont fait Sénégal. Le Sénégal primitif de nos cartes et auteurs concordait exactement avec le Sénéghane (Sénéghal) maure. Ce n'est que de nos jours que la dénomination administrativede Sénégal embrasse la Gambie et la Casamance. Les étymologies « Sanhadja » ou « Zenaga » sont, à n'en pas douter, fantaisistes.

Vers 16 ans, arrivé à la puberté, il commence ses voyages.

On remarquera avec étonnement l'habileté dont fit preuve Bou Kounta en préludant à sa vie maraboutique par des visites de déférence à toutes les autorités politiques et religieuses de la région. C'est ainsi qu'il se transporta successivement à la Cour du damel, à Nguiguès, pour lui rendre hommage et échanger avec lui des cadeaux; puis auprès des lieutenants du damel qui commandaient l'un à Ndatou, près de Débémer, l'autre à Khendale, près de Ngaye-Mekhé.

En règle avec les chefs du Cayor, il alla se présenter à Tanor, tègne du Baol, dans sa capitale de Lambaye, et un peu plus tard au roi qui gouvernait le pays de Bandioul (Gambie anglaise). Il resta à Bandioul plusieurs années, et y revint une seconde fois par la suite.

A ce moment, vers 1865, âgé de 25 ans, il épousa sa première femme et se rendit auprès du Cheikh Sidïa Al-Kebir, grand-père du Cheikh Sidïa actuel, non point, spécifie-t-il, pour recevoir l'ouerd, ni pour s'instruire, mais pour accepter les cadeaux qu'en fidèle disciple du Cheikh Kounti, Sidi Mokhtar Al-Kebir, Cheikh Sidïa, devait à un Kounti. Cheikh Sidïa lui fit cadeau d'une jument; après quoi Bou Kounta regagna Ndank et ne sortit plus du Cayor.

C'est au cours de ce voyage chez Cheikh Sidïa, que Bou Kounta eut la mauvaise fortune de perdre ou de se laisser voler quatre cents douros que quatre Ouolofs du Cayor lui confièrent pour acheter des esclaves en Mauritanie.

Bou Kounta se flattait hier encore de ne les avoir jamais remboursés à leurs propriétaires. Ceux-ci d'autre part n'ont pas perdu l'espoir de rentrer dans leur créance sur laquelle pèse une prescription de près de cinquante ans ; et l'un des survivants, Ba Bakar Diallo, de Pire, ne désespère pas d'en obtenir un jour ou l'autre le paiement.

D'humeur indépendante, Bou Kounta ne devait pas rester fixé à Ndank, auprès de sa famille. Il s'établit successivement à Pire, puis à Bane, puis à Motar Ndak, puis à Kerioura, séjournant plusieurs années dans ces villages. M. A. Le Chatelier constatait déjà en 1888 que la Zaouïa Kounta était « un centre de pèlerinage fréquenté. » Il trouva enfin le séjour rêvé dans le canton de Ndiassane, à 5 kilomètres de Tivaouane, en un point où il fonda son village de Keur Bou Kounta. Il y est resté établi une trentaine d'années environ (de 1885 environ à sa mort, en 1914).

Bou Kounta ne savait donc ni lire ni écrire l'arabe ; il ne connaissait pas le Coran par cœur ; il était sans instruction aucune. Ce fait est assez rarec hez les Marabouts sénégalais, dont quelques-uns sont de fins lettrés arabes, et dont la plupart ont appris quelques sourates et formules dont ils se servent, oralement et par écrit, avec onction et à propos. Il est encore plus étonnant chez un Maure. On sait, en effet, combien l'instruction est répandue, même parmi les femmes, chez le peuple maure. Bou Kounta n'aimait guère mettre la conversation sur ce sujet et n'en parlait jamais. Mais ce qui est encore plus caractéristique de la mentalité de ce marabout musulman, c'est qu'il a demandé officiellement qu'on voulût bien ne plus correspondre avec lui en arabe, arguant qu'il était plein de méfiance envers les lettrés arabes qui l'entouraient, tandis que plusieurs de ses disciples, sachant parfaitement lire et écrire le français, possédaient toute sa confiance.

Il s'exprimait en un langage mi-maure, souvenir de ses origines, mi-ouolof, qui est assez difficile à comprendre. Il saisissait mieux ce qu'on lui dit en arabe-maure (dialecte hassanïa).

C'était à la veille de sa mort un homme de 70 à 80 ans, qu'il accusait lui-même et qu'il portait aussi, noir de teint, agité de tremblements nerveux ou maladifs qui l'empêchaient de parler en public. Dans l'intimité et après quel-

Les fils et les principaux talibés de Bou Kounta,
a Ndiassane.
1. Abd Er-Rahman. — 2. Bekkaï. — 3. Khalifa. — 4. Sidi Lamin.

ques moments d'entraînement, il finissait par recouvrer une parole à peu près normale.

Il a laissé 17 fils et 28 filles.

Ses fils sont :

1° Bekkaï Kounta, âgé de 37 ans ;
2° Kalifa Kounta, âgé de 30 ans ;
3° Ạbd Ar-Rahman Kounta, âgé de 29 ans ;
4° Sidi Lamine Kounta, âgé de 28 ans ;
5° Sidi Kounta Mokhtar, âgé de 14 ans ;
6° Sidi Kounta, âgé de 13 ans ;
7° Ạbdou Kounta, âgé de 13 ans ;
8° Mamadou Kounta, âgé de 10 ans ;
9° Mamadou Kounta, âgé de 10 ans ;
10° Ạbdine Kounta, âgé de 7 ans ;
11° Sidi Ạli Kounta, âgé de 4 ans ;
12° Sidi Kounta, âgé de 8 ans ;
13° Sidi Yahya Kounta, âgé de 10 mois ;
14° Ạbdoulaye Kounta, âgé d'un an ;
15° Ạbdou Kounta, âgé de 2 ans ;
16° Sidi Kounta, âgé d'un an ;
17° Bou Kounta, âgé de 9 mois.

Il n'y a pas lieu de parler de ses 28 filles, mariées en grande partie à des cultivateurs, commerçants et marabouts voisins. Cette sèche énumération ne présenterait aucun intérêt. A signaler toutefois que l'une d'elles, Ạïchatou, a épousé Mamadou Mostafa, fils aîné d'Amadou Bamba.

Ses femmes légitimes sont au nombre de quatre :

Khadi Dioumel ;

Fatou Diouf ;

Lalla Magassa ;

Ạïssatou Ndiaye.

Bou Kounta était entouré d'un véritable harem. Ses répudiations ne se comptaient plus, et comme ses femmes de la veille continuaient à vivre au milieu de sa demi-centaine de concubines, concubines elles-mêmes, cette situation, qui remplissait d'admiration ses talibés et d'envie ses jaloux, devait avoir de fâcheux résultats à sa mort. Plusieurs concubines ou femmes douteusement répudiées invoquèrent le titre de femmes légitimes. Les témoins ne manquaient pas; les enfants encore moins. Il y eut de longs procès. Bref, les tribunaux indigènes durent trancher dans le vif pour ramener à quatre le nombre de ses femmes légales. Il semble bien qu'ils auraient pu ne pas se montrer plus maraboutiques que le Marabout, et plus coraniques que ce Cheikh d'Islam ; et puisque, délaissant la loi prophétique pour la coutume, il s'était entouré de plus de quatre femmes toutes légales à ses yeux et à leurs yeux, ils auraient pu, dis-je, les reconnaître comme telles et les admettre au partage.

D'autres procès devaient surgir de ces nombreux enfants en bas âge que laisse Bou Kounta et à la paternité desquels il semble n'avoir que les droits les plus minces. Certains de ses fils, sans crainte de jeter le déshonneur sur la mémoire de leur père, avaient déjà entamé une procédure de désaveu. Les bons conseils, venus de divers côtés, et la volonté de Bekkaï, le fils aîné, successeur spirituel et liquidateur de la succession, ont maintenu les choses en l'état. On s'en tiendra à la règle du droit coutumier ouolof. « Tout ce qui est né sur la couche du père doit lui être rattaché. » Les Romains ne disaient pas mieux.

Les fils les plus en vue de Bou Kounta sont les suivants :

Bekkaï, l'aîné, né vers 1878, d'une instruction peu développée, d'une intelligence moyenne partiellement éteinte à l'heure actuelle par l'abus des plaisirs génésiques. Il était depuis longtemps le successeur désigné du vieux Cheikh. Celui-ci l'avait même présenté en 1913 au gouverneur général, lui demandant de le reconnaître officiellement comme Cheikh de la confrérie après lui. Bekkaï ne paraît pas avoir l'envergure nécessaire pour remplacer dignement son père. Il nous est tout à fait acquis;

Le mausolée de Bou Kounta,
a Ndiassane (Tivaouane).

Kalifa, né vers 1885, est un simple d'esprit qui ne compte pas ;

Abd Ar-Rahman, né vers 1885, assez instruit, franc et ouvert, seconde Bekkaï ;

Sidi Lamine, né vers 1887, qui revient d'achever ses études en Mauritanie, est le plus instruit et le plus ambitieux de tous. Il a pris aux Cheikhs maures, ses maîtres, toutes les manières du parfait marabout : tête légèrement inclinée sur le côté, silence majestueux, allures onctueuses. Il vise manifestement à la succession spirituelle, totale ou partielle, de son père. Il a assez mal débuté de ce côté, car c'est de lui que sont venues toutes les difficultés qui ont troublé le partage de l'hoirie.

*
* *

Le Cheikh Bou Kounta est mort, le 13 juillet 1914, en son village de Ndiassane, à la suite d'emphysème pulmonaire.

En attendant la construction prochaine d'un tombeau et d'un oratoire, ses enfants l'ont fait ensevelir à l'entrée du village. Sa fosse creusée dans le sable est recouverte à 30 centimètres du sol d'un rectangle de toile blanche, analogue au « tombeau » du soldat en compagne. Au-dessus s'élève une petite tente marocaine à illustrations de gargoulettes.

Une grande case de chaume recouvre le tout. Elle ne s'ouvre qu'à certaines heures de la journée et pour un très petit nombre de personnes.

II. — La Zaouïa de Bou Kounta.

La Zaouïa de Cheikh Bou Kounta est installée dans le groupement de Ndiassane, au village de Keur Bou Kounta, à 5 kilomètres au sud de Tivaouane. Au centre de plusieurs centaines de cases, dispersées en carrés, suivant la coutume des Noirs, se dressent, sous l'ombrage de grands baobabs et de fromagers touffus, les bâtiments de la Zaouïa. Un solide et épais clayonnage de joncs et branchages fort bien tressés, doublé à l'intérieur d'une seconde tapade de roseaux, protège la vie intime de la Zaouïa et la dissimule aux regards de l'étranger.

On peut voir dans cette façon de s'isoler du monde extérieur plus que la coutume, chère aux Noirs, de s'enfermer dans leurs carrés. Il y a là un facteur politico-religieux, puisque ces marabouts en déplacement font entourer leur tente, comme les Sultans et Chérifs du Makhzen marocain, d'une sorte d'« afrag», enceinte de toile qui les protège contre les regards indiscrets et accroît la génération des fidèles pour un être si saint et si difficilement visible.

La Zaouïa elle-même consiste en une série de quatre ou cinq petites maisons, basses et allongées, bâties à l'européenne, et prolongées de vérandahs rustiques. Par l'aspect général, par les murs blancs et les toits de tuiles, par l'odeur et la propreté, on pourrait les comparer à ces petits villages siciliens qui s'échelonnent entre Messine et Trapani, ou encore le long de la côte algéro-tunisienne. Aux environs, entre les cases-paillottes, apparaissent de petits carrés de maçonnerie européenne, recouverts de tôles ondulées.

Les chambres sont garnies de lits de fer, genre anglais ou français, de chaises de divers modèles, de canapés d'osier ou de fauteuils de velours, de tables de bois blanc, d'objets de toilette dépareillés ; tous meubles fatigués, achetés évidemment aux « marchés aux puces » des escales, ou offerts par de généreux fidèles.

Quelques manguiers, encore jeunes, témoignent de l'effort réalisé pour tenir compte des conseils culturaux donnés par les administrateurs.

Au soleil, leurs négrillons dans le dos, les femmes pilent le mil avec énergie, en fumant de longues pipes et en bavardant sans trêve.

N'diassane-Keur Bou Kounta est en somme un gros village noir où l'on mène la vie tout extérieure et de grand air des autres centres ouolofs, et où rien ne rappelle le recueillement de piété et d'étude des Zaouïas du Nord de l'Afrique.

***

Et dans la réalité, Ndiassane n'a rien non plus d'une Zaouïa. Il y a bien là une multitude d'enfants et de jeunes gens. Le décompte qu'on m'en a donné dépasse huit cents, mais sur ces centaines d'enfants on n'en rencontre pas un occupé à lire ou à écrire. Toute cette ruche est employée aux travaux des champs, aux commissions, à la garde des troupeaux, à la construction des cases. Tous les renseignements recueillis s'accordent à dire « qu'ils n'étudient, ni ne jeûnent ni ne prient ».

Ces enfants sont en partie originaires du Sénégal : provinces de Thiès, du Cayor, du Diolof et du Baol ; régions de Gambie et de Casamance. On en trouve plusieurs qui viennent des provinces soudanaises, limitrophes du Sénégal, et où Bou Kounta a quelques talibés : provinces de Ségou (Bambaras) et de Kayes (Sarakollés).

A Ndiassane, ils sont groupés en nombre très variable

entre les mains et sous les ordres des principaux disciples du Cheikh. Voici le tableau à peu près complet de ces « moqaddem » d'un nouveau genre.

Alfa Bakari, principal disciple et personnage de confiance du Cheikh.	200 enfants
Mamadou Simari.	20 —
Mamadou Kane.	200 —
Mamadou Kaïata.	200 —
Mamadou Sène.	100 —
Souleiman Kamara.	30 —
Mamadou Berradi.	15 —
Mamadou Kita.	6 —
Ngoud Touré.	40 —
Amadou Khar.	20 —
Aïssa N'diaye.	4 —

Bou Kounta a élevé et gardait auprès de lui un des fils de son frère aîné, Lamine, fils de Bekkaï, fils de Bou Naama. Il lui avait fait donner une certaine instruction et l'employait comme agent commercial auprès de plusieurs maisons françaises de Saint-Louis et des escales.

Hors de Ndiassane, c'est la même organisation qui est établie, mais en plus petit naturellement : Bou Kounta groupait autour de ses principaux disciples, — ses représentants dans les centres et provinces du Sénégal — un certain nombre d'enfants, qui gagnent laborieusement et sans recevoir d'instruction, l'honneur de pouvoir dire un jour qu'ils ont été élèves et fils spirituels de Bou Kounta et que c'est sous ses auspices qu'ils ont conquis le Paradis.

C'est bien volontairement que les parents remettent leurs enfants à leurs marabouts. Dans ce pieux contrat, ils s'engagent à indemniser le Cheikh de toutes les dépenses de vêtement et de nourriture qu'il fera pour leur enfant. Pratiquement, ils sont fidèles à ces engagements et apportent ou envoient, en espèces ou en nature, tout ce qui est nécessaire à l'entretien de l'enfant.

Ces jeunes talibés sont employés à telle ou telle ferme

L'Ecole coranique d'Abd Ar-Rahman, fils de Bou Kounta,
a Ndiassane (Tivaouane).

que désigne le Cheikh, sous les ordres de tel ou tel lieutenant. Une obéissance absolue est de rigueur, elle est d'ailleurs trouvée toute naturelle.

Ce défaut d'instruction est la caractéristique de la confrérie des adeptes de Bou Kounta. La cause en est évidemment la propre ignorance du Cheikh qui, par expérience personnelle, en était arrivé à conclure qu'on n'avait pas besoin de savoir lire et écrire pour réussir dans la vie.

Il fut pourtant un temps où il estimait qu'il devait au moins sauver les apparences. Il fit venir un Maure, de la fraction des Medlich (Trarza), nommé Bekkra ould Ahmed, de la famille de Mohammed Saloum, l'installa dans son Keur et lui fit tenir une petite école. Ces heureuses dispositions ne durèrent pas. Il liquida un beau jour ce savant inutile, et celui-ci alla ouvrir pour son compte une école à Tivaouane. Longtemps, on n'a plus revu de cours à Keur Bou Kounta. Un des fils du Cheikh, Ạbd Ar-Rahman, a ouvert une petite école l'an dernier.

Ces faits sont exceptionnels dans le Bas-Sénégal, où les marabouts noirs se croient tenus par point d'honneur comme par conscience et devoir religieux, d'apprendre aux enfants, en échange de leur travail, au moins les lettres de l'alphabet arabe et quelques formules de prières et sourates coraniques. Mais Bou Kounta a du sang maure dans les veines. Pour lui, le noir est toujours l'esclave; et par inspiration divine ou par expérience terrestre, il le conduit au Paradis par la sûre voie du travail matériel et de l'obéissance passive.

On pourra voir évidemment dans un système d'éducation aussi pratique une véritable exploitation enfantine et on sera facilement tenté d'intervenir ; mais il est bien délicat de mettre ordre à cet état de choses, d'abord parce que ce sont leurs parents qui les ont confiés au Marabout, et qu'après tout ces enfants ne sont pas malheureux et apprennent à travailler ; ensuite parce que c'est le principal privilège des marabouts sénégalais de faire travailler leurs fidèles, disciples, talibés et élèves, à leur profit, que la chose est admise par tous, et qu'on ne pourrait toucher à ce privilège sans provoquer un malaise général. Il est à croire d'ailleurs qu'on se heurterait au refus et à l'attitude passivement rebelle des intéressés, à savoir les fidèles, dont on voudrait prendre, malgré eux, la défense.

*
* *

La bibliothèque de Bou Kounta sera vite cataloguée. Il n'avait pas, comme les marabouts de Mauritanie, ou même comme certains marabouts noirs du Sénégal, tel Hadj Malik, de Tivaouane, ou Ibra Mbaké, disciple d'Amadou Bamba à Darou, un local (tente, chambres, case) spécialement consacré aux caisses et coffres, sacs et sacoches, et même petits placards, qui renferment les livres. Ici, point de bibliothèque. On trouvait sur une petite table, entre deux lits et un canapé, dans la chambre-salon, une douzaine de livres recouverts d'un doigt de poussière. Il y avait là, empilés avec éclectisme et surtout indifférence, deux ou trois manuscrits, copies des œuvres de Sidi Mokhtar Al-Kebir et de son fils Mohammed, tels que :

Kitab at-taraïf ou-at-Talaïd, par Cheikh Mohammed ould Mokhtar ;

Kitab Al-Mannafi Itiqad Ahl as-Sonna, par Cheikh Sidi Al-Mokhtar ;

Puis quelques éditions populaires et à bon marché d'Égypte, tels que *Banat Soâd*, le poème bien connu, avec commentaire de Abou Mohammed Djemal ad-Din et glose marginale de Badjouri ;

Et enfin, un petit *Évangile selon saint Marc*, don sans doute d'une mission protestante. L'ouvrage, édité en 1897, entièrement en arabe, portait en dernière page la mention : *Sant-Mark in Arabic.*

III. — L'influence religieuse, politique et économique de Cheikh Bou Kounta.

Cheikh Bou Kounta jouissait d'une grande influence religieuse. Cette influence s'étendait d'abord à ses disciples directs, dont on peut évaluer le nombre, en y comptant les femmes et les enfants, qui suivent naturellement le Marabout du chef de famille, à 50.000 personnes environ.

Elle s'étendait, quoique très atténuée, à tous les islamisés du Bas-Sénégal, qui sans être de son obédience mystique s'accordaient à reconnaître que ce Marabout était un homme de bien et un Saint musulman, choisi par Dieu comme pasteur d'âmes.

Quand on parle de disciples de Bou Kounta et d'affiliation à sa « Voie », il faut prendre ces mots dans une acception toute autre que celle où on les entend ordinairement. Le Cheikh Bou Kounta n'avait jamais reçu l'initiation mystique (*ouerd*) d'un marabout. Sans doute faut-il attribuer cette lacune à l'état d'ignorance où on le laissa vivre jusqu'à sa majorité. Devenu grand, il ne voulut jamais la solliciter de son frère aîné, contre qui il garda le ressentiment secret de sa situation inférieure, et encore moins de Cheikh Sidïa, qui, disciple des Kounta, devenu quasi indépendant, ne pouvait décemment, de l'avis de notre Marabout, conférer l'ouerd à un Kounti d'origine, dont le père avait suivi les leçons des grands Cheikhs Mokhtar Al-Kebir et Mohammed, fils de Mokhtar Al-Kebir. N'ayant jamais eu l'occasion d'aller faire un pèlerinage au pays de ses ancêtres, il resta sans consécration mystique. Ce Cheikh d'un nouveau genre déclarait toutefois, quand il le jugeait à propos, qu'il avait reçu directement l'ouerd de Dieu, au cours d'extases mystiques, ou bien encore que son père, sur son lit de mort, la lui conféra directement par une permission céleste, alors qu'il était encore dans le sein de sa mère.

Dans ces conditions, et logique avec lui-même, Bou Kounta n'a jamais conféré l'initiation mystique à personne. Il comptait parmi les disciples qui l'entouraient plusieurs Cheikhs consacrés par Saad Bouh (Qadrïa-Fadelïa), par Sidïa Baba (Qadrïa-Sidïa), par Amadou Bamba (Qadrïa-Bamba), par Al-Hadj Malik (Tidianïa), et quand on venait lui demander l'ouerd il adressait l'impétrant, suivant le désir qu'il exprimait de s'affilier à telle ou telle Voie, à celui de ses disciples qui détenait les pouvoirs spirituels canoniques. C'était ce disciple qui conférait alors l'ouerd au Mouride.

On saisit tout ce qu'a d'extraordinaire, d'hétérodoxe même en quelque sorte, cette nouvelle et étrange façon d'instaurer une « Voie » islamique, et d'être le chef reconnu et vénéré d'une foule de disciples qui appartiennent aux ordres religieux les plus divers, qui ne se rattachent à leur Cheikh suprême par aucun lien, même mystique, et qui ne s'en proclament pas moins avec ferveur et énergie les fils spirituels de leur marabout Bou Kounta.

*
* *

Les principaux représentants de Bou Kounta étaient :

A Dakar, Diafar Dramé, d'origine sarakollée (Diallo). Il exerce la profession de maître d'école dans le quartier de Santiaba et distribue l'enseignement coranique à une vingtaine d'élèves recrutés dans le voisinage, et par conséquent d'origines très diverses et sans aucun lien avec la confrérie de Bou Kounta.

A Rufisque, Ibrahim Cissé, d'origine socé, commerçant.

A Sébikotane, Djibril Ndoye, d'origine lebboue, cultivateur.

A Thiès, Mamadou Lamine Sengour, Socé du Niombato-Saloum. Cet indigène est maître d'école et a une vingtaine d'élèves. C'est le chef religieux des Socé de la région, qui relèvent de l'obédience de Bou Kounta. Il est très lettré et peut suivre la conversation en arabe littéraire. Membre de la Commission municipale de Thiès, ces dernières années, il dut résilier ses fonctions à cause de son ignorance du français. Il est aujourd'hui assesseur du tribunal de cercle. C'est un marabout sympathique.

A Diourbel, Karamoko Taraoré, Bambara, cultivateur. Cet indigène est actuellement rentré dans sa famille à Sikasso (Soudan).

Près de Kaolak, Osman Taravoré, d'origine bambara (Ségou).

A Foundiougne, Lamine Diaba, né vers 1875 à Goundio (Gambie anglaise), Socé-Mandingue. Il a reçu directement l'ouerd du vieux Cheikh à Ndiassane.

A Koumba Koutou, dans le canton de Netté-Boulou (Niani-Ouli), Al-Hadji Bou Bakar, dit Alfa Bokar, originaire du Fouta Diallon, maître d'école.

A Tivaouane : *a*) Madiama Diop, Ouolof, commerçant. Madiama Diop, quoique représentant de Bou Kounta, est affilié directement aux Tidianïa d'Al-Hadj Malik ; *b*) Niaw Diaw, Ouolof, petit maître d'école.

A Saint-Louis, Mohammed Kamara, d'origine bambara (Khasso) ; gargotier.

A Kayes, Bou Bakar Beguellé, d'origine sarakollée; très lettré. Cet indigène est le chef du groupement sarakollé de Kayes; affilié à la « Voie » de Bou Kounta.

Ces représentants étaient en quelque sorte des mandataires chargés de la surveillance et de la gestion des intérêts matériels du Cheikh, beaucoup plus que des chefs de groupements religieux. Ils servaient pourtant d'intermédiaires, en transmettant au Cheikh les diverses requêtes qui lui étaient adressées ou les demandes d'affiliation. Ils le renseignaient sur les événements importants et lui rendaient visite à intervalles réguliers. Ils n'étaient pas autorisés à conférer eux-mêmes l'ouerd, ce qui ne veut pas dire qu'ils ne le faisaient pas. Il est à croire que les plus habiles ou les plus lointains, sans rompre nettement avec la Zaouïa-mère, se seraient transformés en chefs de sous-filiales indépendantes.

Il y a lieu de remarquer la grande diversité d'origine de ces mandataires : Bambaras, Socés, Lebbous, Sarakollés, Ouolofs y étaient également représentés. Chacun apportant dans sa gestion et dans les relations extérieures le tempérament et les passions de sa race, chaque groupement reflétait une physionomie spéciale. Si l'attitude des représentants ouolofs, socès et bambaras était plutôt sympathique, la physionomie des groupements sarakollés était empreinte d'une certaine froideur.

***

L'influence de Bou Kounta était répandue dans toute la Sénégambie et s'étendait aux races les plus diverses.

Les Ouolofs ne constituaient qu'une partie moyenne de sa clientèle religieuse. C'était surtout parmi les peuplades socées de Gambie et de Casamance, chez les Sarakollés du Haut-Sénégal et parmi les Bambaras islamisés du Soudan, que se comptaient ses adeptes. Il avait en outre recueilli dans ses villages de N'diassane, à l'ombre de sa Zaouïa, quelques Maures, Bambaras et Mandingues-Socès.

Le procédé suivant, dont usait Bou Kounta pour étendre sa zone d'action fera saisir sur le vif des phases de l'islamisation des fétichistes. Il possédait à Boungouni (Soudan) depuis longtemps déjà, une colonie de talibés bambaras. Un caporal de tirailleurs sénégalais, Alama Taraoré, Bambara, originaire de Boungouni, avait, dès avant 1900, entendu parler du Marabout. C'était un très tiède Musulman qui, depuis 13 ans, ne fait plus salam, « la chose n'étant pas commode en service ». Ses pérégrinations à travers l'Afrique occidentale lui ayant ouvert les yeux sur les profits de la situation de marabout et, ayant appris avec plaisir que le Cheikh Bou Kounta habitait Tivaouane, à quelques heures de chemin de fer de Dakar, voici comment, de concert avec le représentant du Cheikh, il a arrangé les loisirs de sa retraite : « Dans quinze mois, je quitte la compagnie et je me fais marabout. J'irai trouver Bou Kounta, à Tivaouane, je passerai trois jours chez lui et, pour une somme de 50 francs, il me donnera la baraka avec l'autorité sur des talibés bambaras de Bougouni. Je gagnerai là-bas beaucoup, et je lui enverrai des cadeaux. »

Une fois installé dans cette situation sociale, remarquable pour un guerrier en retraite, ce néophyte zélé devait faire une grande propagande pour la cause de Bou Kounta, devenue la sienne, mettre toute son influence d'ex-caporal, de pensionné, de décoré, de francisé au service de son Cheikh et répandre par son exemple et ses conseils un peu plus, sinon d'orthodoxie musulmane, tout au moins d'esprit et de volonté de foi islamiques.

Son origine sahélienne aurait permis à Bou Kounta de nouer des relations avec la plupart des marabouts mauritaniens sur un pied de confraternité religieuse; mais il n'en a rien fait.

Il n'entretenait aucun rapport avec les Cheikhs Fadelïa.

Pour Cheikh Sidïa, il ne pouvait pas évidemment paraître l'ignorer, mais il ne lui écrivait que rarement et ne lui envoyait pas de cadeaux. Cheikh Sidïa était venu à Dakar en 1908, lors de la visite du ministre des Colonies, M. Milliès-Lacroix. Un neveu de Bou Kounta (le fils de son frère Bekkaï) vint l'inviter, au nom de son oncle, à se rendre à

Ndiassane, à son retour. Mais sur le bruit qui courut que le neveu avait agi de sa propre autorité et sans autorisation de Bou Kounta, Cheikh Sidïa s'arrêta à Tivaouane sans pousser jusqu'à Ndiassane. Il lui a envoyé, l'an dernier, exceptionnellement son frère Mokhtar pour lui rendre visite, mais on rapporte que Bou Kounta n'y fut pas sensible. L'entrevue fut simplement correcte, et sans effusion.

Son voisin, Al-Hadj Malik, lui a fait une visite, il y a quelques années, au cours d'une tournée de ziara. Bou Kounta l'a reçu simplement, et ne lui a pas rendu sa visite.

Amadou Bamba est le seul à qui il daignait quelquefois écrire pour lui demander des cadeaux. On sait qu'un an avant sa mort il avait marié sa fille Aïchatou au fils aîné du Cheikh des Mourides.

Amadou Bamba a profité de ces bonnes relations et de cette union pour attirer sous sa bannière une partie des adeptes de Bou Kounta. Pendant les funérailles du Cheikh, une fraction de ses disciples s'est tout à coup jetée aux pieds de Mamadou Mostafa et l'a reconnu pour marabout.

A défaut de relations dont il ne voulait pas, Bou Kounta avait rendu néanmoins hommage à la science des Cheikhs mauritaniens en faisant élever chez eux ses enfants, mais sur ce point, comme sur le reste, c'était toujours la prudence et l'éclectisme qui dominaient chez lui. Ses trois fils aînés ont été élevés chez les marabouts les plus divers, et l'aîné des trois, Bekkaï, son successeur, a reçu son instruction de trois marabouts successifs et d'origine variée, de sorte que l'empreinte d'aucun d'eux ne fut suffisante pour lui permettre de conserver sur son disciple une autorité spirituelle de quelque importance.

Bekkaï a étudié trois ans chez un marabout des Koumleïlen, puis quand celui-ci eut déclaré « qu'il avait appris tout ce qu'il savait » à ce jeune élève si bien doué, Bekkaï alla continuer ses études pendant six ans, successivement chez

MUSULMANE SÉNÉGALAISE.

deux marabouts des Oulad Diman (Trarza). Outre le Coran, il a appris les éléments de la théologie, du droit, de la grammaire et de la littérature.

Kalifa a fait ses études chez Cheikh Sidïa. C'est Cheikhouna, gendre de Cheikh Sidïa, qui fut son maître.

Ạbd Ar-Rahman a fait ses études chez des marabouts Koumleïlen (Trarza).

Sidi Lamine était en pension chez les Koumleïlen quand la mort de son père l'a ramené à Tivaouane.

∴

Cheikh Bou Kounta aurait été un marabout incomplet, s'il n'avait pas cherché à tirer quelques profits matériels de sa baraka, ou si l'on veut, à la mettre, par petits quartiers, à la disposition du public. Il avait autour de lui une équipe de lettrés qui délivraient, moyennant un juste prix, des amulettes, préservatrices de tous dangers physiques et moraux.

Lui-même, âgé et malade, toussotait et crachotait sans cesse. On sait le rôle important que joue la salive pour la transmission des bénédictions maraboutiques. Il importait de ne pas laisser perdre le précieux produit ; et c'est pourquoi il avait fait installer dans la chambre, où il réside habituellement, un petit crachoir, boîte carrée remplie de sable, tout à fait analogue aux crachoirs des casernes et des musées, et il y expectorait adroitement les conséquences de sa toux. Un fidèle disciple, à genoux à ses pieds, recouvrait immédiatement de sable le point humide. Par la suite, le contenu sablonneux du crachoir était distribué, en petits sachets, aux talibés et autres visiteurs qui avaient fait au Cheikh d'importantes aumônes.

∴

Cheikh Bou Kounta, par suite de l'état d'électeur dont jouissent les indigènes sénégalais, originaires des quatre communes de plein exercice, a joué un certain rôle dans la vie politique du Sénégal. Ce rôle est loin d'être aussi considérable que celui d'Al-Hadj Malik, le Marabout ouolof par excellence, le chef religieux de la plupart des électeurs et élus musulmans de Dakar, Saint-Louis et Rufisque. Les talibés de Bou Kounta sont, en effet, surtout recrutés parmi les indigènes de l'intérieur.

Cependant, et sans qu'il soit possible d'effectuer un dénombrement précis, il a été constaté qu'une centaine d'électeurs noirs des trois communes précitées, se réclamaient de l'obédience de Bou Kounta, et il est hors de doute, de l'avis autorisé de plusieurs notabilités indigènes, qu'à plusieurs reprises un mot d'ordre de sa part a exercé une réelle influence dans telle ou telle manifestation de la vie politique locale.

Cette action de Bou Kounta s'est exercée d'une façon positive, lors des avant-dernières élections législatives (1910). Le Marabout a donné l'ordre à ses talibés de voter pour un candidat qui était son avocat et son conseiller judiciaire et administratif, et en qui il eût été heureux de trouver aussi, le cas échéant, un soutien politique.

Mais c'est surtout sur les chefs de file et sur les sommités des comités électoraux indigènes que s'exerçait l'action de Bou Kounta. Ses nombreuses affaires le mettaient en relations avec les personnalités les plus diverses. Par d'habiles concessions faites en temps opportun, il savait diriger bien des sympathies vers son candidat. On dit aussi qu'il contribua fortement de ses deniers à la constitution du trésor de guerre électoral. Des renseignements se recoupant permettent de fixer le chiffre de ses versements à une dizaine de mille francs.

Le but de Bou Kounta, en cherchant à faire élire député le candidat de son choix, était d'abord d'avoir un ami politique qui le défendît dans les difficultés où un puissant marabout, très riche, et directeur de conscience de plusieurs milliers de talibés ne saurait manquer d'être engagé, ne fût-ce que comme Cheikh responsable. Mais ce but était surtout, paraît-il, le désir d'avoir un très ferme soutien auprès de l'administration, en vue des instances d'immatriculation de terrains, fort considérables, et quelquefois douteuses, que cet homme habile se réservait d'introduire au moment opportun.

***

Dans un domaine plus élevé, Bou Kounta méritait toute notre sympathie pour le loyalisme dont il a toujours fait preuve envers la France.

Dès 1860 et années suivantes, il fit campagne avec Faidherbe contre les troupes du damel Makodou qui ne voulait pas accepter les clauses du traité de paix, signé en 1859, avec son prédécesseur Birahima.

En 1886, lors des luttes qui ensanglantèrent le Cayor et amenèrent la chute des damels (mort du damel Samba Laobé, fils de Makodou : 6 octobre 1889; mort du damel Lat Dior : 27 octobre 1886) et l'extension définitive de la puissance française sur cette partie du Sénégal, le loyalisme de Bou Kounta se manifesta par une collaboration active à nos côtés. Il marcha avec plusieurs colonnes, prit part à plusieurs engagements et usa de toute son influence pour ramener le calme parmi les indigènes insurgés. Quand la tranquillité fut rétablie, il recueillit un grand nombre d'anciens captifs de la couronne, et les installa dans des villages où ils purent vivre en paix et s'habituer au nouveau régime.

Une lettre élogieuse du gouverneur du Sénégal, datée du 23 octobre 1886, et dont il était très fier, vient témoigner « des services qu'il a rendus dans le Cayor en octobre 1886 ».

Depuis cette époque, il n'a pas été appelé à rendre à la cause française des services aussi positifs, mais son attitude a toujours été des plus sympathiques, sa conduite des plus déférentes, et — critérium certain — ses talibés ou disciples n'ont jamais (sauf dans des cas individuels) soulevé des difficultés à l'administration ou à l'œuvre française. Peut-on demander plus à un marabout?

∴

Cheikh Bou Kounta jouissait de la réputation d'être immensément riche. Tous — disciples ou non, — disaient : « Lui-même ne connaît pas sa fortune. »

Son décès est venu fort à propos pour permettre de se rendre compte de sa situation pécuniaire.

Voici l'inventaire des biens de la succession dressé en juillet 1914 par ses fils et héritiers, sous le contrôle de l'administrateur de Tivaouane.

1° Numéraire trouvé dans les coffres de Bou Kounta	308.930,70
2° Immeubles situés, estimés à leur valeur d'achat	
A. — A Saint-Louis : maison à deux étages, rue Faidherbe, prix d'achat	70.000 »
Immeuble Codé, rue Saint-Pierre	26.000 »
— Chérif, rue Mochin	30.000 »
— Biram Sady, N'dar Toute	20.000 »
— Abdoulaye Seck	15.000 »
— Ile de Diouck	20.000 »
B. — A Rufisque :	
Immeuble, rue Faidherbe.	35.000 »
C. — A Dakar :	
Immeuble, rue de Thiès-Couteau	21.000 »
— — Thiong	25.000 »
— — Blanchot, 1er étage.	75.000 »
— Amina Fal, rue Blanchot	
5 immeubles, Lollivier, avenues Gambetta et Faidherbe	50.000 »
D. — A Tivaouane : Baraque Requelaure	1.000 »
A reporter	711.730,70

Report	711.730,70
E. — A N'diassane: Village entier	150.000 »
F. — A Pire-Gourèye: Un terrain de culture de Thaly	600 »
3° Produits de ventes d'effets du défunt	7.518,50
4° Produit de ventes d'animaux et autres :	
a) 5 chevaux, 3 voitures, 2 juments, moutons, 5 autruches	2.821,50
b) 26 chevaux et juments	4.673 »
c) 191 bœufs, vaches, veaux	17.862 »
d) 42 ânes.	1.620 »
e) 10 chameaux	1.477 »
f) 22 chèvres	243,50
Loyers perçus	6.305 »
Valeurs des Niayes	3.206.30
Montant de la succession. . . .	913.457,50

Il est évident que cette évaluation est de beaucoup inférieure à la réalité.

D'abord les immeubles de Dakar, Saint-Louis et Rufisque, comptés au prix d'achat, ont en fait une valeur bien supérieure car ils ont bénéficié de la plus-value considérable de la propriété urbaine.

Ensuite le village de N'diassane, créé par le Cheikh, et qui est tout entier la propriété de ses héritiers, est en réalité hors de toute évaluation. Il est estimé 150.000 francs, et peut-être mis en vente atteindrait-il à peine ce prix, mais sa valeur réelle, pour les centaines de familles indigènes qui y vivent et y cultivent, dépasse considérablement ce chiffre. Il faut remarquer que les immeubles bâtis de N'diassane et la zone de jardin qui les entoure sont immatriculés.

Enfin tous les troupeaux de bœufs et de petit bétail, dispersés dans le Sénégal et au dehors n'ont pas été recensés.

Le Cheikh possédait en outre, et son héritier spirituel en prend le bénéfice, de nombreux champs de mil et d'arachides, cultivés par les talibés. Les principales de ces fermes sont à :

Keur Kettane, à l'est de Thiès;
Keur Dokar Bod;
Keur Daf;
Keur Taoua;
Keur Khendale (Ngaye-Mekhé);
Keur Kakoun;
Keur Cherif;
Pout (voie ferrée);
Keur Soukourou;
Keur Souleiman Diallo;
Keur Ndiabal;
Keur Manar;
Keur Ansou Thian;
Keur Abdou el Karim;
Keur Karamoko;
Keur Tatin;
Keur Babak;
Keur Samba Rebb.

Si, sans avoir fait d'études juridiques, Bou Kounta avait parfaitement saisi le mécanisme et les avantages de la charte foncière de l'A. O. F. il connaissait admirablement, sans avoir fait d'études économiques, les sources de production de la richesse, et savait les capter à son profit.

Il avait acquis aux enchères publiques l'amodiation de 26 parcelles de Niayes ou palmeraies de l'État, dans le le Cercle du Cayor. Le prix annuel de location est de 3.205 francs. Comme le total de ces lots est de 52, que ce nombre était partagé seulement entre Bou Kounta et un commerçant français de Tivaouane, que la mise à prix fixée respectivement à 3.200 et à 3.600 francs fut portée à 3.205 et 3.605 sans autre enchérissement que celui de 5 francs de la part des deux intéressés, on peut croire que le prestige religieux de Bou Kounta, joint à une entente préalable avec son concurrent, avait écarté les candidats possibles et singulièrement facilité les opérations de l'adjudication publique. La politique d'association du colon et de l'indigène n'était pas — on le voit — inconnue à Bou Kounta. Ses talibés savaient d'autre part mettre en valeur ces Niayes et leur faire produire, gratuitement pour lui, un revenu dont le chiffre dépassait de beaucoup le prix de location.

Bou Kounta ne négligeait pas les bénéfices du commerce. La plupart des escales de la voie ferrée sont pourvues de petites boutiques où les traitants, ses disciples et associés, vendent aux indigènes les mille petits objets et comestibles nécessaires à leur subsistance.

De plus, un grand nombre d'artisans affiliés à sa « Voie » exercent leur industrie à Dakar, à Rufisque, à Saint-Louis, à Kayes, à Bathurst, à Conakry. Ils sont maçons, menuisiers, puisatiers ou tailleurs, pêcheurs ou laptots, employés de commerce ou de l'administration. Des contrats divers les liaient au Cheikh-patron, qui gardait toujours la haute main sur l'opération, déplaçant ses gens, les mariant et intervenant dans tous les actes de leur vie civile.

Bou Kounta recevait enfin de nombreux dons et cadeaux en espèces. On retrouve chez ses disciples cette vanité enfantine et cette émulation déplacée dans la générosité, qui font qu'ils se dépouillent dans un instant des biens qui leur sont les plus nécessaires, autant par esprit de piété que pour faire plus et mieux que leurs amis et connaissances.

Bou Kounta avait la réputation d'être assez libéral envers ses adeptes. Il ne refusait jamais de les aider dans le besoin. Sa générosité était toutefois plus raisonnée que celle d'Amadou Bamba, qui ne refuse rien et donne, dit-on, tout ce qu'il reçoit. Mais c'était surtout envers les griots que Bou Kounta était prodigue de cadeaux. Ils le savaient et venaient de toutes parts, du Soudan même, pour chanter ses louanges.

Un dernier trait viendra compléter le tableau du caractère des relations et de l'influence de ce paysan âpre au gain qu'était Bou Kounta. Il était très procédurier et en rapports constants avec une demi-douzaine d'avocats et d'agents d'affaires de Dakar et de Saint-Louis. La déconfiture et le suicide de Me Couchard lui firent perdre plusieurs milliers de francs. Il s'en plaignait encore la veille de sa mort, comme aussi des sommes qu'il fallut sans cesse verser aux gens de loi pour n'avoir que fort tard des résultats souvent fort peu positifs. Il n'en continuait pas moins à user de leurs bons offices; et, ne pouvant se déplacer, ne faisait jamais une affaire, hors de N'diassane, sans avoir deux ou trois mandataires, chargés en principe de pousser, tous ensemble, à la roue, et en réalité de se contrôler. C'est ainsi que pour une instance d'immatriculation pendante à Dakar, il était représenté officiellement par son Mouride local (1) auquel il avait donné une procuration spéciale; mais un conseiller municipal indigène (2) de Dakar servait de conseil officieux, et un avocat (3) du barreau de la même ville dirigeait le mouvement. A ces trois mandataires venait se joindre parfois un *missus dominicus* envoyé spécialement de Tivaouane (4) pour apporter les vues du Cheikh. Il est évident que l'extrême simplicité de la procédure d'immatriculation ne nécessitait pas le concours de tant de lumières.

(1) Diafar Dramé.
(2) Ballo Seck.
(3) Me W.
(4) Madiama Diop.

CONCLUSIONS

Cheikh Bou Kounta est une figure caractéristique de l'Islamisme sénégalais. Cette tenue morale, ce désintéressement au moins extérieur qu'affichent dans l'Afrique mineure les Cheikhs religieux, même les plus rapaces, se rencontre chez lui beaucoup moins encore que chez les autres marabouts, chefs de Voies religieuses noires.

Adolphe Burdo disait : « Sans s'attarder aux conceptions et aux rêves, l'Arabe a commencé par faire du commerce avec le nègre, comme on débute par offrir un appât à l'oiseau. Plus tard on lui apprendra à chanter s'il en est capable ; on le mangera s'il n'est bon qu'à être mangé. C'était logique comme idée ; ce fut pratique comme résultat (1). »

La mentalité maure-arabe de Bou Kounta et une expérience de trois quarts de siècle l'avaient conduit à ne voir définitivement dans les Noirs que des oiseaux bons à être mangés.

Aussi ne perdait-il pas son temps à leur faire inculquer des connaissances catéchistiques ou des rudiments de langue arabe. La vertu de sa baraka et l'efficacité de leur travail étaient les seules conditions nécessaires et suffisantes pour obtenir le Paradis. Et l'on sait tout ce l'on peut faire aux Noirs avec cette idée des félicités célestes. Il paraît bien, à leur succès, que ces méthodes d'éducation et de souveraineté religieuses n'étaient pas pour déplaire à ses adeptes.

(1) *Les Arabes dans l'Afrique centrale.*

Ici donc encore, l'Islam a remplacé, en partie au moins, les antiques croyances religieuses dont les damels, les bourbas, et les tègnes, chefs héréditaires et traditionnels, étaient les fermes soutiens, et le Marabout a bénéficié de la disparition des autorités et chefs politiques locaux. On pourrait voir *a contrario* que chez les peuples où pour des causes diverses le chef héréditaire et les traditions politiques subsistent — les Sérères par exemple, — l'effort de propagande de l'Islam reste sans effet et les sujets du Sine et du Saloum, fermement attachés à leurs « bour », font une guerre impitoyable aux prédicants et marabouts islamiques.

Il n'y a pas lieu de s'étendre sur la déformation religieuse sociale, juridique que subit l'Islam chez les sectateurs de Bou Kounta. Ces altérations sont analogues à celles qui sont étudiées ailleurs en détail et dont les Mourides voisins d'Amadou Bamba offrent le plus beau champ d'observations. On y notera toutefois cette différence, que dans le Mouridisme bamba c'est l'orthodoxie du chef religieux et de quelques-uns de ses lieutenants, qui sont lettrés et s'abreuvent aux sources des auteurs sacrés, qui sauvent les apparences, tandis que dans le Mouridisme de Bou Kounta, c'était son prestige de Maure et plus spécialement son origine aristocratique de Kounti qui donnaient à l'association religieuse qu'il dirige le cachet d'orthodoxie.

CHAPITRE VI

LES MANDINGUES
ÉLÉMENT ISLAMISÉ DE CASAMANCE

LES MANDINGUES, ÉLÉMENT ISLAMISÉ DE CASAMANCE

Éloignée du centre de la colonie, enserrée entre la Gambie anglaise et la Guinée portugaise, la Casamance s'est trouvée par la force des choses constituée en une province administrative, dont l'unification ne correspond pas à la variété de la géographie physique ou économique et à la diversité de la géographie humaine.

Entre les pays fétichistes de la Basse-Casamance : Diolas, Floups, Bayottes, Bagnouks et Balantes, et ceux de la Haute-Casamance : Foulas très faiblement islamisés, Koniaguis et Bassaris, s'étend la zone mandingue, large bande de territoire, qui coupe transversalement non seulement la Casamance, mais encore la Gambie, et étend ses ramifications au nord dans le Niani et le Ouli ; au sud, en Guinée portugaise.

En Casamance, elle est comprise approximativement entre le marigot Songrougrou en aval, et le pays Fouladou en amont. Elle comprend de nombreux cantons, dont on peut voir l'énumération et l'emplacement dans le schéma ci-après en annexe.

Les Mandingues constituent l'élément islamisé de la Casamance. Leur nom est synonyme dans toute la région de « Musulman », de même que celui de Soninké a, sans qu'il faille y voir sa signification ethnique, le sens de « non-musulman ».

I. — Établissement des Mandingues en Casamance.

Ce n'est pas le lieu de retracer ici l'histoire et la genèse des émigrations mandingues. Il suffit de constater qu'après les Maures, ils constituent le deuxième facteur de l'islamisation du Sénégal. Mais tandis que la poussée des Maures s'est faite du nord au sud par une pression générale de toute la Mauritanie sur le monde ouolof, toucouleur et sarakollé, qui s'est d'abord exercée dans la région saharienne et a atteint maintenant et dépasse même le fleuve Sénégal, de Saint-Louis à Kayes, l'action des Mandingues s'est faite de l'est à l'ouest et par un simple canal, la Gambie, qu'ils ont descendue insensiblement jusqu'à son embouchure pour s'épanouir à leur aise dans la moyenne vallée du fleuve.

Dès le dix-septième siècle, André *Brue*, le Directeur des établissements français du Sénégal, le constate. Il les a trouvés, au cours de ses voyages, dans le Bambouk et le Galam. Il les retrouve, quelques années plus tard, à l'embouchure de la Gambie. Il remarque qu'ils apportent à la fois leur marchandise et leur religion, qu'ils offrent aux indigènes leurs comestibles avec le Coran. Le Père *Labat* dit, au tome III de sa *Nouvelle relation de l'Afrique occidentale :* « Tout le commerce est entre leurs mains, ils le portent de tous côtés, et se servent de ce moyen pour amasser des richesses et pour introduire le mahométisme partout où ils peuvent pénétrer. On peut dire qu'ils en sont les prédicateurs et les missionnaires. »

Déjà ils font la guerre aux Malinkés, rebelles à l'Islam, pour leur imposer le joug du Prophète. Ils se heurtent aux Floups de la Basse-Casamance qui résistent énergiquement. Quand ils se montrent sous leur jour commercial et insinuant, ils réussissent mieux. *Brue*, qui les rencontre à Kahone, capitale du Saloum, constate que leur commerce d'esclaves et d'ivoire est florissant.

Leur jalousie commerciale venait souvent renforcer leur hostilité religieuse, et *Brue* se plaint que les marabouts mandingues excitent le peuple contre la Compagnie, qui prend trop d'expansion à leurs dépens.

Un siècle plus tard, *Golberry*, qui a passé au Sénégal les années 1785, 1786, 1787, dira d'eux : « Les Mandingues sont un grand peuple de l'Afrique. Plusieurs colonies de ce peuple se sont établies dans le pays de Bambouk et sur les bords de la Gambre (Gambie). Les marchands et les marabouts de cette nation ont une grande influence sur toute cette partie de l'Afrique occidentale. Ces noirs sont instruits ; ils sont souples et fins, et commerçants aussi habiles qu'infatigables... Ils professent avec zèle la religion de Mahomet, et cependantils ont conservé beaucoup de pratiques de fétichisme et d'usage superstitieux. »

A propos d'une conspiration des marabouts mandingues contre les chefs héréditaires du pays, conspiration qui fut découverte d'ailleurs et amena leur massacre ou leur expulsion du pays, *Golberry* fait d'eux une description qu'aucun de ceux qui les a vus à l'œuvre en Casamance ne désavouera. « On sait que ces prêtres mahométans forment une caste particulière chez toutes les nations noires de l'Afrique qui suivent la religion de Mahomet et qu'ils sont très intrigants et très rusés... Les marabouts mandingues surtout ont beaucoup d'esprit. Ils sont subtils, artificieux et adroits, et ont en général beaucoup de crédit et d'empire sur les nègres d'Afrique. »

Au commencement du dix-neuvième siècle, les Mandingues occupent leur emplacement actuel et continuent à se livrer à leur prosélytisme révolutionnaire. L'un d'eux, *Doura*, marabout du Pakao, soulève contre ses agissements les fétichistes Diolas et Balantes des environs de Sedhiou, et, entraînant les Français dans son orbite, en fait les agents de ses vengeances. Le Boudhié est brûlé; les Diolas l'évacuent et se réfugient chez leurs frères du Fogny, tandis que les Balantes regagnent le Balanta Kounda. *Doura* occupe alors Sédhiou avec ses talibés, incorpore la province au territoire mandingue et se fait reconnaître comme chef du Boudhié (1840-1849).

Vers 1856 ou 1857, on voit apparaître les éclaireurs de l'armée toucouleure d'Al-Hadj Omar, qui descend du Fouta Diallon vers le Fouta Toro et se lance dans sa glorieuse épopée. Quelques-uns de ces Toucouleurs vont prendre pied dans le Kabada et s'y installeront, à côté de leurs congénères issus d'une première immigration du Fouta. Ce sont leurs descendants qu'on y trouve aujourd'hui. Ils ont été signalés *supra* au Tidianisme d'Al-Hadj Omar.

En février 1861, « pour venger contre les grands villages mandingues du Souna dix années d'outrages et de violences », Faidherbe envoie à Sedhiou le commandant Pinet-Laprade avec la garnison de Gorée et des tirailleurs algériens. Sandiniéry, Diouboudiou, Bombadiou et Niagabar sont enlevés de vive force et flambés. Dans un grand palabre tenu à Sédhiou, tous les chefs mandingues demandent l'aman et la paix est rétablie.

A partir de 1860, les Mandingues entreprennent une guerre acharnée de domination, de prosélytisme et de conquête contre leurs voisins fétichistes. C'est le « Crois ou meurs » dans toute son horreur. Ils anéantissent, soumettent, ou chassent les Bagnouks du Yacine (1864-1865), les Balantes et Diolas du Boudhié (1865-1866). Ils entament une lutte sans merci contre les Diolas du Fogny en aval;

contre les Peuls du Fouladou en amont. Ils sont conduits d'abord par Doura, puis par Sounkari, son fils, qui tous deux s'appuient sur Ma Ba, l'agitateur toucouleur, élimane du Rip.

A partir de 1871, c'est Fodé Doumbouïa, plus connu sous le nom de Fodé Kaba (Cheikh Grand Marabout), qui prend en main la direction de la croisade, suscitée à la fois contre les fétichistes et contre les Français inactifs de Sédhiou. Fodé-Kaba, marabout réputé et chef d'un village du Yacine, attire à lui les Mandingues du Yacine et du Pakao, s'adjoint Sounkari comme lieutenant, et, levant l'étendard de la révolte, attaque le fortin de Morikounda et Sédhiou elle-même. Il est repoussé, mais nous tiendra tête pendant trois ans, jusqu'à ce qu'enfin, entre 1875 et 1878, l'insurrection des Peuls, contre la domination mandingue l'oblige à se défendre lui-même dans le Fouladou. Il n'allait pas tarder à être en expulsé.

La vigoureuse résistance des Peuls et des Diolas allait faire échec à la puissance d'invasion des Mandingues et les contraindre à se renfermer dans les limites de leur domaine naturel : la Moyenne-Casamance.

II. — Les Mandingues et les Peuls du Fouladou.

Les Peuls, plus connus dans cette branche, sous le nom de Foulas, occupent toute la Haute-Casamance, qui de leur nom a pris l'appellation indigène de Fouladou. Le Fouladou est compris entre la rivière Grey ou Koulountou, les dernières pentes du Fouta Diallon, le Pakao et la rivière Gambie. Les indigènes déclarent être venus du Khasso soudanais, au commencement du dix-neuvième siècle, et avoir été contraints d'accepter la suzeraineté des Mandingues déjà installés en Casamance. Ils comprennent deux castes : les Foulas nobles et libres (Foula Foro), restés fidèles à leurs pratiques fétichistes ; les Foulas clients et captifs (Foula Dion) quelque peu islamisés, et attachés malgré cette différence de religion à leurs maîtres et suzerains.

Les exactions des Mandingues amenèrent, vers 1867, la révolte des Peuls. Deux d'entre eux, des Foro : Koli Démo, de Sabari, et Samba Eggué, chasseur d'éléphants, plus connu sous le nom islamique d'Alfa Molo, prirent la direction du mouvement. Ils enlèvent successivement Dialana, puis Hamdallaye, résidence de Kékouta Sona, chef des Mandingues du Firdou, s'allient d'abord aux Toucouleurs du Kabada, puis à Modi Salifou, fils de l'almamy Alfa Ibrahim, du Fouta Diallon, et lentement, patiemment, chassent les Mandingues de tous les cantons du Fouladou.

Alfa Molo n'hésitait pas à s'attaquer bientôt à Fodé Kaba

MUSULMANES SÉNÉGALAISES
(MANDINGUES

lui-même, le battait à plusieurs reprises, et détruisait son tata de Kériwane (1878). Il se faisait alors construire un tata à Ndornan, et devenait le seul chef de la région. Fodé Kaba tente une dernière fois la fortune. Il fait élever rapidement à Tiana un puissant tata à triple enceinte, en face de celui d'Alfa, mais les Peuls se jettent sur cette forteresse, la razzient et la brûlent. Les femmes, les enfants, le bétail sont pris. Les hommes et Fodé Kaba prennent la fuite. C'est la fin de la domination mandingue et de l'Islam dans le Fouladou. Ces luttes contre l'étranger avaient eu pour résultat curieux de rapprocher les castes de nobles et de clients, vaillamment unis dans la lutte, et d'amener ainsi chez les Foulas une certaine fusion sociale.

La mort d'Alfa Molo (1881) entraîna un temps d'arrêt dans le développement du Fouladou; son frère Bakari Demba et ses trois fils se partagèrent son héritage politique. Le deuxième de ses fils, Moussa, roi du Firdou, comme il s'appelle lui-même, élimine successivement ses oncles et frères, et reste seul maître du Fouladou.

En 1883, repoussant les sollicitations des Anglais, Moussa Mole plaçait le Fouladou sous le protectorat français. En 1903, il partait en dissidence en Gambie anglaise. Pendant ces vingt ans, en effet, ce singulier « protégé » a fait ses affaires beaucoup plus que les nôtres. Un seul fait bien net à son actif; la prise du grand marabout sarakollé, Mamadou Lamine, que ses griots surprennent dans sa fuite et mettent à mort sur la Haute-Gambie (1887). Et encore faut-il voir plutôt dans cet acte un sursaut de révolte du pasteur fétichiste foula contre le Marabout pillard sarakollé.

Dès lors, il utilise à son profit et avec un art consommé toutes les ressources administratives et militaires françaises de la région, et, sous notre couvert, tue son frère Dékori, chasse son oncle Bakari, soumet les rebelles, les dissidents, tous ceux qui n'admettent pas sa tyrannie et ses atrocités sans nom.

Moussa Molo ne cessait entre temps de guerroyer avec des alternatives de succès et de revers contre les Mandingues et Fodé Kaba, retranché dans son tata de Médina. Il finit par avoir le dernier mot en 1901, lors des colonnes dirigées par les Français contre Fodé. Par son goum de 200 hommes et par ses nombreux porteurs, il contribua au succès final.

En juin 1901, Moussa Molo, « avec l'autorisation du gouvernement français, avait eu une entrevue avec le gouverneur anglais de Gambie et signé un traité reconnaissant le protectorat britannique sur la partie du Firdou dépendant de la Gambie anglaise. Il renonce bientôt à l'exercice de toute autorité en Gambie moyennant le paiement d'une rente annuelle de 500 livres ».

Mis en goût par ces tractations, il entamait à nouveau, et en dehors de nous, avec les Anglais, des pourparlers relatifs à la réglementation du commerce. La création du poste d'Hamdallaye allait faire éclater le conflit. La surveillance et les observations du résident le gênaient considérablement. Les indigènes eux-mêmes, se sentant soutenus par les Français, n'acceptaient plus ses exécutions sommaires, ses meurtres horribles et injustifiés, ses abus de pouvoir de toute sorte. Ils émigrent ou se révoltent. La situation se tend, et le jour où Moussa est invité à se rendre à Saint-Louis pour fournir au gouverneur des explications sur sa conduite, il dirige tout son monde sur la Gambie, brûle ses capitales, les tatas d'Hamdallaye et de Ndornan, avec tous ses villages, et se réfugie chez nos voisins à Balata Kounda. Ces incendies, qui portaient d'ailleurs sur ses seuls villages, paraissent avoir eu pour but de couper les ponts derrière les siens, et de les contraindre ainsi à le suivre. Beaucoup d'entre eux, dont son fils aîné Tiékouta, ne tardaient pas d'ailleurs à s'échapper de Gambie et à rentrer dans le Fouladou.

Moussa Molo n'a pas cesser d'intriguer. Au commencement de 1906, c'est son fils Tiékouta qui tout à coup, se croyant revenu aux beaux jours d'antan, recrute des guerriers et parcourt le Fouladou, enlevant les jeunes filles, réquisitionnant le bétail, et jouant au grand chef de guerre. Il est arrêté, s'évade de Sédhiou avec la complicité des gardes et s'enfuit en Guinée portugaise. Par la suite, une haine à mort a brouillé le père et le fils.

A ce moment, un mouvement d'immigration considérable se fait sentir de Gambie anglaise vers le Fouladou. Les marabouts mandingues et sarakollés, jadis attachés à la fortune de Moussa, envahissent le pays, entreprennent des affaires partout et cherchent à reprendre de haute lutte la direction économique du pays. Mais les Peuls ne se laissent pas asservir, et le mouvement pacifique échoue à peu près complètement.

Aujourd'hui Moussa paraît n'avoir plus qu'un désir : rentrer dans le Fouladou et finir ses jours dans son pays d'origine, soit sur un point de notre territoire, soit à Kossara, sur la frontière de Guinée portugaise, où se trouve la tombe de son père et que commande un de ses anciens captifs, Yoro Biri. Des différends avec les Anglais qui, lassés de lui payer sans résultats une rente de 500 livres, lui ont assigné le Combo comme résidence pour le faire partir du pays, le poussent à abandonner la Gambie. Les pourparlers aboutiront peut-être, si Moussa Molo comprend que le passé est clos. Sa situation ne peut plus être que celle d'un simple particulier. Le droit de supplicier et de tuer, qu'il s'arrogeait, ne peut plus être toléré. Il faut qu'il rende la liberté à ses 300 femmes ou plutôt aux 300 captives qu'il tient enfermées dans des haies infranchissables et fait travailler, sans relâche, à ses lougans.

Moussa Molo est actuellement à Diandan, près de Mac Carthy, dans le Haute-Gambie anglaise. Son village est très prospère ; ses champs de mil et d'arachides nombreux et florissants. De nombreux jeunes gens du Firdou, tant français qu'anglais, viennent, conformément à la coutume « deptal », y travailler gratuitement deux ou trois jours, à chaque saison. Il joue au grand seigneur en villégiature et au gros commerçant, beaucoup plus qu'au marabout. Son Islam ne l'empêche pas, en tout cas, de mettre quelques-uns de ses innombrables enfants en pension dans les écoles laïques anglaises, ou congréganistes anglo-françaises de Bathurst, et d'entretenir les meilleures relations personnelles avec les missionnaires catholiques, anglicans et wesleyens de la Gambie.

III. — Les Mandingues contre les Diolas du Fogny.

La lutte contre les Diolas plus frustes et moins unis que les Foulas devait assurer aux Mandingues une prépondérance beaucoup plus accusée dans le Fogny. Finalement les Diolas, retranchés derrière leurs marigots ou embusqués dans leurs forêts de palétuviers, devaient, avec l'appui des Français, avoir raison de l'ennemi musulman.

C'est en grande partie l'insuccès de ses luttes contre les Peuls qui amenait Fodé Kaba à chercher un autre adversaire et à s'attaquer aux Diolas. C'est en effet à la suite de son refoulement du Fouladou par Alfa Molo que Fodé, réfugié dans le Kabada vers 1877, envahit le Kian, peuplé alors de Diolas fétichistes, et en 1882, élève à Médina un puissant tata et un florissant village. Médina va devenir le point d'appui de ses incursions en pays diola. Il le razzie impitoyablement et met le Fogny à feu et à sang. Il finit même par l'occuper avec ses bandes, et y fait régner l'ordre par la terreur.

A la même date, un autre marabout mandingue, Fodé Sylla, à cheval sur les territoires français et anglais, de la Gambie au marigot de Baïla, s'attaque aux Karones, fraction diola du Combo, et les pille et massacre sans pitié. Le Combo devient son fief pendant plusieurs années.

En 1893 enfin, le Gouvernement français se décide à intervenir et à sauver les malheureux Diolas d'une ruine complète. Fodé Kaba qui affecte de ne jamais se trouver en conflit avec nos interventions, signe le 1er juin 1893, avec le Gouverneur du Sénégal un traité aux termes duquel il s'engage à évacuer le Fogny moyennant une rente annuelle de 5.000 francs, et à cesser toute incursion en pays diola. Dès février 1894, le poste de Bignona est créé, à la grande satisfaction des Diolas, qui ne nous avaient jamais montré beaucoup de sympathies, mais pour qui tout régime valait mieux que celui des Mandingues. Quant à Fodé Sylla, poursuivi par les troupes françaises et anglaises, soutenues par des auxiliaires diolas, il est peu après arrêté sur notre territoire.

A partir de cette date, Fodé Kaba va porter tous ses efforts sur la région mandingue islamisée de Gambie et de Casamance, et viser à s'y constituer un grand commandement. Ses exactions sans nombre sur le Kian, le Kabada toucouleur qu'il maintient sous sa coupe par le tata fortifié de Dator, le Yacine et le Pakao, la traite des esclaves qu'il pratique en grand, en association avec des marabouts sénégalais et maures, nécessitent plusieurs fois notre intervention. Les Anglais éprouvent aussi avec lui les plus grandes difficultés.

Fodé Kaba jouissait alors d'un prestige maraboutique considérable dans toute la région, non seulement chez les Mandingues, mais même chez les Toucouleurs et les Sarakollés. Ses miracles ne se comptent pas. L'un d'eux est resté particulièrement célèbre. A la suite de plaisanteries de l'Administrateur anglais de Mac Carthy sur son pouvoir surnaturel, Fodé fit jeter à Mac Carthy Island même, une très lourde poutre de fer dans le fleuve. Elle surnagea et sur ce radeau d'un nouveau genre il descendit en une nuit à Bathurst, distant de 200 milles. Le Gouverneur de Bathurst fut dès lors convaincu, dit la légende, et son subordonné de Mac Carthy ne put moins faire que de l'être aussi.

Les Anglais eurent peut-être moins de vénération pour

Fodé Kaba que ses disciples veulent bien le dire, car c'est par eux que sa puissance devait finir. En juin 1900, une rixe entre villages du Kian anglais inféodés au marabout, amena sur les lieux deux *travellings commissionners*, L'arrestation des chefs de village ameuta toute la population. Un fonctionnaire anglais fut tué, l'autre grièvement blessé et l'escorte massacrée. Aussitôt après, les habitants des villages, pris de peur, se réfugiaient dans le Kian français, sous la protection de Fodé. Le Gouvernement anglais demanda l'extradition des coupables. Fodé s'y refusa. Il nous fallut diriger contre lui une forte colonne, à laquelle tous ses ennemis s'empressèrent de se joindre : Toucouleurs du Kabada, Foulas, et surtout Diolas. Médina et Dator étaient enlevés de haute lutte et détruits. Fodé Kaba trouva la mort au cours des combats, ses biens furent confisqués et ses femmes et enfants internés.

De ce côté encore la puissance mandingue reculait, et en quinze ans les immigrations des prolifiques Diolas ont franchi le marigot du Sougrougrou et repeuplé leur ancien pays du Kian.

IV. — L'Islam mandingue actuel.

Le Marabout mandingue le plus important de la Moyenne-Casamance est Fodé Kadiali, à Bakadadji.

Il est né vers 1850, à Ndiama, province de Yacine (Moyenne-Casamance). Son grand-père, Qussouman Dia, était un Toucouleur-Aleybé du Lao, originaire d'Aéré. Il quitta le Fouta vers 1890, en quête d'aventures. La Moyenne-Casamance lui ayant plu, il y fonda son village de Ndiama (*id est* la mosquée), dans le Yacine, et se fit quelques talibés dans l'élément mandingue.

Son fils, Mamoudou Qussouman, naquit à Ndiama peu après, et c'est là que devait naître aussi son fils Fodé Kadiali. Mamoudou Qussouman, ou Fodé Ma Dia, comme on l'appela, fut un marabout énergique qui prit part à toutes les luttes des Mandingues contre les infidèles entre 1860 et 1880, et se signala notamment dans les provinces de Soudoukou et de Yacine contre les Bagnouks.

Kadiali, ainsi nommé par Mamadou Qussouman en l'honneur du savant musulman Al-Ghazzali, fit ses premières études chez Fodé Amara à Bidjini (Guinée portugaise). Plus tard, il alla étudier le droit et la littérature dans la métropole des sciences islamiques du Fouta Diallon, à Touba. chez Karamoko Koutoubo. Celui-ci, disciple de Cheikh Sidïa Al-Kabir, conféra au jeune Kadiali, l'ouerd qadri. Par la suite (1900) Kadiali devait faire un voyage, à Boutilimit, pour voir Cheikh Sidïa Baba et se faire renouveler de sa main l'affiliation qadrïa.

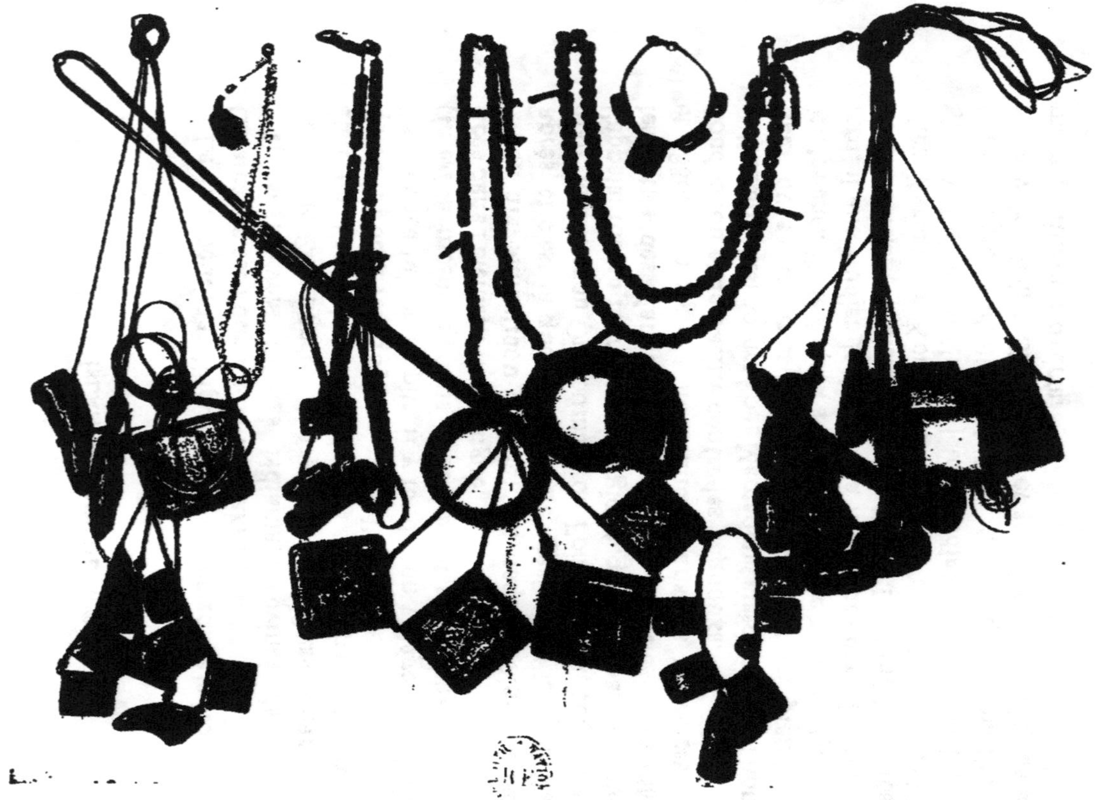

AMULETTES ET CHAPELETS SÉNÉGALAIS.

Revenu au village paternel, Kadiali y ouvrit une école coranique qui fut tout de suite très fréquentée. Peu après, il allait faire un voyage d'études de plusieurs années au Soudan. A son retour, il s'installa à Diaka où il fonda un village. A ce moment, Younous, qui effectuait ses pieuses razzias dans le Pakao-Soukoudou, flaira immédiatement un rival dangereux, et usa de toute l'influence dont il jouissait à Sédhiou, pour le tenir à l'écart.

Fodé Kadiali fonda alors le village de Bakadadji, c'est-à-dire Bagdad, prononcé à la façon mandingue (1890). Il en fut chassé quelques années par Foda Kaba, et n'y put rentrer qu'à la mort de ce dernier. Mais Younous veillait. Il avait fait désigner comme chef de Bakadadji une de ses créatures, et il souleva de telles difficultés devant l'administrateur de Sédhiou, que Fodé Kadiali ne fut pas autorisé à résider à Bakadadji, même comme chef de carré. Il retourna donc s'installer au village paternel de Ndiama. Younous en profita pour faire des tournées dans la région de Diaka que venait d'évacuer Fodé Kadiali, et ne tarda pas à y semer la discorde, les cultivateurs restant fidèles à leur chef Fodé, les griots et les cordonniers se rangeant du côté de Younous. L'intervention de l'autorité remit les choses au point. Kadiali put se réinstaller à Bakadadji, et Younous rejoignit le centre de ses opérations, Sandiniéry.

Fodé Kadiali a fait le pèlerinage de la Mecque en 1908, par Marseille qu'il estime « plus grande que Médine », Alexandrie, Haïfa et le chemin de fer turc du Hedjaz. Le retour s'effectua par Suez et Tanger.

Fodé a quatre femmes et trois concubines, toutes mandingues. Parmi ses nombreux fils, il faut signaler les plus grands :

Karamoko Ba (le grand marabout);
Kemo Madia (en l'honneur du grand-père) ;

Ma Djidi;
Amadou;
Bakari;
Chekou Sansi (Senoussi);
Ibrahima;
Mamadou Boukari;
Chekou Mamadou Djadali;
Bakkaï;
Mamadou Djadjouli (*Djazouli*).

et un très grand nombre de filles.

De belle taille, le poil blanc, d'aspect sympathique, Fodé Kadiali n'est nullement hostile. Il a eu l'occasion de rendre quelques services à l'autorité. Il a une certaine instruction littéraire arabe, et rédige assez bien une lettre.

Il est très aisé, et possède de beaux troupeaux de bœufs, et de nombreux lougans que cultivent ses talibés.

Son école de Bakadadji est dirigée par son deuxième fils, Kamo Ma Dia. Elle comprend une quarantaine de jeunes Mandingues, qui sont ses enfants et petits-enfants et les fils des voisins et talibés. L'aîné, Karamoko Ba, se livre aujourd'hui à des études supérieures de théologie et de droit.

Les principaux talibés et missionnaires de Fodé Kadiali sont :

Yakouba Menté, Mandingue. Il va dans le Rip;
Abou Dakar, Mandingue. Il va dans le Pakao ;
Dimbo Denfa, Mandingue, missionnaire dans la Haute-Gambie;
Arfan Lamine, Mandingue, missionnaire du Rip ;
Arfan Kaba et *Lamin Sek*, tous deux Mandingues, missionnaires du Kian.

L'influence de Fodé Kadiali s'exerce dans toutes les provinces : Pakao, Yacine, Soukoudou, Kian, de la région mandingue. Elle est naturellement absolue dans les centres de Bakadadji et de Ndiama. En dehors de la Moyenne-Casamance française, il compte des talibés dans la Guinée portugaise (provinces du Brassou et du Gabou), dans la Haute-

Gambie anglaise et française, et jusque dans le Niani-Ouli.

*
* *

La famille de Fodé Kaba, les Doumbouïa, jouit toujours d'une grande influence dans la région mandingue.

Ses membres les plus marquants sont établis à Mori Kounda (le village des musulmans), près de Sédhiou, dont l'aîné des fils de Fodé Kaba, Ibrahima Doumbouïa, est le chef. Ibrahima a été interné dix ans à Podor (1901-1911) à la mort de son père, aux côtés de qui il combattait. Rentré à Morikounda, il paraît aujourd'hui rallié à notre cause. Il n'a d'ailleurs aucune prétention au maraboutisme et n'a pas d'instruction islamique ou arabe.

Ses frères sont :

Baba Doumbouïa, né vers 1890 ;
Ma Lamine Doumbouïa ;
Chérifou Younous ;
Chérifou Nacer ;
Souleïman ;
Mamadou Doumbouïa.

Ce dernier, engagé volontaire aux tirailleurs sénégalais, a fait brillamment son devoir sur le front, et était à l'hôpital de Menton en avril 1915.

Une petite école coranique, dirigée par le plus lettré de la famille, Kémo Doumbouïa, neveu de Fodé Kaba, fleurit à Mori Kounda.

*
* *

Les derniers marabouts mandingues de la Moyenne-Casamance sont :

Dans la résidence de Sedhiou : Fodé Cissaw, à Ndiama du Yacine ; Ma Ciré Dramé, à Salikénié ; Fodé Héri à Kara Ntaba ; Fodé Hirama, à Dassilamé ; Lan Kanké, à Touré Kounda ; et Fodé Cissé à Kerowane.

Dans la résidence d'Inor : Fodé Diété, à Bissari; Lamin Kouyaté, à Bani (Israïla); Ibrahima Diassi, à Banana; Fodé Ali Niako, à Kara Ntaba; Arfan Dramé et Almamy Bouna Dramé, à Bayamba; Almamy Amdallaye, à Hamdallaye; à Boussenkili Ba, Alfa Boura.

Tous ces marabouts sont des petits maîtres d'école coranique et des chefs de groupements de talibés. Ils relèvent soit des grands marabouts de Casamance, soit des Cheikhs du Fouta Diallon.

V. — Les Foulas vis-a-vis de l'Islam.

Le Fouladou ou Haute-Casamance, n'est islamisé, ainsi qu'il a été dit, que très partiellement, et seulement dans son élément serviteur ou client (*Foula Diou*). Celui-ci se dit sectateur du Prophète. Il l'est donc, mais très faiblement, étant parfaitement ignorant de toute culture islamique, et toujours attaché à son droit coutumier, à ses pratiques ancestrales et à ses habitudes de beuverie.

La résistance des Foulas libres à l'Islam est extrême, quoique ne se manifestant pas par des actes de brutalité comme le fait se produit chez les Sérères, les Diolas ou les Balantes. Elle s'appuie, semble-t-il, sur la haine de races, la haine du Foula pour le Mandingue et le Sarakollé, envahisseurs et pillards, mais c'est plus encore une question de castes. Embrasser l'Islam, pour un Foula libre, c'est se ravaler au rang de ses esclaves ou serviteurs.

Ils vivent dans un état social très anarchique, mais il n'a pourtant pas été impossible de constituer chez eux de petits cantons autonomes et de trouver les personnalités susceptibles de les commander. Il faut néanmoins faire de l'administration très dispersée, et la chose n'est pas toujours facile, étant donné le caractère craintif et défiant du Foula. C'est peut-être cette nécessité, pour rester en contact avec eux, de vivre en perpétuel déplacement à travers les villages, qui a contraint les Anglais à créer dans leur Fouladou gambien cette institution des *travellings com-*

missionners. Ils n'ont pas de bureau fixe, ni de siège de commandement, mais s'en vont sans arrêt de village en village, restant çà et là campés plus ou moins longtemps, suivant les circonstances.

Il faut déjà faire dans le Fouladou une remarque qui s'imposera avec beaucoup plus de force sur la Basse-Casamance. Les Sarakollés et Toucouleurs, marabouts ou traitants, fixes ou de passage, plus avancés en culture, plus au courant de nos mœurs, ont tendance à se substituer aux petits chefs locaux ou à les doubler, et essaient de se poser en agents officieux de l'Administration auprès des Foulas. On en trouve ainsi plusieurs qui retirent de cet office de chefs sans le titre ou de marabouts intrigants, des bénéfices de toute sorte. Il importe, pour la bonne administration du pays, que ces indigènes soient écartés et que les seuls Foulas soient écoutés et dressés à faire eux-mêmes leurs affaires. Quant aux quelques missionnaires mourides qui viennent tâter le terrain, ils doivent être impitoyablement renvoyés chez eux.

Les cantons du Fouladou où se fait plus fortement sentir l'influence musulmane, et toujours par des marabouts étrangers sont : au nord, la partie septentrionale des cantons du Manigui et du Kantora; au sud, le canton de Patiana.

Dans les cantons du Manigui et du Kantora, ce sont surtout les colonies islamiques de Mandingues et de Sarakollés qui donnent son cachet d'Islam à la région. Outre Chérif Bekkaï, et les quelques personnalités, disciples par Karamoko Koutoubo de Cheikh Sidïa, qui ont été étudiés ailleurs, il faut citer comme principaux marabouts, maîtres d'école et chefs de petits groupements :

Tierno Moussa, Mandingue, à Néma Ntaba; Kassoum Niabali, Sarakollé, à Mbalo Kounda; Diélo Dibaga, Mandingue, à Manato, tous Tidianïa; Saër Fodé, Sarakollé, Qadri, à Kantora, et enfin le plus important à Sabouldé

(Firdou du Nord), Tierno Aliou, Foula, né vers 1867, à Koumbïa (Fouta Diallon), Tidiani, disciple de Tierno Mamadou Diallo. C'est un marabout paisible, qui enseigne le Coran à une quarantaine d'élèves, venus de la région; ainsi que du Fouta Diallon, de la Guinée portugaise, de la Gambie, et même du Baol.

Le canton du Patiana doit son faible cachet islamique à la proximité du Fouta Diallon et au rayonnement de l'ancien empire d'Alfa Yahya. Le marabout en vedette, et d'ailleurs fort peu important, est Ba Demba, Toucouleur, maître d'école à Patiana-Touba.

VI. — Les Diolas vis-à-vis de l'Islam mandingue.

Il n'est pas hors de propos de signaler l'influence que jusqu'à ces derniers temps les Mandingues avaient pu, malgré la ruine de leur suprématie, conserver en pays diola. La disparition de Fodé Kaba avait bien abattu leur puissance politique et guerrière, mais ces rusés marabouts prenaient sans tarder leur revanche.

La substitution de l'autorité française à celle des Mandingues avait rendu, dès la première heure, la tâche de l'administration extrêmement difficile dans le Fogny. Les Diolas sont en effet un peuple très arriéré, très fruste, se dérobant facilement par la fuite à tout contact avec le Blanc. Ce contact se produisait d'ailleurs souvent sous forme d'interventions brutales.

Si le principe de notre politique coloniale est de laisser aux indigènes la pleine jouissance de leurs traditions sociales et de leur droit coutumier, ce principe est néanmoins tempéré par cette réserve qui constitue notre raison même de conquête : « En tant que ces coutumes n'ont rien de contraire aux lois premières et naturelles de l'humanité et de la civilisation. » Or les Diolas, et avec eux les autres peuples de la Basse-Casamance, Floups, Bagnouks et surtout Balantes, ont conservé des coutumes extrêmement barbares : rixes et assassinats quotidiens, empoisonnements légaux, ordalies meurtrières, épreuve judiciaire du tali qui jette à terre en quelques heures des centaines d'hommes. Il n'est pas jusqu'au statut personnel qui avec ses mariages à l'essai, son absence de tutelle définie, etc... ne se présente comme quelque chose d'informe, et une source de conflits. Il fallait donc réagir dans la mesure du possible et sauver, même par la force, une race qui se suicidait. Ce sont ces interventions brutales dans leur vie sociale qui effarouchaient les Diolas.

Des difficultés d'un autre ordre surgissaient de l'état anarchique dans lequel vit ce peuple. Aucun commandement n'existe, ni grand ni moyen. Tout au plus trouve-t-on des chefs de village dont l'influence est limitée aux quelques carrés qui les entourent. Aucune personnalité n'émerge. Il n'est pas sûr d'ailleurs qu'elle serait admise par les autres villages. Cette poussière d'autorité dilue l'administration et la rend presque impossible.

C'est dans ces conditions et sous notre couvert que les Mandingues s'insinuèrent dans ce pays, d'où la révolte nationale venait de les chasser. Ils connaissaient les gens et les villages, les procès et les coutumes, les routes, les marigots et les forêts, les cultures et les ressources naturelles. Ils offraient leurs bons offices. Dans l'impossibilité d'approcher les Diolas, on utilisa ces Mandingues bénévoles. Ils furent successivement chargés du recensement, des statistiques de cultures, de la perception de l'impôt, de la transmission des ordres, de l'administration de la justice, des arrestations. Un beau jour, le pays diola fétichiste se réveilla partagé en cantons quelque peu artificiels, commandés par des chefs mandingues musulmans. Les Diolas eux-mêmes n'étaient pas sans se prêter au système nouveau, car, dans la crainte du Blanc, ils acceptaient, avec plus ou moins de bonne grâce il est vrai, et même quelquefois recherchaient les services du chef mandingue, qui les dispensait de tout contact avec les Commandants toubab de Bignona, de Balandine ou de Diouloulou.

Avec le temps la situation a évolué. Les Mandingues d'abord n'ont pas tardé à se laisser aller à tous les abus, à toutes les exactions que leur caractère dominateur, leur assurance de croyants en possession de la vraie foi, et la licence de la loi divine les incitaient à commettre sur ces peuples primitifs, idolâtres et voués à la géhenne éternelle. Ils ont été rapidement insupportables. Les Diolas eux-mêmes, soit que leur fierté nationale se soit révoltée à voir l'ennemi de la veille revenu en maître brutal dans leur pays, soit qu'ils nous connaissent mieux, tendent à se rapprocher de nous. L'administration française enfin n'est pas sans se perfectionner elle-même. On a fini par admettre que si le principe est un, les méthodes doivent s'adapter aux contingences. A défaut de politique de grand et de moyen commandement, on peut et on doit faire de la politique de village. Il sera évidemment plus long et plus fastidieux d'administrer le pays avec deux cents petits chefs de village, sans envergure, qu'avec une douzaine de chefs de canton ou même avec un seul chef de province. Le pays n'en sera pas moins bien administré d'une façon générale. Il allait l'être beaucoup mieux dans le cas d'espèce.

C'est, en effet, ce qui s'est produit. Les chefs de canton ont fini par être supprimés. L'interprète mandingue du poste de Bignona a été doublé d'un camarade diola qui le neutralise, et les chefs de village, vus fréquemment chez eux, et mis en confiance, font eux-mêmes leurs affaires et viennent en rendre compte au Commandant.

A Bignona même et dans quelques villages du Fogny, on trouve de petites colonies mandingues de 5 à 10 carrés, composés de traitants et de cultivateurs. Ils ne font aucune propagande religieuse, car ils seraient fort mal reçus par les natifs ; et ne possèdent pas de mosquées, car les Diolas ne supporteraient pas leurs chants. Il y a là une vivace et profonde haine de races. L'Islam est un produit mandingue, et à ce titre le Diola le déteste. Il le déteste d'autant plus que ses dominateurs d'un jour ont voulu le lui imposer. L'influence maraboutique se fait pourtant sentir dans ces villages. On a peur des marabouts, comme on a peur du sorcier. On leur offre des présents pour qu'ils ne fassent pas de mal. On est inquiet de cette puissance mystique, et préférant la savoir neutre qu'hostile, on cherche à se la concilier par des dons. Ces Mandingues sont originaires des provinces voisines de la Moyenne-Casamance et relèvent des grands marabouts précités.

Il ne reste qu'à signaler la nouvelle et insinuante politique adoptée par les Mandingues qui, à défaut de pouvoir officiel, ne désespèrent pas de conserver un certain prestige chez les Diolas. Ils font plus que jamais les agents officieux, se précipitent à Bignona pour rendre compte de ce qui se passe dans les villages, font une police qu'on ne leur demande pas, apportent des renseignements de toute nature, offrent inlassablement leurs bons offices et cherchent par tous les moyens à conserver une autorité morale qui leur est très fructueuse. Ils arrivent dans certains villages à s'imposer encore d'une telle façon que les indigènes les croient toujours chefs, leur versent leurs impôts et admettent leur intervention judiciaire dans leurs litiges.

Notre politique musulmane d'Afrique occidentale, dans sa troisième face, celle qui concerne les peuples fétichistes, s'est donné un rôle extrêmement délicat, mais actif et a l'occasion énergique, à jouer. En l'occurrence il convient de sauvegarder de toute atteinte islamique cet intéressant et prolifique peuple diola, grand cultivateur de riz, travailleur industrieux, pour qui l'art de la canalisation, des digues et des barrages n'a pas de secrets. Avec les Sérères, de qui ils se rapprochent singulièrement, ils constituent deux unités ethniques, les deux seules d'importance, qui nous restent au Sénégal, sur lesquelles nous pouvons faire porter et commençons à le faire, notre effort civilisateur. Il importe de réussir. L'Islam mandingue doit rester en pays mandingue, et les marabouts de la Moyenne-Casamance, qui seraient tentés de fonder des stations de prosélytisme ou de quêter ou d'expédier leurs agents de propagande dans le Fogny, doivent être rigoureusement invités à faire porter ailleurs leurs efforts, à ne pas troubler la situation sociale des Diolas et à laisser s'accomplir notre œuvre d'éducation.

CACHET DE CHÉRIF YOUNOUS.

Au centre :

Chérif Younous ben [Ạbd] Chérif Ạbd El-Ouahhab.

CHAPITRE VII

CHÉRIF YOUNOUS DE CASAMANCE

CHÉRIF YOUNOUS DE CASAMANCE

I. — Personnalité.

Chérif Younous est un personnage très curieux, qui se rapproche singulièrement de *Bou Kounta*, avec lequel il entretenait d'ailleurs les meilleures relations et qu'il semble avoir pris pour modèle.

Il est né vers 1850, à *Wara*, ancienne capitale du *Ouadaï*, d'une famille de Chorfa, originaire de la Mecque. Ce fut son quatrième ascendant, Sid Çalah, qui fut amené par sa vie aventureuse à s'installer dans les pays noirs. Il vint d'abord passer plusieurs années à Bagdad, où il servit comme officier de la zaouïa de Sidi Ạbd El-Qader El-Djilani. Il posséda même quelque temps la clef du mausolée du Cheikh. Revenu à la Mecque, il prit congé de ses parents et partit avec de grands biens chez les noirs. Il les dépensa en pieuses libéralités, de sorte qu'il se trouva immobilisé, un certain temps, au Kordofan, n'osant pas rentrer à la Mecque les mains vides, et ne pouvant plus continuer son voyage. Sur la réputation de piété qu'on faisait au Darfour, il se décida à aller s'établir dans ce pays, et y fit une fructueuse carrière maraboutique.

Son fils, Mohammed Sidi, poussa plus avant et s'installa au Ouadaï. Il y eut de nombreux enfants, et l'un d'eux, Hachem, fut le père d'Ạbd El-Ouahhab, père de *Younous*.

Vers l'âge de 14 ans, ayant achevé ses études coraniques et poussé par le goût atavique des aventures, *Younous* part avec un de ses captifs dans la direction de l'Ouest, s'arrêtant plusieurs années dans les divers pays où il passait : *Baghirmi*, *Kanem*, *Bornou*. Le but de son voyage était, paraît-il, la recherche de son père depuis longtemps disparu, et que d'ailleurs il ne retrouva pas. Son captif mourut au *Bornou*. *Younous* continua seul sa route par l'Adamaoua (Cameroun), le Haoussa (Nigeria) et aboutit à Lagos. Par voie de mer désormais, il fit successivement les escales d'Accrah, de Cap Coast, de Sierra-Leone et de Bathurst. La Gambie lui paraissant le pays rêvé, il vint dans le Rip et s'installa sur les rives mêmes du fleuve à Ndiayène. Son voyage avait duré seize ans. Lui-même en avait 30. Il resta sept ans à Ndiayène, se livrant à un commerce international de chevaux et de kolas.

Les événements du Rip, l'insurrection de Saër Matty, l'arrivée des colonnes françaises (1887) troublèrent ses opérations commerciales. Il quitta le pays pour venir dans le Pakao (Casamance). Après un court séjour à Soumboundou, il prit définitivement pied à Sandiniéry sur les conseils du chef de Sédhiou, qui lui démontra qu'il avait intérêt à habiter près du commandement et du commerce français. Sandiniéry est resté pendant 25 ans son principal établissement. Il y a gagné l'appellation sous laquelle il est universellement connu en Casamance de « Chérif de Sandiniéry ». Il n'en faisait pas moins entre temps des séjours prolongés en Guinée portugaise. C'est ainsi qu'en fin 1905, à la suite des difficultés avec Fodé Kadiali, et mécontent de l'administration qui mettait nettement fin à ses jalouses menées, il est parti en Guinée portugaise avec six carrés de Diaka, soit une centaine de personnes, et y a boudé trois ans (1905-1908).

Telle est la biographie de *Younous*, racontée par lui-même.

Musulmanes sénégalaises.

Il en omet soigneusement tout ce qui pourrait en être fâcheux. Complétons pour lui cette autobiographie, en signalant le séjour de quelques années effectué à Ségou, à la cour d'Amadou Chekou, fils d'Al-Hadj Omar, au moment où les relations étaient le plus tendues entre le chef toucouleur et les Français.

En 1910, se trouvant un peu à l'étroit à Sandiniéry, *Younous* est venu à *Banghère*, où il a créé un village florissant. Il y est toujours, et dirige de ce point ses affaires religieuses, agricoles et commerciales.

Younous se déplace peu en dehors de la Casamance, de la Gambie anglaise et de la Guinée portugaise. Il est venu deux fois seulement, il y a très longtemps, à Dakar et à Saint-Louis. Ses intentions hautement manifestées de faire le pèlerinage ont toujours été entravées par l'impossibilité d'abandonner ses affaires.

∴

Younous a épousé plusieurs femmes du pays : mandingues et toucouleures, parmi lesquelles une fille de Moussa Molo et une fille de Ma Ba. Il a en outre un certain nombre de concubines.

Il a une multitude d'enfants dont les plus en vue sont : *Limamou*, né vers 1888; *Ousman*, né en 1890; *Aliou*, né vers 1891; *Bachirou*, né vers 1895, qui sert de professeur adjoint à Saint-Louis, à Bou Bakar, fils d'Al-Hadj Malik; *Youssouf*, né vers 1897, qui continue ses études à Sédhiou chez un maître d'école ouolof; *Momar Dieng Bou Bakar* et *Mahfoud*, nés vers 1903, encore au domicile paternel, etc.

Il a de nombreuses filles, mariées avec les marabouts de la région, dont *Mahfoud* et *Sidi*.

* * *

Younous est un alerte vieillard de 65 ans, corpulent, vigoureux, actif, à la large face encadrée d'un collier de poils blancs. Souriant, aimable, il se montre du premier coup sous le jour le plus sympathique. Il n'a rien de l'air compassé du marabout maure. Il se précipite, tend les mains, et les devoirs de politesse remplis, n'a plus qu'un souci, faire visiter sa maison, ses secos d'arachides, ses lougans, ses plantations. C'est le bon propriétaire terrien et le jovial commerçant.

Il reprend ses droits de marabout en paraissant vêtu, des pieds à la tête, du vert prophétique : turban vert, grande djellaba verte, culotte verte, chaussettes vertes, sandales vertes. Ses fidèles doivent être impressionnés. Le Blanc l'est aussi, car c'est à peine s'il remarque que sous ces somptueux vêtements se cachent un boubou et des chemises horriblement sales, et que le voile dont il préserve sa précieuse haleine, est franchement dégoûtant.

II. — Banghère, le centre de l'activité de Younous.

Il est difficile d'employer le terme religieux, universitaire et monastique de Zaouïa pour désigner cette ruche matérielle de Banghère.

Sis presque au fond du marigot du même nom, séparé de Sedhiou par une distance de 26 kilomètres, qui constitue sous la verdure, les fleurs et les oiseaux, en deux heures de moteur, le plus charmant des voyages fluviaux, Banghère est un gros village aux rues régulières et propres, perpendiculaires sur l'artère centrale, aux carrés bien alignés. C'est la création de Younous. Des palmistes, des fromagers, des papayers, des arbres divers, ombragent les maisons. Le Cheikh a fait faire des plantations arborescentes qu'il montre avec orgueil. Des colas, des gazelles, une autruche circulent en liberté et égayent le paysage.

A quelques kilomètres, de l'autre côté du marigot, s'élève le centre important de Tanaffe, à proximité de la Guinée portugaise et de l'escale fluviale de Farim. C'est ce double voisinage de Sédhiou et de Farim qui a tenté *Younous*, et il est venu prendre pied à égale distance des deux escales, se réservant de diriger ses produits, au mieux de ses intérêts, sur l'un ou l'autre de ces points.

De nombreux lougans de mil, de riz et d'arachides entourent *Banghère*. Les talibés les cultivent, et entre temps ramassent dans la forêt le palmiste et le caoutchouc, ou vont chercher des kolas en Guinée. De trop nombreuses destructions d'arbres accompagnent malheureusement ces travaux intéressants.

Younous est en relations d'affaires avec toutes les firmes de Casamance et de Guinée portugaise, et toutes s'accordent à vanter son heureux caractère, son désir d'entente et ses talents de négoce. Le Marabout passe tout à fait au second plan. En somme, c'est un homme intelligent, qui sait tirer parti du Noir, apaiser son besoin religieux en lui offrant sa baraka, le faire travailler en le rendant heureux. Ce sont les types comme *Younous* qui font dire parfois à certains que l'Islam n'est pas forcément pernicieux pour les Noirs, et qu'il doit constituer un stade intermédiaire entre leur première condition et leur assimilation complète.

Younous réside à Banghère dans un vaste carré, au centre duquel il s'est fait construire une maison à premier étage en poto-poto. Ce n'est pas son innovation la plus heureuse. Une agitation perpétuelle et inquiétante travaille cette maison branlante. On se croirait, les jours de grand vent, sur un bateau en marche. Les murs sont peints en rouge sanglant, salis de taches qui ont la prétention d'être des fleurs. L'esthétique est achevée par le plus décoratif des plafonds bleu cru. Younous est très fier de son œuvre et son geste large embrasse toutes ces beautés, le lit anglais classique, le canapé, les chaises, la table. Toutes ces richesses réussissent à tenir en l'air, au premier étage, et c'est ce qui fait son orgueil et celui de tous les siens.

De nombreuses dépendances où l'on trouve des greniers pleins de mil, des secos pleins d'arachides, des étables remplies de gros et petit bétail, et même deux chevaux, animaux assez rares dans la Moyenne-Casamance où sévit la mouche tsé-tsé, sont moins prétentieuses, mais plus intéressantes.

*
* *

Younous se devait à lui-même, à sa condition de Chérif, à sa situation de marabout, de faire vivre une école coranique à Banghère. Elle est fort modeste. Les élèves, à peine réunis une heure le matin, se hâtent de filer, chacun de leur côté, leur planchette sous le bras.

Dans la maison même de *Younous*, deux de ses fils en bas âge et trois de leurs petits camarades étaient accroupis en cercle, et — chose monstrueuse — se livraient sur leur planchette au dessin de guignols et caricatures enfantines, au-dessous et en marge des versets du Coran de la leçon du jour.

Younous, pas du tout scandalisé, les montrait avec un bon gros rire. Il n'est pas du tout prouvé qu'il ait fait quelque différence entre les caractères arabes et ces produits de la jeune imagination artistique de ses fils.

Il n'a en effet aucune instruction, ne parle nullement l'arabe, ni maure ni littéraire, et quoique son entourage le traite de faqih, on est porté à croire qu'à l'instar de son modèle Bou Kounta, il n'a aucune espèce d'éducation arabe ou islamique.

Il rachète ces lacunes en donnant la plus large hospitalité à tous les Zouaïa maures qui, au cours de leurs tournées de quêtes, s'arrêtent longuement chez lui. Ce sont eux par leurs propos intéressés, ou simplement par leur présence, qui sauvent la face, et lui font aux yeux des noirs une solide réputation de Cheikh d'Islam. Parmi ces Maures besogneux, on trouve des Tendra, des Oulad Deïman, des Tagounant, des Kounta de l'Ouest.

III. — L'INFLUENCE.

Younous est Cheikh Tidiani, ayant reçu, dit-il, l'affiliation officielle et le pouvoir de la conférer d'Al-Hadj Issaka, marabout de Tombouctou qu'il rencontra à Niffé, sur le Bas-Niger (Haoussa). Issaka était disciple d'Al-Hadji Abou Taïeb, Cheikh tidiani de Fez rencontré par lui à la Mecque. Abou Taïeb avait reçu l'ouerd, à Fez, des mains mêmes de Mohammed Al-Kabir, fils du fondateur de l'ordre, Ahmed Tidiani.

Quant à sa chaîne généalogique, on la trouvera en annexe. Elle est mise en doute par Mahfoud, qui prétendit un jour que Younous n'oserait pas soutenir devant lui ses prétentions chérifiennes. Un administrateur facétieux les réunit dans son bureau, ainsi d'ailleurs que Sidi, et posa aux trois Chorfa cette intéressante question, réciproquement et trois fois litigieuse. Ce fut un beau sabbat. Chacun d'eux, fermement appuyé sur son rouleau d'ancêtres, injuria gravement la lignée du voisin. Mahfoud en fut indigné, mais Younous, serein dans son ignorance, et au surplus beau-père des deux autres, conserva le sourire.

∴

Il entretient des relations avec les grands marabouts de l'extérieur. C'est ainsi qu'il a mis successivement ses quatre fils aînés en pension chez Al-Hadj Malik, de Tivaouane, et que l'un d'eux sert même d'adjoint à l'école coranique du Cheikh à Saint-Louis.

Il est dans les meilleurs termes avec Moussa Molo dont il a épousé une fille.

Il réunit chez lui les petits-fils d'Al-Hadj Ọmar et leur accorde une généreuse hospitalité. Madani, de Nioro-Sahel fils d'Abiboulaye, fils d'Amadou Chekou, sultan de Ségou, fils d'Al-Hadj Ọmar, passait 4 mois à Banghère, en 1914, et emportait de nombreux cadeaux.

Le délégué de la Zaouïa-mère algérienne d'Ạïn Mahdi, Ahmed ould Çaïh, l'Ạbdellaoui, visitait le Chérif en 1913-1914, et restait aussi quelques semaines à Banghère. Cette visite paraît avoir été un simple voyage d'études.

∴

Les principaux talibés et vicaires de Banghère, qu'il détache comme missionnaires, ou plutôt comme inspecteurs de ses stations agricoles ou commerciales, sont :

Dialli Madi, Mandingue, ex-griot, devenu marabout comme son maître ;

Mamadou Alfa, Toucouleur ;

Mour Soubi, Foula ;

Dioūnkou Yafa, Mandingue ;

Et enfin un Ṛadamésien, *Ạbdallah ould Al-Hadj Mohammed*, venu du Haoussa échouer à Banghère.

∴

L'influence de Younous s'étend sur la Moyenne-Casamance islamisée ou région mandingue, sur la Gambie anglaise, et sur la Guinée portugaise. Il compte des talibés mandingues et toucouleurs, quelques Peuls, quelques Sarakollés. C'est certainement le marabout le plus populaire de la région, et c'est lui que Mahfoud, Sidi, Bekkaï ont pris comme modèle, en se taillant leur fief dans la Casamance.

Ses principaux établissements, en dehors de Banghère, sont : à Sandiniéry, en face de Sédhiou (Moyenne-Casamance) ; à Ndiayène (Rip) ; et à Bandigne, au sud de l'Ohio (Guinée portugaise).

Il a quelques représentants de son obédience au Sénégal : *Ma Lamin*, Ouolof, maître d'école à Ndiayène (Rip) ;

Mamadou Baïla, fils de Baïla Bakar, à Diabé-Lidoubé, province des Irlabés-Ebiabès, cercle de Saldé (Fouta-Toucouleur). Né vers 1876, il s'en fut tout jeune se mettre au service d'Alfa Yahya, almamy de Labé, fut arrêté avec son maître, relâché, et est finalement rentré dans le Fouta. Quelque peu instruit en arabe, il tient une école coranique.

Younous entretient enfin les meilleures relations avec un Ouolof du Saloum-Saloum, qui a fait une brillante fortune en Guinée portugaise : Ạbdou Ndiaye, actuellement chef du Vohi. On assure même qu'Ạbdou est son disciple. En tout cas, il fait régulièrement au Chérif des cadeaux dont quelques-uns se présentent sous la forme de convois de 200 têtes de bétail. On a pu constater en outre, à plusieurs reprises, que l'intervention de Younous auprès de ce chef du Vohi a amené la solution d'affaires délicates.

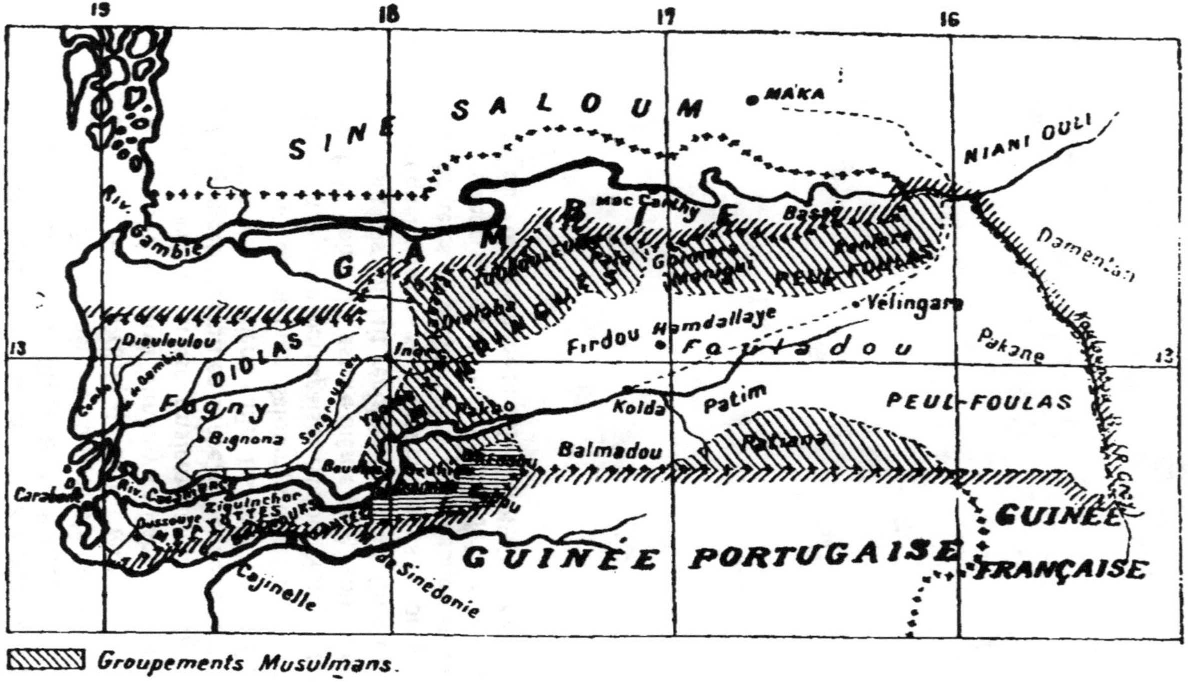

Groupements Musulmans.

Schéma de la Casamance islamisée.

ANNEXE

GÉNÉALOGIE DE CHÉRIF YOUNOUS, DE BANGHÈRE (CASAMANCE).

Ạli, époux de Fatima, fille du Prophète. — Hassan Ier. — Hassan II. — Ạbdallah Al-Kamil. — Malik. — Diafar. — Mohammed. — Moulay Dris Ier. — Moulay Dris II. — Ṃoulay Mohammed Al-Akbar. — Ạbd As-Selam. — Mahriz As-Sbiï. — Dris. — Al-Djazouli. — Zaïd. — Ismaįl. — Ạbd Al-Hafid. — Ạbd Al-Ạziz, qui séjourna longtemps à Bagdad. — Chams ad-Din. — Serviteur de la Zaouïa qadrïa. — Sid Mokrim. — Chérif Badr ad-Din. — Chérif Moḥammed Al-Makki. — Sid Çalah. — Moḥammed Sidi. — Hachem. — Ạbd Al-Ouahhab. — Younous.

TABLE DES MATIÈRES

Pages.

LIVRE PREMIER : LES PERSONNES

TABLE DES ILLUSTRATIONS

4231. — Tours, Imprimerie E. Arrault et Cie.

L'ISLAMISME EN AFRIQUE

ASIN PALACIOS. Un tratado morisco de polémica contra los Judios In-8 . . . . 1 fr. 25

BASSET (René), doyen de la Faculté des Lettres d'Alger, Bulletin des périodiques de l'Islam (1903-1907). In-8 . . . . 2 fr. 50

— Bulletin des périodiques de l'Islam (1908-1910). In-8. . . . . 2 fr. 50

— Bulletin des périodiques de l'Islam (1911). In-8. . . . . . 2 fr. 50

— Bulletin des périodiques de l'Islam (1912-13). In-8 . . . . . 3 fr. 50

BÉNATTAR (C.). L'esprit libéral du Coran. In-8 . . . . . . 2 fr. »

EL-BOKHARI. Les traditions islâmiques, traduites de l'arabe par O. Houdas. 4 vol. in-8. Chacun . . . . 10 fr.

— Tome V. Index général, par L. Bouvat (*sous presse*). . . . .

CASTRIES (Comte Henry de). Les moralistes populaires de l'Islam. I. Les gnômes de Sidi Abd er-Rahman el Medjedoub. In-18 . . . . 3 fr. 50

— Moulay Ismaïl et Jacques II. Une apologie de l'Islam, par un sultan du Maroc. In-8, portraits et fac-similés. . . . . 5 fr. »

LA CONQUÊTE DU MONDE MUSULMAN. Les missions évangéliques anglo-saxonnes et germaniques. In-8, illustré . . . . 5 fr. »

CORAN (LE), sa poésie, ses lois, par Stanley Lane Poole. In-18. 2 fr. 50

DARMESTETER (J.), Professeur au Collège de France. Le Mahdi, depuis l'origine de l'Islam jusqu'à nos jours. In-18 . . . . 2 fr. 50

DELPHIN (G). La philosophie du cheikh Senoussi. In-8 . . . . 1 fr. 2[illegible]

DERENBOURG. L'Islamisme et la science des religions. In-18. 2 fr. 50

DUSSAUD (R.). Les Arabes en Syrie avant l'Islam. In-8, fig. . . 7 fr. 50

GAUTHIER (L). La philosophie arabe. In-18 . . . . 2 fr. 50

— La théorie d'Ibn Rochd (Averroès) sur les rapports de la religion et de la philosophie. In-8 . . . . 5 fr. »

— Ibn Thofaïl, sa vie, ses œuvres. In 8 . . . . 4 fr. »

GOLDZIHER. Hagiologie de l'Islam. In-8 . . . . [illegible] »

HOUDAS (O.). L'Islamisme. Nouvelle édition. In-18 . . . . . . [illegible]

IBN AT-TIQTAQA. Al-Fakhri. Histoire des dynasties musulmanes depuis la mort de Mahomet jusqu'à la fin du Khalifat abbaside de Bagdad (632-1258), traduit de l'arabe et annoté par Em. Amar. In-8 . . . [illegible] fr. »

KUENEN (A.). Religion nationale et religion universelle (Islam, Judaïsme, christianisme, bouddhisme). In-8 . . . . 7 fr. 50

LE CHATELIER (A.), professeur au Collège de France. Les Confréries musulmanes du Hedjaz. In-18. . . . . 6 fr. »

— Politique musulmane. In-8, illustré . . . . 3 fr. 50

LUCIANI (J.-D.). Traité des successions musulmanes (*ab intestat*) extrait du Commentaire de la Rahbia, par Chenchouri, etc. In-8 . . 10 fr. »

MARTY (Paul). Études sur l'Islam maure. Cheikh Sidia. Les Fadelia. Les Ida Ou Ali. In-8, planches . . . . 6 fr. »

EL-MAWERDI. *El-Ahkâm es-Soulthâniyâ*. Traité de droit public musulman, traduit et annoté, d'après les sources orientales, par le comte Léon Ostrorog. 2 vol. in-8 . . . . 15 fr. »

PERRON (Dr). Femmes arabes, avant et depuis l'Islamisme. In-8. 15 fr. »

SIDI KHALIL. Précis de jurisprudence musulmane, suivant le rite malékite. Texte arabe. Nouvelle édition. In-8 . . . . 6 fr. »

SNOUCK-HURGRONJE. Politique musulmane de la Hollande. In-8, illustré. . . . . 4 fr. »

— Notes sur le mouvement du pèlerinage de la Mecque aux Indes Néerlandaises. In-8, fig. . . . . 1 fr. 50

VISSIÈRE (A.). Études sino-mahométanes. 2 vol. in-18, chacun 7 fr. 50

4231 — Tours, Imprimerie E. Arrault et Cie.

www.ingramcontent.com/pod-product-compliance
Lightning Source LLC
Chambersburg PA
CBHW071952270326
41928CB00009B/1412
* 9 7 8 2 0 1 2 8 3 0 3 8 7 *